부모와 교사를 위한

성경독서 가이드

전신지 지음

KB192352

성경독서 가이드

성경독서 가이드

지은이 전신지
펴낸이 김명식
펴낸곳 (주)넥서스

초판 1쇄 발행 2015년 6월 20일
초판 2쇄 발행 2015년 6월 25일

출판신고 1992년 4월 3일 제311-2002-2호
121-893 서울시 마포구 양화로 8길 24
Tel (02)330-5500 Fax (02)330-5555

ISBN 979-11-5752-419-8 03230

www.nexusbook.com
넥서스CROSS는 (주)넥서스의 기독 브랜드입니다.

복 있는 자녀

전신지

주를 경외하는 엄마를 둔 아이는 복이 있나니
저희가 엄마를 통해 하나님을 볼 것임이요

말씀 먹이는 엄마를 둔 아이는 복이 있나니
저희 영혼이 배부를 것임이요

기도하는 엄마를 둔 아이는 복이 있나니
저희가 하나님의 도움을 받게 될 것임이요

감사하는 엄마를 둔 아이는 복이 있나니
저희가 부족함이 없을 것임이요

자기 자녀로 만족하는 엄마를 둔 아이는 복이 있나니
저희가 평안할 것임이요

주의 뜻대로 양육하는 엄마를 둔 아이는 복이 있나니
저희가 하나님께 영광을 돌릴 것임이요

시대를 분별하는 엄마를 둔 아이는 복이 있나니
저희가 이 세대를 거슬러갈 것임이요

신앙의 유산을 물려주는 엄마를 둔 아이는 복이 있나니
저희가 하나님 나라를 유업으로 받을 것임이요

늘 찬양하는 엄마를 둔 아이는 복이 있나니
천국이 저희 것임이라

이 책은 책상머리에서 연구와 독서를 거쳐 나온 것이 아니라 삶의 자리에서 겪어내야 했던 경험을 말씀에 비추어 씨름한 결과로 나온 것이다.

저자는 30년간의 교회 주일학교 교사로서의 섬김, 12년간의 독서 논술 지도사로서의 경험, 그리고 가정에서 자녀를 양육하며 겪은 어려움들을 하나님의 말씀에 비추어 재해석하고 믿음으로 이겨나온 삶의 수고와 애씀을 이 책에 고스란히 담았다.

오늘 이 척박한 조국의 교육현실 속에서 자녀들을 어떻게 믿음으로 양육하며 성경적 세계관과 가치관을 따라 길러낼 수 있을까? 이러한 것을 고민하며, 실마리를 찾으려고 수고하며 애쓰는 부모(특히 엄마)와 교회 주일학교 교사들에게 이 책이 아주 유익하고 현명한 길잡이가 되어줄 것이라고 믿으며 강력히 추천하는 바이다.

남서울교회 화종부 목사

인생사에서 가장 중요하고도 어려운 일은 자녀양육일 것이다. 그런데 우리는 그 중요한 일을 수행하기 위한 부모교육을 제대로 받지 못한 채 무지한 상태에서 결혼하고 자녀를 양육한다.

"늙은 여자들도 젊은 여자들을 권고하되 그 자녀를 사랑하게 하라"(딛 2:4)는 말씀처럼 연장자는 젊은이의 자녀양육에 대해 권고할 위치에 있다. 나는 남들이 반면교사로 삼아야 마땅한 사람이지만 나이를 먹고 보니 이 말씀대로 후배 엄마들에게 사랑어린 조언을 해주어야 할 책무를 느낀다.

전업주부이던 나는 40대 중반에 독서지도사가 되었다. 독서지도는 주로 아이들에게 명작을 읽히고 토론하고 글쓰기를 돕는 일이다. 그런데 명작이라 하더라도 반(反)기독교적인 세계관을 담고 있는 것들이 많다. 독서지도 12년차의 결론은 성경 이상으로 안전하고 좋은 교재는 없다는 것이다. 그래서 성경독서 교안을 만들어 엄마와 교사에게 나눠주고 지도해보게 하였다. 이 책은 그 프로젝트의 생생한 결과물을 담고 있다. 유치원생부터 중학교 3학년생까지 약 30명이 참가했는데 지면상 교안과 작품을 다 싣지 못한 것을 아쉽게 생각한다.

이 교안은 단계별로 되어 있고 답이 달려 있어서 누구나 어렵지 않게 가르칠 수 있다. 참여한 엄마들은 아주 긍정적인 반응을 보였다.

"재미있었다. 진작 못해줘서 미안하다. 이 프로젝트는 엄마인 나를 먼저 성장시켰다. 아이들이 말을 잘하게 되고 글을 잘 쓰게 되었다. 생각하는 힘이 커졌다. 부모와의 관계가 친밀해졌다. 서로 속을 털어놓으면서 힐링의 시간이 되었다. 성경을 많이 알게 되었다. 아이를 대하는 태도가 부드러워졌다."

성경독서 지도의 강점은 성경을 단순히 읽거나 외우게 하는 것에 그치지 않고 성경을 매개로 아이의 신앙과 인성, 언어 사고력과 글쓰기 능력을 아울러 키워줄 수 있다는 점이다. 일방적인 주입식 교육방식을 탈피해 토론으로 상호작용을 하기 때문에 아이들이 흥미를 갖고 참여하며, 존중받는다는 느낌 때문에 깊은 신뢰와 애정을 쌓아갈 수 있다. 다각도로 질문하고 답하는 토론과정을 통해 사고력이 증진되고, 감정을 자유롭게 표현할 수 있어 정신건강에 좋고, 아이들의 감정과 영적인 상태도 파악할 수 있다.

현실에 적용할 수 있는 질문들은 신앙과 삶의 괴리를 없애준다. 서로 말씀요리를 도란도란 나누는 중에 형성되는 친밀함과 영적 성숙은 무엇에도 비할 수 없는 값진 소득이다. 그리고 나눈 후에 말씀에 비추어 자신의 삶을 돌아보며 생각을 정리해 남길 때 그것은 자기 반성과 결심을 넘어 하나님께 올려드리는 귀중한 신앙고백이 된다. 하나님께서는 그 작품들을 향기로운 예물로 기쁘게 받으실 것이다.

글에는 글쓴이의 내면, 즉 성품, 생각, 가치관, 인격, 신앙수준이 고스란히 드러난다. 모아 두면 훗날 아이들의 성장과정을 한눈에 볼 수 있다. 이렇게 길러진 읽기와 쓰기 능력은 훗날 하나님 나라의 확장을 위한 귀중한 도구가 될 것이다.

크리스천 부모는 물론이고 교회에서 가르치는 사역에 종사하는 분들은 자기 자녀를 먼저 가르쳐야 한다. 혼자서는 지속하기 어려우니 뜻을 같이하는 엄마들끼리 소그룹을 만들어 자녀를 위해 기도하고, 이 책을 서로 나눈 후 자녀에게 적용하면 좋을 것이다. 교회 토요학교나 홈스쿨링, 교회학교 아이들의 제자훈련에서도 이 책을 사용할 수 있을 것이다. 이를 계기로 아직까지 수직적인 유교문화에서 벗어나지 못해 토론이 활성화되지 않은 우리의 가정과 교회학교에서 상호토론을 통한 성경교육이 널리 시행되기를 바란다.

이 교안은 단계별로 이루어져 있다. 코너별로 독서지도 원리가 적용되므로 주요 학습능력을 개발할 수 있으며 다양한 유형의 글쓰기를 익힐 수 있다. 아이들이 흔히 경험하는 감정에 주목해 교안을 만들어 배려, 용기, 신뢰, 정직, 실천, 순종, 분노조절, 용서, 감사 등 인생의 주요 덕목을 배울 수 있다.

이 교재는 모든 크리스천 부모, PAT나 교회학교 교역자 및 교사, 구역·셀·목장의 리더, 소그룹 인도자, 신학생, 크리스천 독서지도사에게 도움이 될 것이다. 좋은 참고서 한 권 떼면 그 과목에 자신감이 생기고 성적이 오르듯이 이 한 권의 책이 부모와 자녀의 영적 성적을 아울러 올려주는 좋은 신앙의 참고서가 되기를 바란다.

이 책은 독서지도 12년 세월의 총화로, 내 인생에 가장 값지고 귀한 열매다. 여기까지 생을 인도하신 주님께 감사와 영광을 돌린다. 나는 다만 이 책의 편집자에 불과하다. 영향력 있는 목사님들의 귀한 설교 말씀을 토대로 교안을 작성하였으며, 특별히 남서울교회 화종부 목사님의 귀한 강해설교 말씀에 크게 빚졌다. 이 자리를 빌려 깊은 감사의 말씀을 드린다. 어려운 출판 여건 속에서도 이 책의 가치를 알아봐 주시고 출간해주신 넥서스CROSS에 감사드린다. 내게 남은 생의 비전을 주시고 기도로 응원해주신 세광교회 유창진 목사님, 새로운 헌신의 분야에 초석이 되어주신 한남중앙교회 최문진 목사님, 책을 낼 때마다 예리한 조언으로 책의 꼴을 갖춰주시는 은사 김혜정 교수님께 깊이 감사드린다. 값없이 기쁜 마음으로 프로젝트에 참여한 부모님과 그 자녀들에게 고마운 마음을 전하고, 내게 '엄마'라는 고귀한 이름을 준 가족에게도 사랑을 보낸다.

전 신 지

차
례

 성경독서의 가치와 방법

2^부 성경독서 수업안

- 성경독서 수업안, 이렇게 활용하세요 ··· 110
- 각 코너별 학습법 ··· 112

How To Read The Bible

1부

성경독서의
가치와 방법

01

성경이 말하는
자녀

🌿 그리스도인으로서 자녀를 잘 키우려면 먼저 성경적 자녀관이 정립되어야
한다. 하나님은 우리에게 왜 자녀를 주셨을까?

🌿 기업과 상급으로 자녀를 주셨다

> 보라 자식들은 여호와의 기업이요 태의 열매는 그의 상급이로다 _시 127:3

여기서 '기업'은 회사가 아니라 "한시적으로 위탁된 소유물"을 뜻한다. '상급'
도 노력의 소산, 당연한 대가가 아니라 주시는 이의 뜻으로 값없이 받은 것을 의
미한다. 그러니 잘 관리해야 할 책임이 따르는 재산이다.

자녀는 부모에게 내리시는 하나님의 상급 자체이기도 하지만 훗날 또 다른 상급의 원인이 되기도 한다. 성경은 "주님의 이름으로 어린아이 하나를 영접하면 곧 나를 영접하는 것"(마 18:5)이라고 말씀한다. 하나님이 맡기신 자녀를 주님 영접하는 마음으로 대한 적이 있는가? 엄연히 내가 낳은 자식이지만 주님의 영광을 위해 주님의 이름으로 키우면 그게 곧 주님을 영접하는 것이고, 그와 같은 상급을 받게 된다는 것이다. 내 영광을 얻기 위해서가 아닌 하나님의 뜻에 따른 자녀양육은 하나님과 동역하는 일종의 사역이다.

🕊 하나님 나라의 무기로 자녀를 주셨다

> ⁴젊은 자의 자식은 장사의 수중의 화살 같으니 ⁵이것이 그의 화살통에 가득한 자는 복되도다 그들이 성문에서 그들의 원수와 담판할 때에 수치를 당하지 아니하리로다
> _시 127:4-5

화살은 먼 데 있는 목표물을 쏘아서 맞히는 도구로 그 당시 가장 효과적인 무기다. 하나님이 화살이 많이 준비된 가정을 통해 하나님 백성의 원수인 사탄이 정복되고 하나님께서 영광을 누리신다. 그런데 하나님은 완제품이 아닌 재료를 주셨다. 잘 다듬어야 제대로 쓰임받고 훗날 부끄러움을 당하지 않게 된다. 화살을 안 다듬는 바람에 자식으로 인해 얼굴을 못 들고 사는 부모가 얼마나 많은가?

🕊 하나님의 나라가 영속하기를 원하셔서 자녀를 주셨다

믿음의 계보를 잇는 언약의 후손을 길러내 이 세상에서 하나님의 나라가 영속하도록 하나님은 우리에게 자녀를 주셨다. 모든 크리스천 부모와 교사에게는 다음세대를 길러낼 막중한 사명이 있다.

'본받다'라는 말은 "주물틀에 주물을 부어 넣는다"라는 뜻이다. 주물은 어떤

모양의 틀에 넣어 식히면 그 모양대로 굳는다. 자녀는 하나님의 형상을 따라 났으므로 사람들이 우리 자녀에게서 하나님의 형상을 볼 수 있도록 엄마틀이나 세상틀이 아닌 하나님의 틀에 맞춰 본을 떠서 세상에 내놓아야 한다. 그래야 그들을 통해 하나님의 나라가 이 땅에 존속된다.

광야 2세대는 하나님을 잘 몰랐지만 하나님의 희망은 그들에게 있었다. 그래서 전수가 더욱 중요하다. 그런데 약속의 땅에서 태어난 1세대는 여호와를 알지 못했고 여호와께서 이스라엘을 위해 행하신 일도 알지 못했다. 부모가 제대로 전수하지 못했기 때문이다. 그 결과 이스라엘 백성은 주변국에게 많은 수난을 당한다. 하나님께서 그들을 돌이키시려고 계속 고난을 주신 것이다. 신앙을 전수하지 않으면 우리 자녀도 사사기 시대의 사람들과 같은 삶을 살아가게 될 것이다.

> 5너는 마음을 다하고 뜻을 다하고 힘을 다하여 네 하나님 여호와를 사랑하라 6오늘 내가 네게 명하는 이 말씀을 너는 마음에 새기고 7네 자녀에게 부지런히 가르치며 집에 앉았을 때에든지 길을 갈 때에든지 누워 있을 때에든지 일어날 때에든지 이 말씀을 강론할 것이며 _신 6:5-7

하나님을 사랑하라는 가장 중요한 계명을 주신 다음에 바로 자녀교육을 명하신 것을 보면 하나님께서 이 일을 얼마나 중요하게 여기시는지 알 수 있다. 하나님은 때를 가리지 않고 말씀을 가르쳐 신앙을 전수하라고 명하신다.

유대인 부모는 토라와 탈무드로 자녀와 토론하면서 어려서부터 신앙교육을 철저히 시키고, 자자손손 대대로 믿음을 전수하는 일에 부모의 존재 의의를 둔다. 유대인의 회당에는 교회학교 시스템이 없다고 한다. 가정에서 부모가 교사가 되어 신앙을 전수하는 것이다.

> 5여호와께서 증거를 야곱에게 세우시며 법도를 이스라엘에게 정하시고 우리 조상들에게 명령하사 그들의 자손에게 알리라 하셨으니 6이는 그들로 후대 곧 태어날 자손에게 이를 알게 하고 그들은 일어나 그들의 자손에게 일러서 7 그들로 그들의 소망을 하나님

께 두며 하나님께서 행하신 일을 잊지 아니하고 오직 그의 계명을 지켜서 8 그들의 조상들 곧 완고하고 패역하여 그들의 마음이 정직하지 못하며 그 심령이 하나님께 충성하지 아니하는 세대와 같이 되지 아니하게 하려 하심이로다 _ 시 78:5-8

🕊️ 섬기는 게 뭔지를 가르쳐 주시려고 자녀를 주셨다

어느 목사님이 우스개로 말씀하셨다.

"사모가 애들 시험기간에는 맛있는 것 해주며 며칠씩 잠도 안 자고 옆을 지키면서 왜 내가 설교를 준비할 때는 그렇게 안 하는지 모르겠어요"

주님을 기쁘게 하는 그분의 종이 되어야 할 우리는 자녀를 기쁘게 하기 위해 기꺼이 그들의 종이 된다. 종도 그런 종이 없다. 온 마음과 뜻과 힘과 정성을 다 바쳐 자식을 섬긴다. 그렇게 자식들에게 마음을 쏟는 우리를 보시고 하나님께서는 "너희가 자식한테 하듯 나도 너희를 위해 헌신한다. 그러니 너희가 자식 섬기는 마음으로 나와 이웃을 섬기는 게 마땅하지 않겠니?"라고 말씀하신다. 결국 하나님 사랑의 구체적인 대상인 이웃에게 종 되는 연습시키느라고 자녀를 주신 것이다.

🕊️ 하나님 아버지의 심정을 좀 알아달라고 자녀를 주셨다

어린아이가 부모의 마음을 헤아리지 못하듯 우리는 하나님의 깊은 심정을 결코 알지 못한다. 그러나 자녀를 키우면서 조금은 짐작할 수 있게 된다.

자식들이 어떨 때 가장 기쁘고 행복한가? 순종할 때, 부모를 의지하고 믿어줄 때, 자기 일 스스로 알아서 잘할 때, 철들어 부모 마음 알아줄 때, 좀 컸다고 집안일 거들 때, 부모에게 친근하게 대할 때, 형제자매 간에 사이좋게 지낼 때, "부모님 덕분이에요" 하면서 은공을 돌릴 때, 작으나마 진실한 마음이 담긴 선물로 존경과 감사를 표현할 때다. 하나님 아버지께서도 우리가 그같이 대할 때 기뻐하고 행복해하신다.

우리가 언제 자식들로 인해 마음이 상하고 서운한가? 부모의 뜻 거스르고 반항할 때, 저 잘났다고 고집부릴 때, 부모의 권위를 인정하지 않을 때, 저밖에 모를 때, 부모 마음 몰라줄 때, 부모니까 필요를 채워주는 게 당연하다는 태도로 요구만 할 때, 부모의 경고를 무시하고 잘못된 길로 갈 때, 남들에게 부모의 얼굴을 부끄럽게 만들 때, 형제자매 간에 다툴 때, 가르침대로 살지 않을 때, 존경과 감사를 표현하지 않을 때다. 하나님 아버지께서도 우리가 그 같은 태도로 대할 때 섭섭해하고 슬퍼하신다.

교사로 봉사할 때도 누가 속을 썩이면 "나는 이 한 명 때문에 이렇게 마음이 힘든데 우리 목사님은 이 많은 교인 데리고 얼마나 힘드실까?" 하고 목회자의 심정을 헤아리게 된다. 때로 불성실한 애들을 만나면 하나님 말도 안 듣고 제멋대로인 우리를 한없는 사랑과 인내로 목양하시는 하나님의 심정을 조금은 알게 된다. 때로 영혼이 순수한 아이들을 만나면 한없는 사랑을 느끼며 우리를 그보다 더 사랑하실 하나님의 심정을 조금은 알게 된다.

자녀를 향한 부모의 마음이 어떠한가? 부모의 눈과 마음은 항상 자녀에게 닿아 있다. 자녀가 너무나 사랑스러워 그저 바라만 봐도 좋아서 웃고, 눈빛만으로 모자라 구체적인 말과 행동으로 사랑을 고백한다. 자녀를 품에 안고, 업고, 쓰다듬고, 수없이 입을 맞춘다. 사소한 것도 대견해하며 입만 열면 사람들에게 자랑하기 바쁘다. 자식이 철없고 부족해도 너그러이 용납하고, 잘못을 저질러도 용서하고 금세 잊는다. 자식이 부모 닮은 자체만으로도 기뻐하고, 자녀라는 이유 하나만으로 사랑하고 끝까지 책임을 진다. 자녀가 아프면 대신 아프기를 바라고 측은히 여기며 밤잠 못 이루며 돌본다. 자녀에게만은 가장 좋은 것으로 공급해 만족과 기쁨을 주려고 하고, 베풀면서 더 기뻐한다. 그리고 자녀에게 사랑과 존경과 인정을 받고 싶어 한다.

자녀양육 과정에서 부모인 우리가 경험하는 이러한 감정들은 우리를 목양하시는 하나님 아버지의 마음과 비슷할 것이다. 결국 너희를 낳아 기르고 돌보며 전심으로 사랑하고, 늘 함께하고, 모든 필요를 공급하며, 가장 귀한 아들까지 내어준 하나님의 심정을 좀 알아달라고 우리에게 자식을 주신 것이다.

🕊 우리의 영적 성숙을 위해 자녀를 주셨다

자녀를 키우면서 우리의 영적인 실존과 허상이 고스란히 드러난다. 하나님께서는 자녀를 통해 우리의 진면모를 보고 성화되어 가라고, 우리에게 영적 성숙을 위한 축복의 도구로 자녀를 주셨다. 자녀 때문에 속상할 때는 "하나님이 저 아이를 통해서 나를 다루시고 훈련시키신다" 하고 생각하면 맞다. 철이 철을 날카롭게 하고(잠 27:17) 사람은 사람으로 연마된다.

자녀는 곧 우리다. 우리가 우리 자신을 못 보니까 복제품을 만들어 "이게 바로 너야!" 하시는 것이다. 그런데 우리는 우리 자신으로서의 자녀를 보는 데 익숙하지 않다.

"하나님이 왜 하필 저 아이를 나에게 주셨을까. 이 집사 아들처럼 공부를 잘해 엄마 기 좀 펴고 살게 해 주었으면, 김 집사 아들처럼 말 잘하고 당당했으면, 박 집사 딸처럼 착하고 말 좀 잘 들었으면…"

부모의 바람은 끝이 없다. 하지만 우리라고 뭐 별 수 있겠는가? 아이들에게 원하는 엄마상을 물어보면 단숨에 수십 가지를 말할 것이다.

"엄마, 친구는 방이 5개인 아파트에 사는데 우리는 방이 두 칸밖에 안 돼도 저는 감사해요. 친구는 용돈을 한 달에 10만 원씩 받는데 저는 2만 원밖에 못 받아도 감사해요. 친구 엄마는 상냥하고 부드러우신데 엄마는 화를 버럭버럭 내고 잔소리가 많지만 살아 계시다는 게 감사해요. 흑흑"

이런 자녀는 없을 것이다. "왜 우리 엄마는 저 정도밖에 안 될까? 창피하다. 우리 엄마도 누구 엄마 같았으면" 하고 생각하며, 할 수만 있으면 엄마도 바꾸고 싶을 것이다.

자식을 바라볼 때 한심하고 "어쩌다가 저런 게 태어났나" 싶어도 결혼, 출산,

이 모든 것이 다 하나님의 선하신 계획과 섭리 안에서 이루어진 일이다. 잘났든 못났든, 건강하든 약하든 하나님이 그 자녀를 주셨다. 더 사랑하고 더 섬기라고 내게 맡기신 것이다. 그 섭리가 개인과 가정을 넘어 더 큰 구원을 위함이라는 것을 언젠가는 알게 될 것이다.

모든 것 다 하나님이 주셨다고 인정하면 사람에 대한 원망과 불평이 사라진다. 자녀가 비록 부모의 욕심과 사회의 보편적인 기준을 만족시키지 못해도 하나님이 주신 가장 귀한 선물로 받아들이는 마음가짐이 중요하다. 야곱은 형 에서에게 자기 자녀를 "하나님이 주의 종에게 은혜로 주신 자식"(창 33:5)이라고 소개했다. 자녀를 세상의 기준이 아닌 하나님의 눈으로 보면 다르게 보게 된다.

자녀는 부모의 영적 성숙과 성화를 위해 마련된 하나님의 섭리요, 축복이다. 세상에 자식처럼 마음대로 안 되는 것이 있을까. 부모의 마음대로 움직이지 않는 아이는 부모를 겸손하게 기도의 자리로 나아오게 만든다. 아이들은 우리의 실존을 보게 하고, 내면을 다루는 내공을 쌓게 만드는 은혜의 선물이다.

대개 부모는 성적이 좋아서 좋은 대학에 진학해야 훌륭한 사람이 된다고 생각하고, 아이가 시험점수를 잘 받아왔을 때 가장 기뻐한다. 그러나 부모가 진짜 기뻐해야 할 때는 자녀가 하나님의 사람으로서의 성품을 드러내고 성경말씀을 따라 살았을 때다. 비록 성적이 좋지 않아도 그렇게 자란 내 아이가 세상에서 얼마나 큰 복의 통로가 될지를 볼 수 있어야 한다.

하나님께서는 소심하고 미약한 기드온을 "큰 용사"라는 미래지향적인 호칭으로 부르셨다. 엄마 눈에는 한없이 부족해 보여도 하나님이 주신 은혜로 받고, 그 아이가 하나님의 큰 용사로 성장할 것을 믿고 바라며 사랑으로 섬기는 엄마가 진짜 믿음 좋은 엄마다. 교사도 공부 잘하고 말 잘 듣는 애들만 예뻐하면 안 된다. 부족하고 속 썩이는 아이도 "변화의 여지가 많은 애, 내 영혼을 보석처럼 빛나게 만들어주는 하나님의 사포"로 받으면 된다. 그런 아이도 훗날 큰 용사로 자라 구원의 큰 도구로 사용될 수 있다는 것을 알고 믿음의 눈으로 바라보고 귀히 여겨야 한다.

🕊 자녀는 하나님께 드리는 특별헌금이다

언젠가 나는 큰아이를 통해 헌금과 관련해 깊은 깨달음을 얻은 적이 있다. 내가 열심히 일해 돈을 많이 벌어서 내 이름으로 이곳저곳에 선교헌금을 많이 보내는 게 소원이라고 말하자 아들이 말했다.

"많이 드리면 하나님이 많이 기뻐하실까요?"

"그럼, 엄마가 열심히 일해서 많이 벌어 많이 드리면 좋은 거 아니니?"

"엄마, 성경 어디에 그런 말씀이 있어요?"

그때 나는 욕심과 자아로 충만한 나의 내면을 보았다. 너무나도 잘 포장되어 있어서 나도 나에게 속을 정도로 위선적인 죄성을 발견하고 하나님 앞에 죄송하고 부끄러워서 울었다.

그날 저녁이었다. 큰아들이 첫 월급을 탔다면서 십일조를 뗀 나머지 돈을 신권으로 바꿔 담은 두둑한 봉투를 내가 좋아하는 고구마 케이크와 함께 불쑥 내밀었다. 봉투를 받아들고 말없이 아들을 끌어안자 눈물이 핑 돌았다. 그때 나는 조용한 하나님의 음성을 들었다.

"애야, 네 아들이 너의 최상의 헌금이다."

결과와 상관없이, 자녀를 어떻게든 믿음으로 키우려고 애썼던 그 모든 시간과 정성을 하나님이 특별헌금으로 받으셨다는 말이다. 태어나서부터 장성하기까지 그 오랜 시간을 기도하면서 하나님 나라의 확장을 위해 봉사하는 일꾼으로 키워낸 그 모든 과정을 내 삶의 가장 기쁜 제물로 받으셨다는 말이다.

우리의 작은 노력들, 엄마로서 최선을 다하는 자녀의 신앙교육 자체가 하나님께 올려드리는 귀한 예물이 된다. 우리가 그보다 더 하나님을 기쁘게 할 예물을 드릴 수 있을까?

⁶내가 무엇을 가지고 여호와 앞에 나아가며 높으신 하나님께 경배할까 내가 번제물로 일 년 된 송아지를 가지고 그 앞에 나아갈까 ⁷여호와께서 천천의 숫양이나 만만의 강물 같은 기름을 기뻐하실까 내 허물을 위하여 내 맏아들을, 내 영혼의 죄로 말미암아 내 몸의 열매를 드릴까 _미 6:6-7

02
성경이 말하는
부모

사람을 사람답게 키우는 일처럼 어렵고 중요한 일은 세상에 없다. 하나님은 왜 이렇게 어렵고 중요한 일을 '부모'에게 맡기셨을까?

자녀의 도우미로 부모를 주셨다

대부분의 동물은 본능적으로 태어나자마자 혹은 수주일이나 수개월 내에 성장해 가정을 이룬다. 하지만 인간의 삶에는 본능 이상의 지적인 면, 정서적인 면, 의지적인 면, 영적인 면 등이 내포되어 있다. 이것들은 오랜 시간을 두고 가르쳐야 하는 것이라서 아이를 키워 사회에 내보내기까지는 부모의 도움이 절대적으로 필요하다. 아이가 보람되고 만족스러운 생을 살아가기 위해 필요한 요소들을 개발시키라고 하나님께서 부모를 주셨다. 부모는 자녀의 인격을 형성시키고, 육적·정신적·영적인 도우미로서의 역할을 거룩하게 담당해야 한다. 아이의 발달 과정에서 부모의 도움이 필요한 시기에 곁에 있어주는 게 부모의 가장 우선적인 가치다. 또한 부모는 인생의 선배로서 경험에서 나온 삶의 지혜를 압축하여 가지고 있다. 그것을 전수함으로써 자녀는 지혜로워지고 인생의 시행착오를 줄일 수 있다.

하나님의 표상으로 부모를 주셨다

부모자식의 관계는 곧 하나님과 우리의 관계를 반영한다. 성경은 부모로서의 하나님과 인간으로서의 부모를 비교한다.

> 아버지가 자식을 긍휼히 여김같이 여호와께서는 자기를 경외하는 자를 긍휼히 여기시나니 _ 시 103:13
>
> 대저 여호와께서 그 사랑하시는 자를 징계하시기를 마치 아비가 그 기뻐하는 아들을 징계함같이 하시느니라 _ 잠 3:12
>
> 그가 아버지의 마음을 자녀에게로 돌이키게 하고 자녀들의 마음을 그들의 아버지에게로 돌이키게 하리라 _ 말 4:6

자녀는 어렸을 때 부모가 자신을 어떻게 다루었는가로 하나님을 인식하는 경향이 있다고 한다. 부모가 자식을 냉정하고 무관심하게 대하고 자주 혼내면 그 자녀는 하나님에게 거리감을 느끼고, 꾸짖기만 하시는 엄한 분으로 왜곡된 이미지를 갖게 된다. 부모가 자녀에게 도달하기 힘든 수준의 성취를 요구하면 자녀는 하나님을 까다로운 기준을 요구하시는 분으로 받아들여, 하나님이 자격 없는 자신의 모습 그대로를 받아주신다는 것을 믿는 데 상당한 어려움을 겪게 된다. 사랑 없고 엄하고 까다로운 우리의 말과 행동이 하나님의 이미지를 왜곡시키는 죄가 될 수 있다.

자녀는 사랑으로 헌신하는 부모를 통해 하나님은 사랑이 많으시고 친절하신 분이라는 것을 배운다. 조건 없는 수용과 사랑의 태도로 실수를 용납하는 부모를 통해 하나님의 용서와 관대함을 배운다. 실패한 자녀를 끌어안고 다시 용기를 주는 부모를 통해 하나님의 위로를 경험한다. 부모는 자녀에게 사랑, 희생, 겸손, 정직, 성실, 진실, 이타심, 친절, 용기, 관용, 정의, 인내, 감사, 배려, 화평, 온유, 섬김, 절제 등과 같은 기독교적 성품의 본을 구체적으로 보이도록 노력해야 한다. 이것이 부모에게 부여된 거룩한 책임이다.

잘 가르치는 교사는 추상적인 이론을 구체적 사물을 이용해 쉽게 설명한다. 글을 잘 쓰는 사람은 추상적 개념을 구체적인 감각 이미지로 잘 표현해 독자의 이해를 돕는다. 예수님이 이 땅에 육신으로 오신 것도 하나님의 사랑이 구체적으로 형상화된 것이다. 부모가 하나님의 성품을 몸으로 실천할 때 자녀는 그 부모를 통해 하나님의 이미지를 구체적으로 지각한다. 그런 부모가 잘 가르치는 부모다. 교회 다닌다고 해서 다 기독교인이 아니다. 하나님의 표상인 부모에게서 자녀가 구체적으로 하나님의 이미지를 발견할 수 있어야 진정한 크리스천 부모다.

🌿 모델링의 대상으로 부모를 주셨다

자녀는 곧 부모다. 자녀가 가장 잘하는 것은 모방이다. 자녀는 가르치는 대로가 아니라 본 대로 따라 한다. 자녀가 이렇게 되었으면 좋겠다는 생각이 들면 바로 그 모습을 부모가 먼저 보여주면 된다. 훌륭한 아이들은 부모가 무언가 본을 보인 결과다.

1920년에 인도의 한 동굴에서 늑대소녀 아말라와 카말라가 발견되었다. 정글에서 늑대가 젖을 먹여 키운 소녀들은 문명세계에 와서도 늑대처럼 울부짖고, 생고기를 먹고, 이빨로 사람들을 물어뜯으려 하고, 어두운 데서만 자려고 하고, 네 발로 기어 다녔다. 이렇게 늑대엄마는 사람조차 늑대소녀로 키웠다.

어떤 부모가 되어야 할까 고민하는 우리들에게 하나님께서 완벽하게 부모역할의 모델이 되어주신다. 우리는 삼위 하나님께서 그분의 자녀인 우리를 어떻게 대하시는가를 보고 자녀교육의 지침을 찾을 수 있다.

하나님께서는 우리를 위해 만물을 창조하시고, 죄 지은 우리에게 독생자를 내어주시는 무조건적이고 절대적인 사랑을 직접 시범으로 보여주셨다. 예수님은 인간인 우리의 눈높이에 맞춰 우리를 찾아와 섬기셨으며 죄 지은 우리를 위해 죽기까지 희생하셨다. 보혜사 성령님은 우리를 거듭나게 하고, 늘 우리와 함께하시고, 보살피고 인도하며, 권고하고 위로하고 격려하신다. 또 죄와 의와 심판에 대해 가르치시고, 말씀이 생각나게 하며, 하나님과 예수님에 대해 증거하고, 우리의 기도를 도와주신다. 이것이 우리가 본받아 할 부모의 원형이다.

〈창세기〉 5장에 재미있는 표현이 나온다.

> 하나님이 사람을 창조하실 때에 하나님의 모양대로 지으시되 _창 5:1
> 아담은 백삼십 세에 자기의 모양 곧 자기의 형상과 같은 아들을 낳아 이름을 셋이라 하였고 창 5:3

사람은 하나님의 모양(형상, image)대로 창조되었다. 우리가 하나님을 반사해내는 존재라는 말이다. 그런데 인간이 선악과를 따먹고 하나님 앞에 범죄한 이후에는 아버지의 형상을 따라 났다고 한다. 아이는 부모의 형상을 따라 난 부모의 복제품이라는 말이다.

> 스스로 속이지 말라 하나님은 업신여김을 받지 아니하시나니 사람이 무엇으로 심든지 그대로 거두리라 _갈 6:7

이처럼 우리는 자녀에게 본을 보인 대로 되돌려 받게 된다. 다른 사람은 속여도 자식은 못 속인다. 자녀를 대하는 태도, 말하는 내용, 행동양식까지도 그대로 우리에게 부메랑처럼 돌아온다. 자녀가 끝까지 믿음의 길로 잘 따라오기를 바란다면 부모가 믿음의 본을 보여야 한다. "내가 너희에게 행한 것같이 너희도 행하게 하려 하여 본을 보였노라"(요 13:15)는 말씀을 명심하자.

🕊 대리 양육자로 부모를 주셨다

자녀의 원부모는 하나님이시다. 부모가 상당한 재량권을 부여받긴 했으나 임시관리자일 뿐이다. 유모가 아무리 똑똑해도 자기 마음대로 주인의 자녀를 키울 수 없다. 원부모의 매뉴얼대로 키워야 하는 것이다. "네가 임신하여 아들을 낳으리니 그의 머리 위에 삭도를 대지 말라"(삿 13:5)라는 말씀은 부모 마음대로 키우지 말라는 말이다. 하나님이 주신 자녀이기에 자녀를 향한 하나님의 계획을 떠나서 부모가 원하는 대로 이끌어가지 않도록 조심해야 한다.

만약 자녀가 부모의 물건이나 돈을 훔쳐간다면 기분이 어떨까. 그런데 우리는 하나님께 돌아갈 영광을 너무나 자주 훔친다. 우리가 대리 부모라는 것을 잊고 "내가 낳아 키운 내 자식" 하는 순간, 원부모이신 하나님 대신 자기가 영광을 받게 되는 것이다. 이것이 사탄의 전략이라는 것을 알아야 한다. 자녀를 통해 영광을 받고 싶은 것은 모든 어머니의 본능일 것이다. 그러나 자녀는 대리인 부모에게 영광을 가져다주기 위해 태어나지 않았다. 하나님의 영광을 위해 자녀를 키우면 영광은 저절로 따라오게 되어 있다.

자식이 부족해서 창피한가? 부모가 자식을 통해 영광을 받으려는 마음이 무의식에 있기 때문이다. 자식을 부모의 자존심과 체면을 세우고 부모의 기대를 충족시키는 존재로 인식한다면 그에 미치지 못하는 자녀는 부모를 부끄럽게 하는 존재가 되므로 적대감을 갖게 된다. 우리가 타인의 평가보다 더 신경 써야 할 것은 원부모의 평가다. 자녀를 내세워 타인의 인정을 받으려 하고, 부모가 이루지 못한 것을 자녀를 통해 이루어 대리만족을 얻으려는 것은 왜곡된 자기 사랑의 한 형태다. 엄마가 열등감을 가지고 자기의 실패와 부족한 부분을 자녀의 성공을 통해 보상을 받으려 하다 보니 과도한 집착을 하게 되는 것이다. 자녀의 앞길을 걱정하는 것 같아도 무의식중에 자기가 자녀를 통해 받고자 하는 영광을 못 받게 될까 자녀를 닦달하는 것이다.

우리가 하나님 앞에 서는 그날, 하나님께서 반드시 "내가 맡긴 자녀를 잘 키웠느냐?" 하고 물으실 것이다. "대학 보내고 결혼시키고 힘들게 뒷바라지했습니다"라고 대답하겠지만 부모를 향한 하나님의 요구는 그게 아니다. 자녀를 하나님 나라의 백성답게 하나님의 영광을 되비치는 사람으로 키웠냐는 것이다.

만약 자녀교육의 목표를 대입과 취업의 성공, 유력한 배우자와의 결혼, 혹은 부모의 체면을 살리는 데 둔다면 원래 하나님께 부여받은 사명을 현저하게 왜곡시키고 축소시킨 것이다. 자녀교육에 임하는 우리의 중심에 하나님의 목적이 아닌 대리인의 욕구가 들어있으면 안 된다. 세상에서의 성공을 기뻐하고, 자식을 빌미로 해 자기 자랑을 하고 자기 영광을 구한다면 그만큼 부모의 내면이 허약한 것이고, 아직도 하나님이 원하시는 지점에 이르지 못한 것이다. 설혹 자녀가 잘 되었다 해도 우리가 자랑할 것이 없는 것은 그 모든 것을 다 하나님이 하게 하셨기 때문이다.

🕊 말씀 공급자로 부모를 주셨다

사람은 몸과 정신과 영혼을 갖고 있다. 그런데 이 시대는 몸을 중시하는 시대다. 그래서 비싸도 애들한테 유기농 식품을 사다 먹인다. 그러면서 정작 중요한 영혼의 양식은 신경 쓰지 않는다. 큰돈 들여 치열을 교정하면서 영혼을 교정하기 위해서는 투자하지 않는다. 육신의 안전을 위해 태아보험까지 들면서 영혼을 위한 천국보험은 들지 않는다.

이 땅에서 4년 간 다닐 대학에 들여보내는 데는 온갖 정성을 쏟아부으면서 영원토록 살 천국에 들여보내기 위해서는 얼마나 애쓰고 있는가? 길어야 80년 살이 땅에서 건강하고 풍요롭게 살기 위해 온 마음을 기울이면서 영원히 살 내세에 대해서는 얼마나 관심을 쏟고 있는가? 행여 추울세라 두꺼운 옷은 입혀 내보내면서 이 험난한 세상에 영혼의 전신갑주를 입혀 내보낼 생각은 왜 못하는가? 그런 것들이 중요하지 않다는 말이 아니라 범사에 영육의 균형을 갖추어야 한다는 말이다.

가장 좋은 엄마는 누구일까? 세상은 자식에게 좋은 환경을 제공하고 좋은 대학에 보낸 엄마를 꼽겠지만 진짜 좋은 엄마는 '말씀요리사 엄마'다. 만약 엄마가 자녀에게 말씀을 먹이지 않는다면 자식을 영혼이 없는 동식물 수준으로 키우는 것이다. 사람에게 하나님의 말씀이 없으면 자신이 존귀한 자임을 깨닫지 못하기 때문에 멸망하는 짐승과도 같다(시 49:12).

비록 세상에서 눈부시게 성공한다 해도 사람은 여전히 약하고 죄가 있으며 영적인 존재이기 때문에 부단히 영적인 공급을 받아야 제대로 살아갈 수 있다. 부모는 자녀의 영적 필요를 민감하게 느끼고 채워주고, 나아가 스스로 영의 양식을 조달할 수 있도록 키워야 한다.

태초에 말씀이 계셨다. 그 말씀은 곧 하나님이시고 그 말씀이 육신이 되어 우리 가운데로 오셨다(요 1장). 주님께서 말씀으로 우리를 찾아오시고, 말씀으로 우리 안에 거하시고, 말씀으로 답변하시고 뜻을 펼쳐 보이시며, 말씀으로 우리를 살리시고 힘주시고 해결책을 주시며, 말씀으로 하늘의 비밀들을 열어 보여 주신다. 그런데 말씀을 모르면 어찌 되겠는가? 우리가 지금 보는 성경말씀은 천지를 창조하신 그 말씀이며, 폭풍을 잠잠케 하신 그 말씀이며, 병자를 고치신 그 말씀이며, 죽은 나사로를 살리신 바로 그 말씀이다. 그 말씀이 우리 자녀가 인생에서 만나는 풍랑과 죄와 죽음으로부터 그들을 건져줄 것이다.

신앙교육은 어릴수록 좋다. 어려서의 가르침은 평생 간다. 인간은 자기가 경험한 것을 이성으로 합리화시켜서 폐쇄적인 사고의 틀을 만들어 세계관을 형성시키는데, 어린아이는 경험이 많지 않고 이성도 덜 발달했기 때문에 수용성이 좋다. 교회학교에 다녔던 아이들은 하나님을 떠났다가도 어떤 계기를 만나면 돌아올 가능성이 높은데 이는 교회학교 때 보고 듣고 경험한 기독교적 세계관이 그들의 머릿속에 자리 잡고 있기 때문이다. 그래서 가능하면 자녀가 어릴 때 성경적 세계관을 확립시켜 주어야 한다.

"4/14 윈도우" 운동이 있다. 복음전도에 가장 효과적이고, 세상을 변화시키는 능력과 가치를 지닌 4~14세 어린이와 청소년에게 복음을 전하자는 운동이다. 이 운동은 그동안 수평적 선교는 어느 정도 이루었으나 수직적 선교는 실패했다는 자성과 함께, 교회학교가 약해진다는 위기의식 속에서 다음세대를 일으켜야 한다는 교계의 공감을 얻어 점차 확산되고 있다. 이 시기의 자녀를 가진 부모와 교사가 해야 할 가장 시급하고도 중요한 일은 아이들에게 성경적 세계관과 가치관을 정립시키는 일이다. 15세 이상은 늦었다, 안 된다는 이야기가 아니라 나이가 들수록 더 힘들다는 말이다.

한 통계자료에 따르면 우리나라의 어느 교단은 8,383교회가 소속되어 있는데, 그 가운데 중고등부 없는 교회가 48%, 유치부 없는 교회가 51%, 유아부 없는 교회가 77.4%, 영아부 없는 교회가 78.5%라고 한다. 그나마 부모의 뜻에 따라 교회에 나오는 아이들도 예배에는 별로 관심이 없다.

자녀가 어렸을 때 복음을 전하지 않으면 그 아이들은 커가면서 점점 더 믿을 수 있는 기회를 잡기 어렵게 된다. 어린이와 청소년의 복음화는 엄마들에게 가장 시급하고도 중요한 일이다. 그러기 위해서 먼저 엄마가 성경을 알아야 한다. 어떤 분야의 전문가가 되기 위해서는 자격증 취득이 필수 아닌가? 말씀요리사 자격증을 따야 한다. 엄마는 자녀를 자기 이상으로 교육할 수 없다. 엄마가 부단히 성장해야 자녀에게 더 좋은 것을 줄 수 있다. 가르치기 위해 준비하는 과정에서 엄마의 영혼이 먼저 부요해지고, 가르치면서 엄마도 같이 성장한다. 엄마가 채워진 다음엔 가족들이 엄청난 영적 유익을 얻게 된다.

나를 나 되게 한, 내 인생의 가장 복된 기간은 오직 말씀을 읽고 듣는 데 착념했던 1년의 기간이었다. 그때 습득한 성경지식을 토대로 30년을 구역장과 교사로 봉사했고, 자녀 둘을 성경적 가치관에 입각해 교육했다. 큰아이가 결혼하기전에는 저녁에 자기 전에 자녀 둘을 앉혀 놓고 같이 말씀을 보았고, 결혼한 후에는 스마트폰에 가족방을 만들어 아침마다 목사님의 설교를 요약해서 올려주고 있다. 작은아이와는 아침 식사 전에 식탁에서 큐티책으로 함께 간단히 말씀을 나누며 영의 양식을 먼저 먹인다.

자녀가 힘들어할 때는 그 처한 상황에 적절한 성경구절을 메시지로 보내주기도 한다. 자녀의 마음이 힘들 때 그에 맞는 말씀을 보내주는 것은 아픈 마음에 약을 발라 치료해 주는 것과 같다.

자녀를 키우는 과정에서 하나님의 은혜로 말할 수 없는 기쁨과 영광을 맛보기도 했지만, 뜻하지 않은 시련을 만나 눈물 골짜기를 지날 때도 있었다. 그럴 때면 예수님이 어떤 분이신가, 성경은 고난에 대해서 뭐라고 말하는가를 깊이 묵상하고, 당면한 현실을 성경 안에서 재해석하면서 그 말씀을 붙들고 묵묵히 하나님께서 하실 일을 기대하며 일상의 삶을 살아갔다. 읽었던 말씀, 들었던 말씀들이 인생의 비바람 속에서 휘청거리는 나를 쓰러지지 않도록 견고히 붙들어주었고, 은혜의 강물 위를 걷게 했으며, 험한 산도 사슴처럼 민첩하게 뛰어넘게 하고, 컴컴한 골짜기도 지나게 해주었다. 그 고난의 때는 내가 말씀의 위력을 온몸으로 경험할 수 있었던 복된 시간들이었다.

🕊 기도 후원자로 부모를 주셨다

원부모에게 자녀의 상태를 아뢰고 맡기고 어떻게 키울 것을 지시받는 것이 기도다. 우리가 원하는 대로, 사회가 이끄는 대로, 세상 사람들 따라하면서 잘 길러보려고 하다가 오히려 망가뜨리는 경우가 허다하다. 자녀의 미래는 하나님께 달려 있다. "이 아이를 어떻게 기르며 우리가 그에게 어떻게 행하리이까?"(삿 13:12) 하고 물었던 삼손의 부모처럼 주인께 물어야 한다. 만약 하나님보다 더 잘 키울 자신이 있다면 기도하지 않아도 된다.

"하하하" 엄마가 되자. "하나님, 하시고 싶은 대로 하세요"의 줄임말이다. "하나님, 우리 아이가 이렇게 되게 해 주세요"라고 기도하기보다는 "하나님이 원하시는 대로 자녀를 인도해주세요"라고 하나님께 자녀를 전폭적으로 맡기면서 키워야 한다. 그러면 훗날 부모는 그 자녀로 인해 "하하하!" 하고 웃을 일이 많이 생길 것이다.

우리에게는 기도를 들어주시는 하나님 아버지가 계시다. 주님은 우리에게 무엇이 있어야 할 것인지를 다 아시지만 그래도 구하라고 하셨다. 공급자가 주님이라는 것을 인정하라는 말이다. 기도는 필요를 공급받기 위한 절차다. 도와주실 것을 믿고 의지하고 요청하고 간구하는 것을 주님은 무척 기뻐하신다. 기도하지 않는 것은 자녀양육에서만큼은 하나님을 믿지 못하고 자기 힘으로 어떻게 해볼 수 있다고 생각하기 때문이다.

기도는 참 신비하다. 나는 자녀의 변화를 위해 기도하면서 하나님이 내 자녀가 아닌 '기도하는 엄마'인 나를 먼저 변화시켜 주시는 것을 종종 경험한다. 나는 자녀에게 잔소리를 안 하는 편이라고 생각했었는데, 언젠가 주님께서는 내가 엄청난 잔소리꾼이라는 것을 깨닫게 해주셨다. 그 이후에는 일체의 잔소리를 그만두었다. 잔소리라는 게 내 힘으로 아이를 바꿔보려고 하는, 내 틀에 아이를 뜯어 맞추려고 하는, 어떤 면에서는 불신앙의 소산이라는 생각이 들었기 때문이다. 그렇다고 해서 방임하는 것은 아니다. 내 힘으로 도저히 할 수 없기에 자녀에게 말하는 대신 주님께 말할 뿐이다.

자녀를 위한 가장 큰 섬김은 기도다. 부모는 자녀의 잘못에 대해서 "아직 자기가 하는 일을 알지 못하나이다" 하고 대신 용서를 구해야 한다. 자녀의 고민을 안고 주님 앞에 나가는 것은 자녀의 영혼의 짐을 같이 지고 그 영혼을 부축히는 섬김이다. 또 세상의 문화와 세상의 영들로부터 자녀를 보호하는 울타리를 쳐주는 것이다.

지금은 문화전쟁 시대다. 인터넷 세대의 아이들은 하루 7시간 이상씩 인터넷에 접속하고 공유한다. 자녀가 어디에 관심을 쏟고 있는지를 드러내는 중요한 지표는 어플(application) 순서인데, 1위에서 150위까지 게임과 연예물들이 차지하고 있다. 이들의 마음을 어떻게 엄마의 힘만으로 돌이킬 수 있을까. 우리가 자녀를 위해 기도해야 하는 이유는 기도야말로 하나님의 도움을 자녀에게 머물도록 요청하고 하나님이 자녀를 위해 일하시도록 요청하는, 자녀를 가장 위하는 길이기 때문이다.

복음서에 보면 회당장 야이로, 수로보니게 여인이 자식문제로 주님 앞에 나아와 아뢰어 문제를 해결받았다. 그 누구에게든 자식문제는 다 똑같고 기도 외에는 해결할 길이 없다. 주님께 그 문제를 들고 겸손하게 나아가 엎드려 그분의 긍휼하심을 입을 때 회당장의 딸처럼 죽었던 자녀도 다시 살아나고, 수로보니게 여인의 딸처럼 세상의 문화와 세상의 악한 영들에게 사로잡혔던 자녀도 온전케 되는 역사가 일어난다.

나는 자녀에게 기도를 가르쳐 주기 위해 자녀가 초등학생 때부터 몇 년 동안 주일마다 새벽기도회에 데리고 다녔다. 예배를 마친 후에는 담임목사님께서 두 아이의 머리에 손을 얹고 축복기도를 해주셨다. 가정에 문제가 있을 때면 아이들을 데리고 새벽기도회에 나가 나란히 앉아 불쌍히 여겨주시기를 기도했고, 아이가 잘못해서 다루어줄 필요가 있을 때는 일정기간 새벽기도를 데리고 다니기도 했다. 그리고 아침에 아이가 학교 갈 때마다 현관에서 어깨에 손을 얹고 기도하고 보냈다. 애들은 어디를 가나 자기들을 위해 기도하는 엄마를 생각하면 안심이 되었다고 말했다.

구약에 보면 제사장은 거룩한 신분에 걸맞게 매우 비싸고 장엄하고 영화로운 옷을 입고 여호와 앞에 나아갔다. 에봇 두 어깨받이에는 이스라엘 12지파의 이름이 6개씩 새겨진 호마노 보석이 달려 있다. 제사장이 지성소에 들어가면 이스라엘 백성들도 들어간 셈이다. 이스라엘 백성들의 안위가 제사장에게 달려있었다는 말이다. 우리 가정교회의 안위도 부모의 어깨에 달려있다. 제사장에게는 말씀을 가르치는 의무와 함께 백성들이 죄 가운데서 멸망하지 않도록 기도할 의무가 있다. 지금은 만민 제사장의 시대다. 아빠는 영적 권위를 가지고 날마다 자녀의 머리에 손을 얹고 마음껏 축복 기도를 해 주고, 엄마는 날마다 성경을 한 구절씩이라도 꼭 읽어줌으로써 제사장의 직무를 잘 감당하자.

초저녁에 일어나 부르짖을지어다 … 각 길 어귀에서 주려 기진한 네 어린 자녀들의 생
명을 위하여 주를 향하여 손을 들지어다… _ 애 2:19

　그런데 자녀를 진정으로 위하는 기도가 무엇인지는 알고 해야 한다. 한국인의
사고의 저변에는 현세적이고 기복적인 샤머니즘이 뿌리 깊게 박혀 있어 예수님
이 마치 내 자녀의 성공을 돕는 해결사인 양 온갖 부탁으로 기도를 채우는 경우
가 많다. 그저 자식이 건강하고, 시험 잘 보고, 좋은 대학 가고, 대기업에 취직하
고, 승진하고, 부자 되기를 바라는 기도라면 옛날 새벽마다 정화수 떠놓고 빌던
엄마들과 무엇이 다른가? 예수님을 전능한 종으로 부리고자 요술램프의 지니로
변신시켜 놓고 믿는 것이다. 비는 자의 영적·도덕적 상태를 전혀 고려하지 않고
소원대로 다 해준다면 그게 종인가 주님인가. 그런 식으로 믿는 건 내가 믿고 싶
은 신을 믿는 것이지 바른 복음이 아니다. 내 문제를 해결하고, 고통을 면하고 현
세적 복을 얻기 위해 주님을 내 욕구충족의 수단으로 삼는다면 그것은 미신 믿는
것과 다를 게 없다.
　가장 바람직한 기도는 자녀를 향하신 주님의 뜻을 묻는 것이다. 세상에서 무
슨 일을 하든지 하나님과 사람을 사랑하고 섬김으로써 하나님의 영광을 드러내
고 이 땅에 하나님 나라를 확장시키는 귀한 도구가 되게 해 달라고 아뢰는 것이
다. 자식을 위한 어미의 진실한 기도는 결코 한 마디도 땅에 떨어지지 않는다. 우
리의 자녀를 위해 이렇게 기도하자.

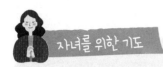

1 태중에서부터 건강과 지혜와 총명과 좋은 성품을 주소서.

2 아이의 몸과 마음이 자라며 하나님과 사람에게 은총과 귀중히 여김을 받게 하소서.

3 어릴 때 예수님을 구주로 영접하게 하소서.

4 하나님이 자신을 얼마나 사랑하시며 놀라운 계획을 갖고 계신지를 알게 하소서.

5 언제나 하나님을 최고의 자리에 모시고 살아가게 하소서.

6 하나님이 세우신 질서와 권위에 순종하게 하소서.

7 말씀을 사모하고 묵상하며 그 말씀의 권세를 사용해 사탄의 궤계를 물리치게 하소서.

8 어떤 상황에서도 감사와 찬송을 주님께 드리게 하소서.

9 항상 기도하고, 기도의 능력을 경험하는 자녀가 되게 하소서.

10 일용할 양식, 건강, 지혜, 능력, 물질, 조력자 등 살아가는 데 필요한 것들을 공급하소서.

11 자녀들 주위에 울타리를 치셔서 나쁜 친구들로부터 지켜 주시고 바른 친구를 사귀게 하소서.

12 구별된 자로 살며 악한 것에 빠지지 않게 지켜 주소서. 분별력을 주셔서 말씀 안에서 죄를 분명하게 인식하게 하시고, 죄를 미워하고 멀리하고, 죄를 지었을 때 즉시 회개하게 하소서.

13 어려움을 당할 때 믿음을 사용하는 강건한 자녀가 되게 하소서.

14 하나님을 경외하고 이웃을 사랑함으로 하나님 나라를 확장시키는 선한 도구가 되게 하소서.

15 한평생 예수님의 마음을 품고 살게 하소서.

16 하나님의 은사와 계획과 사명에 따라 전공과 직업을 정하도록 도우시고, 주님 앞에 의미 있는 일을 갖고 인류의 복지와 평화에 공헌할 수 있게 하소서.

17 모든 대인관계에서 신실하게 책임 있는 태도로 살게 하소서.

18 이 시대와 세계관을 분별하게 하시고, 성경적 세계관을 정립하여 신앙인
의 정체성을 선명하게 지켜나가는 21세기의 요셉과 다니엘로 자라게 하
소서.

19 우리 자녀들이 그들의 배우자와 결혼할 때까지 순결을 지키게 하소서. 우
리 자녀들에게 경건한 배우자와 경건한 자손을 허락하소서.

20 이 땅에서도 시냇가에 심은 나무처럼 살게 하시고, 주님이 주신 것들로
타인의 영혼을 윤택하게 하는 삶을 살게 하시며, 훗날 하나님 나라에 들
어가서도 칭찬과 상급을 받게 하소서.

🕊 교사로서 부모를 주셨다

가정은 하나님이 주신 제1의 배움터이다. 하나님은 부모를 가정공동체 학교
의 교사로 임명하셨고, 자녀를 학생으로 부르셨다.

1. 교사인 부모는 자녀에게 무엇을 가르칠 것인가?

마땅히 행할 길을 아이에게 가르치라. 그리하면 늙어도 그것을 떠나지 아니하리라

_ 잠 22:6

여기서 "마땅히 행할 길"이란 하나님의 계획 가운데 그 아이가 가도록 되어
있는 그 길로 가게 하라는 의미이다. 〈시편〉의 말씀대로 자녀가 화살이라면, 엄
마는 활시위를 엄마 쪽으로만 끌어당기고 있을 것이 아니라 적절한 시점이 되었
을 때 과녁을 향해 쏘아 보내야 한다. 그 과녁이 뭐겠는가. 자녀를 향하신 하나님
의 계획이다. 그것을 실현하는 것이 진정한 신앙교육의 완성이다.

부모는 자녀에게 성경이 제시하는 하나님, 사탄, 인간, 죄, 구원, 예배, 하나님의 계획, 예수 그리스도, 성령, 교회, 하나님의 나라, 의, 심판 등에 대해 가르쳐야 한다. 가르치지 않으면 어떻게 되는가?

〈사무엘상〉 2장에 하나님께서 엘리에게 "네가 어찌하여 네 아들들을 나보다 중히 여기느냐?" 하고 책망하시는 장면이 나온다. 엘리가 자녀에게 하나님 경외하는 법을 똑바로 가르치지 않아 그 아들들은 하나님을 알지 못하였다. 그는 아들들이 하나님의 제사를 멸시하고 예배를 바로 드리지 않고 성전에서 수종드는 여인을 취하는 죄를 범했을 때도 부드럽게 말하고 책망하지 않았다. 하나님께서는 엘리 집의 죄악은 제물로나 예물로나 영원히 속죄함을 받지 못하리라는 엄청난 경고를 하셨는데 그 이유를 성경기자는 "그가 자기의 아들들이 저주를 자청하되 금하지 아니하였기 때문"(삼상 3:13)이라고 밝히고 있다.

또한 부모는 자녀의 마음에 자리하고 있는 깊은 죄성을 깨우쳐주어야 한다. 아이들이 욕심 부리고 다툴 때, 행위에만 주목해 싸우지 말라고 야단만 칠 게 아니라 다툼을 초래한 원인인 이기심, 상대방의 행복에 대해 배려심이 전혀 없는 죄성을 다루어주고 그렇기 때문에 우리에게는 늘 주님이 필요하다고 가르쳐야 한다. 부모가 인격적으로 미성숙해 말씀을 가르치기가 겸연쩍더라도 부모 역시 부족한 죄인이라서 주님의 은혜가 필요한 사람임을 인정하고 가르치면서 함께 성장해나가면 된다.

특히 부모가 순종을 가르쳐야 한다. 포스트모던 시대는 자기를 중시하고 기존질서에 저항하는 게 트렌드이기 때문에 말을 더 안 듣는다. 하지만 부모는 성경과 하나님을 등에 업고 거기서부터 나오는 영적 권위로 자녀에게 순종을 가르쳐야 한다. 눈높이를 맞춘다고 아직 어린 자녀의 승인을 받아 일을 결정하려 하면 자녀가 주도권을 갖고 왕노릇하며 부모를 조종하고 통제하게 된다.

큰아이가 초등학교 5학년 때 일이다. 배가 아파서 약을 좀 사오라고 시켰더니 한 시간이 지나도 돌아오지 않았다. 한참 만에 돌아와 하는 말이 "엄마, 일요일이라 약국이 세 군데나 문을 닫았더라고요. 어제 태권도 대회도 있었고 너무 힘들어서 그냥 돌아오려다가 엄마한테 잘하는 건 곧 하나님한테 잘하는 거라고 하신 말씀이 생각나서 멀리까지 가서 간신히 구해왔어요" 하는 것이었다. 그때 '어렸을 때의 반복교육이 정말 중요하구나' 하고 느낀 적이 있다.

큰아이는 커서까지 순종적이었는데 그 이유를 물어보았더니 "어릴 때부터 엄마가 부모는 보이지 않는 하나님의 표상이니 엄마 말씀에 즉시 순종해야 한다고 강조하셨기 때문에 그게 의식의 저변에 심어졌다. 또 부모님과 내 가치기준이 달라 순종하기 어려울 때도 순종한 것은 하나님이 순종하라고 말씀하셨기 때문이고, 엄마가 나를 무한히 사랑하는 것을 알았기 때문"이라고 답변했다. 한번은 결혼한 지 3년 된 큰며느리가 내게 "살아갈수록 남편이 더 존경스러워요"라고 말했다. 어려서부터 받은 순종의 훈련이 결혼생활에서 자기 부인으로 나타나 화목한 가정으로 열매를 맺은 것이다.

비록 자발적 순종을 이끌어낼 만큼 존경할 만한 부모가 못 된다 할지라도 하나님이 부모에게 순종하라고 말씀하셨기 때문에 순종하도록 가르쳐야 한다. 자녀가 가정에서 부모의 말에 자기를 꺾어 순하게 굴복시키는 훈련을 받아야만 내적 통제력을 갖추게 된다. 그래야 훗날 세상의 유혹을 받을 때 "안 돼!" 하시는 성령님의 음성에도 순종할 수 있게 되고, 하나님과 교회의 질서와 권위에 순복해 좋은 일꾼이 될 수 있다.

각 사람은 위에 있는 권세들에게 복종하라 권세는 하나님으로부터 나지 않음이 없나니 모든 권세는 다 하나님께서 정하신 바라 _롬 13:1

2. 교사인 부모는 자녀를 어느 정도나 가르칠 것인가?

날마다 가르쳐야 한다. 일주일에 한번 보는 교회학교 교사보다 매일 보는 엄마교사 역할이 더 크고 중하다. 신앙생활은 교회생활이 아니라 일상생활이다. 가정의 일상사, 아이들의 경험, 당면한 상황, TV프로그램, 뉴스 등과 하나님의 말씀을 관련시켜 거기서 영적인 의미를 추출해내는 훈련을 해야 한다. 화분에

꽃이 피면 "세상의 모든 것은 이처럼 영화로움이 한 순간이지만 하나님은 영원하셔", 밥을 먹다가도 "김치는 소금이 들어있어서 발효는 될지언정 썩지는 않아. 우리는 세상의 소금이야", 부모를 버린 자녀를 고발하는 TV프로그램을 보고 "저것이 하나님을 저버린 인류의 현주소야" 하는 식으로 일상에서 주님의 메시지를 들을 수 있도록 부단히 일깨워야 한다. 안 그러면 하나님이 허락하신 가르침의 기회를 놓치는 것이며, 부모로서의 직무를 유기하는 것이다.

3. 교사인 부모는 자녀를 어떻게 가르칠 것인가?

사랑과 인내로써 가르쳐야 한다. 모든 것 하나님이 이루신다. 우리의 자녀가 많이 부족하고 엄마의 뜻대로 움직여주지 않지만 "그러나 하나님께서" 언젠가는 마침내 이루시고 행하실 것을 믿음으로 인내함으로 기다릴 수 있어야 한다.

예수님께서는 엠마오로 내려가는 두 제자가 자기를 몰라볼 때도 "참 갑갑하구나" 하지 않으시고 두 시간 반이나 제자들과 함께 걸어가시면서 참을성 있게 성경을 풀어가면서 가르쳐 제자들이 스스로 깨닫게 하셨다.

아울러 부모가 영적인 권위를 가지고 엄격함으로 자녀를 가르쳐야 한다. 하지만 화를 내면서 권위를 세우려 하면 안 된다. 부모가 큰소리로 자녀를 꼼짝 못하게 하는 것은 그렇게 통제함으로써 자신의 권위가 손상되지 않도록 방어하는 것이다. 그것은 내적으로 건강하지 못한 태도다. 조용하면서도 단호한 어조로 부모가 원하는 것을 분명하게 말로 표현하고, 감정을 실어 다루었을 경우에는 사과해야 한다. 그래야 진정한 존경을 받게 되고 자발적인 순종을 이끌어내게 된다.

요즘은 자녀에게 체벌을 너무 안 해서 문제가 되는데 부모는 다스림의 한 방편으로 체벌을 사용할 수 있다. 아이에게 자의식이 생겨 부모와 겨루기를 시작할 때, 자기 뜻을 관철시키려고 고집부리고, 부모의 말을 고의적으로 거역하고 명백한 불순종을 할 때, 무책임한 행동을 할 때는 말로 시정이 안 되면 체벌을 가할 수 있다. 잘못에 상응하는 벌은 이 세상과 내세에서의 심판과 정의의 개념을 알려준다. 이 땅에서 어린 시절에 잠시 가하는 체벌이 자녀를 영원한 지옥의 체벌에서 건져줄 것이다. 체벌의 목적은 부모의 감정풀이나 벌을 주는 것 자체가 아니라 교화와 회복이므로 아이가 맞고도 부모의 사랑을 느낄 수 있어야 한다. 때린 후에는 꼭 안고 기도해 주고, 도덕적 훈계를 늘어놓기보다 매를 자초한 행동과 그 마음을 말씀으로 다루어 주어야 한다.

또한 부모는 자녀 교육에서 겸손한 태도를 늘 견지해야 한다. '바리새인과 세리의 비유'에 나오는 세리 같은 엄마가 되자. '세리엄마'의 특징은 겸손, 자기 부인, 인정, 존중, 부끄러움 등으로 나타난다. 자녀 앞에서 자신의 부족함과 죄를 인정하면 부모로서의 권위가 무너질 것 같아도 오히려 주님과 자녀에게 더 사랑받는 부모가 될 것이다. 아이들로부터 거꾸로 흐르는 은혜가 있다. 아이를 가르칠 대상으로만 여기지 말고 아이에게 배울 것이 있다는 것을 인정하고 인격적으로 대해야 한다.

우리가 부모나 교사가 될 만큼 완전해서 세우신 게 아니다. 되어가라고 부르신 것이다. 우리의 지식과 경험, 능력과 자질, 신앙연조 때문이 아니라 오직 은혜로 세움받은 것이다. 이런 우리의 영적 실존을 깨달을 때마다 감사할 것밖에는 없다.

또한 사랑으로 감당해야 한다. 사랑하면 힘든 줄 모르고 그 수고를 기쁨으로 감당할 수 있다. 〈요한복음〉 21장에서 예수님께서 베드로에게 "내 양을 먹이라"라고 말씀하시는 장면은 어떤 상황인가? 수제자이면서도 예수님을 세 번이나 부인했던 형편없는 제자, 도무지 신뢰할 수 없는 제자에게 예수님께서 세 번이나 부탁하시는 것이다. 모든 기대와 소망이 무너져 맥없이 갈릴리로 돌아가 물고기를 잡는 베드로의 심정은 회한과 자책감과 부끄러움, 고통과 좌절과 낙심과 자기연민으로 가득 찼을 것이다. 그런 베드로한테 주님은 뭘 믿고 그런 부탁을 하신 것일까?

어떤 면에서 하루에도 몇 번씩이나 베드로보다 더 많이 예수님을 부인하고 사는 우리같이 보잘것없고 부족한 사람들을 부모와 교사로 세우시고 "얘야, 네 그 수많은 허물과 실수에도 불구하고 나는 너를 여전히 사랑한다. 내가 널 사랑하는 만큼 너도 나를 사랑하니? 나를 사랑하는 그 마음으로 내 양들을 돌봐다오" 하고 믿어주시고 부탁하시고 기대하시는 것이다.

🕊 가치관 정립자로 부모를 주셨다

포스트모던 시대는 세상에 절대적인 진리나 기준이나 근원이 없다고 보고 모든 것을 상대적이고 가변적인 프로세스로 본다. 에덴에서부터 생의 주도권을 갖고자 했던 인간이 지식창조와 판단의 주체가 되고, 관용이 미덕이 되어 모든 것을 수용해 기준이 다양해지다 보니 세상은 점점 무정부상태처럼 혼란스러워진다. 지금 절대자를 부인하는 기초 위에 세상의 학문, 철학, 사상, 문화예술이 서 있다. 하나님을 제거한 이 세상은 얼마나 많은 인간의 생각들로 넘쳐나는가?

하지만 모든 사람이 자기 소견에 옳은 대로 행하였던 사사시대의 혼란 속에서도 사무엘은 깊은 영성의 사람으로 자랐고, 다윗 왕이 준비되고 있었다. 가치관이 뒤틀려 있는 이 시대에도 세상의 사조를 거스르면서 자녀를 키우고자 애쓰는 부모가 있기에 그래도 소망은 있다.

모든 것이 상대화된 이 시대에 성경은 절대진리를 제시한다. 부모가 먼저 성경적 세계관과 가치관을 확립하고 자녀에게 예배, 주일성수, 순종, 언어생활, 물질, 친구, 직업, 결혼, 자립심, 책임감, 봉사, 나눔, 문화, 술, 담배, 성, 미디어 등등에 있어 분명한 가치기준을 정립해 주어야 한다. 생애 초기에 형성되어 굳어진 세계관과 가치관과 인성은 여간해서는 변하지 않는다.

다니엘은 10대에 이방 땅 바벨론에 포로로 끌려가 70년을 넘게 살면서도 그 문화에 동화되지 않고 신앙인의 정체성과 믿음을 잘 지켰다. 그 부모가 다니엘이 어릴 때 이미 신앙교육을 끝냈다는 말이다. 지금은 어떤 의미에서 바벨론 포로시대와 같다. 제국의 힘이 지배하는 세상, 종교다원주의로 기독교가 유일한 종교라고 주장할 수 없는 세상, 반기독교적인 세상의 학문과 사상이 지식세계를 장악하고, 눈만 뜨면 타락한 세속의 문화들이 우리 아이들을 포로로 사로잡는 세상이다. 사탄이 사방에 진치고 우리 아이들에게 "기독교인이라는 정체성을 버려. 이름을 바꾸고 세상에 동화돼. 세상이 하사하는 진미들을 먹고 마시고, 세상에 충성해. 그래야 출세길이 열려" 하고 미혹한다. 이런 세상에 사는 우리 아이들이 21세기의 다니엘로 살아갈 수 있도록 분별력을 키워주고 영적 무장을 시켜 주어야 하지 않겠는가?

03

성경독서,
왜 해야 하나요?

우리가 무슨 일을 착수하기 전에 먼저 정립해두어야 할 것은 '왜'와 '어떻게' 이다. '왜'는 끝까지 그 일을 수행하기 위한 동기부여의 측면에서 매우 중요하다. 우리가 성경독서를 해야 하는 이유는 무엇인가?

자녀를 말씀부자로 만든다

어린 시절의 독서는 인생의 기초를 닦는다는 점에서 굉장히 중요하다. 12세 까지는 건물을 짓기 위해 터를 닦는 시기에 해당한다. 미국의 사회학자 로버트 머튼(Robert K. Merton)이 주창한 "마태복음 효과"(Matthew effect)는 어떠한 개 체나 집단 또는 지역이 일정한 부문에서 앞서면 강점이 쌓여 더욱 크게 발전할 더 많은 기회를 얻게 된다는 것이다. 부익부빈익빈 현상이라고나 할까? 이 원리는 독서에도 적용된다. 독서 부자는 책에서 얻는 배경지식, 언어지식, 경험 등이 다음 책을 읽을 때 영향을 미쳐 읽을수록 더 빨리, 더 풍성하게 읽게 된다. 또 다른 사람의 글 전개방식이나 문장구조를 보면서 글쓰기 요령을 터득해 글도 잘 쓰게 된다. 반면 독서 빈자는 점점 더 정보처리 능력이 떨어지게 된다. 사회에서 계층 상승하려면 힘든 것과 마찬가지다.

자녀를 독서 부자로 만드는 현명한 엄마가 되자. 특히 말씀 부자로 만들자. 어려서부터 성경을 배우면 그것이 일생의 큰 자산이 된다. 대개 엄마들은 대입을 위한 지식습득을 중시하지만 그보다 더 중요한 것은 하나님을 아는 지식을 갖는 것이다. 수학공식, 영어단어 익히는 게 공부가 아니다. 진짜 공부는 하나님이 누군지, 자기가 누군지, 이웃이 누군지를 아는 것이다. 사람이 왜 살고, 어디서 와서 어디로 가며, 어떻게 살 것인지 생의 의미와 방향을 바로 아는 것이다.

말씀부자는 자기 안에 들어있는 하나님의 능력 있는 말씀을 사용해 마음의 상처와 좌절을 잘 이긴다. 겸손하고 깨끗한 삶을 살아가며, 그 풍부한 말씀으로 다른 사람의 영혼을 윤택하게 해준다. 그러나 지식부자는 그 지식으로 도리어 하나님을 대적하고 교만하고 비윤리적인 삶을 살다가 불명예스럽게 추락하기도 한다. 그런데도 성경을 통해 믿음의 힘을 가르치기보다는 세상의 지식습득을 더 중요시한다면 아직도 무엇이 중요한지를 모르는 것이다.

수년 전 모 일간지에 어느 수감자의 편지가 실렸다. 그는 38세까지 책을 모두 4권 읽었는데 교도소에 와 할 일이 없어 책을 읽다 보니 '아, 내가 진작 책을 읽었더라면 오늘날 여기에 와 있지 않았을 텐데…' 하는 생각이 들었다. 그래서 자기 모교의 후배들이 자기처럼 교도소에 오지 않도록 제발 책 좀 읽으라고 수감 중에 10만 원을 어렵사리 모아 편지와 함께 보냈다는 것이다.

일반 책도 이렇게 사람의 생각을 바꾼다면 하물며 성경책은 더 말해 무엇 하겠는가. 어떤 책을 읽었는가 하는 것은 매우 중요하다. 그가 먹은 음식이 곧 그의 몸을 만드는 것과 마찬가지 원리다. 사람을 형성하는 요인은 유전, 환경, 지식, 경험, 인간관계 등 다양하지만 가장 중요한 것 중의 하나가 독서경험이다. 그가 읽은 독서목록은 곧 그 사람이다. 사람은 보고 들은 것의 영향을 받아 가치관을 형성하기 때문이다.

🌿 성경은 가장 훌륭한 교육도구다

어떤 존재가치를 확인하려면 그것이 없었을 때 어떤 불편이 생길지를 생각하고, 그것이 있음으로 어떤 효과를 보는지를 생각하면 된다. 성경이 없다면 세상은 어떻게 될까? 성경으로 인해 세상은 어떻게 되었나?

성경은 수억의 사람이 하나님을 만난 증거가 나타나 있고 수천 년의 간증이 있는 확고한 책이다. 성경은 4,000년간 개정판이 안 나온 유일한 책으로, 가장 훌륭한 교육도구다.

> [15]또 어려서부터 성경을 알았나니 성경은 능히 너로 하여금 그리스도 예수 안에 있는 믿음으로 말미암아 구원에 이르는 지혜가 있게 하느니라 [16]모든 성경은 하나님의 감동으로 된 것으로 교훈과 책망과 바르게 함과 의로 교육하기에 유익하니 _ 딤후 3:15-16

성경은 하나님의 구속사를 풀어내는 책이고 위인전은 아니지만, 성경의 다양한 인물은 아이들에게 때로는 모델이 되고 반면교사도 된다. 세상지식을 많이 습득한다고 해서 사람이 근본적으로 변하지 않는다. 인간은 영적인 존재기 때문에 말씀이 들어가야만 참된 변화가 일어난다. 단언컨대 교회를 오래 다녀도 변화되지 않는 것은 성경을 제대로 읽지 않았기 때문이다.

성경은 사람이 어떻게 창조되었으며, 왜 고통을 겪고 왜 죽는지, 어떻게 구원을 받을 수 있으며 어떻게 살아야 하는지, 장래 어떻게 될지를 분명하게 제시해 준다. 하나님은 우리에게 영적인 법칙과 비밀을 가르쳐 주시려고 성경을 주셨다. 이 현상세계의 물질도 과학자가 지금까지 알아낸 게 고작 4.4%밖에 안 된다고 한다. 하물며 눈에 보이지 않는 세계를 어찌 다 알겠는가? 오직 성경을 통해서만 영적 세계를 볼 수 있는 것이다.

　과거에는 성경이 양피지로 되어 있어서 부피도 크고 값도 비싼데다가 문맹률도 높아 신자들이 개인적으로는 읽을 수가 없었고 공예배 때 주교가 읽어주는 말씀을 듣기만 했다. 한글성경이 나온 것도 불과 100여 년 전이다. 성경이 이렇게 잘 번역되어 우리 곁에 있다는 것이 얼마나 큰 축복인가.

　예수님도 성경을 저절로 아신 것이 아니다. 예수님께서 이 세상에 계실 때 이미 70인 역 헬라어 성경이 있었다. 예수님께서 〈신명기〉의 말씀으로 광야의 시험을 이기시고, 〈요나서〉나 〈이사야서〉 등 구약을 인용해 설교하신 것은 성경을 공부하셨기 때문이다. 예수님도 하셨다면 우리는 더 해야 한다. 또 사도 베드로는 무식한 어부로 알려져 있지만, 첫 설교를 할 때 구약의 〈요엘서〉와 다윗의 〈시편〉을 풍부하게 인용하면서 예수님이 성경을 응하게 하러 오신 메시아이심을 증거했다(행 2장). 또 스데반 집사는 평신도인데도 순교 직전에 해박한 성경지식으로 공회원들 앞에서 예수님을 변증하였다(행 7장). 이들이 그만큼 성경을 깊이 연구했음을 알 수 있다.

🕊 성경적 세계관과 가치관을 갖게 된다

　성경독서는 시대적 요구다. 깨어 이 악한 시대를 분별하며 아이들에게 올바른 성경적 세계관과 가치관을 심어주고 그렇게 살아가도록 동기를 부여하는 일은 이 시대에 너무나도 필요한 일이다.

　요즘 사회의 문화가 영상문화로 급격히 바뀐 탓에 사람들이 대부분 생각결핍증에 걸려 복잡하게 생각하기 싫어하고 책을 골치아파한다. 엄마들은 하루에 드라마는 몇 시간씩 보면서 성경은 읽지 않는다. 아이들도 하루에 스마트폰은 몇 시간씩 하면서 성경은 읽지 않는다. 디지털 매체가 요구하는 즉각적인 반응의 귀재들이 되어 최대한 빠르고 간결하게 짤막한 문자만 주고받다보니 깊이 생각하는 능력이 자꾸 저하된다.

눈만 뜨면 스마트폰과 컴퓨터를 사용하는 디지털 세대에게는 책이 고리타분한 아날로그 시대의 산물로 보일 것이다. 성경도 스마트폰으로 보는데, 편리함을 줄 수는 있으나 깊은 묵상과 깨달음의 자리로까지는 데려가지 못한다. 정보화 사회에서 요구되는 창의적 사고는 비판적 사고에서 나오는데, 이것을 가능하게 하는 논리력과 분석력은 책을 통해서 길러진다.

자녀에게 성경책을 매개로 읽기능력을 키워주면 책을 멀리하는 영상세대의 아이들 가운데서 분명히 두각을 나타내는 리더가 될 것이다. 자녀와 함께 말씀을 읽자. 사람은 돈이 없어 망하는 게 아니라 하나님을 아는 지식이 없어서 망한다(호 4:6).

청소년 중 기독교인의 비율이 3%라는 통계자료는 이 시대에 부모가 신앙을 전수하는 데 힘쓰지 않고 있다는 사실을 드러낸다. 우리는 급속한 근대화 과정을 지나면서 몸이 잘사는 것에 집중하며 정신없이 달려왔다. 자본주의가 심화되면서 이 시대의 엄마들은 자녀의 영혼을 돌보기보다는 나가서 돈 벌기에 바쁘다. 몸은 피곤하고 마음은 피폐해지고 자연히 신앙교육은 뒷전으로 밀린다. 엄마들부터 일주일에 한두 번 교회에 나가 설교를 듣고 오는 것으로 신앙생활을 다했다고 여기니 성경을 몰라 자녀에게 가르칠 엄두를 내지 못한다. 먹고살기에 바쁘다는 이유로 신앙교육은 교회학교 공교육에 떠넘기고 그걸로 할 일 다 했다고 여기고 신앙계승의 책임을 감당하지 않는다. 교회학교에 보낸다고 해서 자녀의 영혼이 구원을 받겠는가? 그것은 구원의 충분조건이 아니다.

그나마 주일이면 챙겨서 보내다가도 시험 때는 교회학교에 보내지 않는 엄마들이 많다. 대학입시를 신앙보다 중요시하기 때문이다. 일단 대학에 붙고 나서 믿으라는 것이다. 중고등학교 시절에 믿음생활 안 한 애들이 대학에 가서 하게 될까? 다니던 애들도 90%가 대학생이 되면 교회에 나가지 않게 된다는 통계가 있다.

가장 훌륭한 엄마는 신앙의 계승에 성공한 엄마다. 자녀가 어릴 때부터 하루 한 번 이상씩 성경을 펼쳐 "성경이 무엇을 말하더냐"(롬 4:3; 갈 4:30) 하고 가르치는 엄마다.

교회학교 교사도 마찬가지다. 일주일 168시간 중 교회에 와 있는 1시간으로 어떻게 그들의 영혼을 바르게 키울 수 있을까. 교사들이 깨어 흥미 위주로 가볍게 흘러가는 교회학교에서도 말씀을 바르고 깊이 있게 집중적으로 가르쳐야 한다. 성경을 한 번도 안 읽고 교회학교를 졸업하는 애들이 태반이다. 어른들 구역 예배처럼 아이들도 주중에 소그룹, 혹은 일대일로 말씀을 나누는 시간이 있어야 한다. 교회학교에서 성경적 세계관과 가치관을 심어주지 못하면 대부분 대학에 들어가 신앙을 잃고 방황하다가 세속의 거대한 탁류에 휩쓸려 떠내려가게 되고 만다.

🌿 분별력을 갖춰 세상의 가치관을 거스를 수 있게 된다

세상은 "너의 가치는 바로 소득, 소유물, 학벌, 업적, 사회적 위상, 스펙, 외모, 네가 누리는 문화와 소비하는 물건 등이 결정한다"라고 속인다. 많은 크리스천이 거기에 넘어가 하나님과 이 시대의 바알들을 동시에 섬긴다.

어머니에게 가장 큰 우상은 자녀의 성공이다. 파출부를 해서라도 자녀의 학원비를 대 좋은 대학에 기필코 들어가게 하려는 것도 그로 인해 좋은 직업을 가지면 돈을 많이 벌고 세상에서 성공할 수 있다는 잘못된 전제 때문이다. 하지만 성도가 세상에 마음을 다 빼앗긴 채 세상 사람과 똑같은 가치관을 갖고 살면 우리에게 모든 것을 공급해 주시는 본 남편인 주님의 질투와 진노를 촉발시키는 '행음한 여인' 고멜이 되고 만다(호 1:2-9).

노아 때 언약백성이 세상과 뒤섞여 구별되지 않게 살 때 하나님께서 홍수심판을 행하셨다. 그런데 지금 크리스천도 세상 사람과 별반 다르지 않다. 크리스천 엄마도 다른 아이에게 뒤처지지 않게 길러야 한다는 조급증 때문에 세상의 방식과 현실의 요구를 따르기에 급급하고, 성공을 향해 자녀를 몰아가고 있다. 노아 때와 같이 구별되지 않는 이 시대의 가정을 보고 하나님은 무슨 생각을 하실까.

예수님께서는 하나님 나라가 임하는 방식을 "생베 조각을 낡은 옷에 대고 깁는 사람이 없고, 새 포도주를 낡은 가죽부대에 넣는 사람이 없다"라는 비유로 말씀하셨다. 헌옷을 수선해 입는답시고 새 천을 대고 기우면 빨았을 때 오그라들어 더 찢어지게 된다. 포도주가 숙성되면서 생긴 발효가스로 인해 충분히 늘어난 가죽부대에 새 포도주를 넣으면 가죽도 터지고 내용물도 잃게 된다.

그런 점에서 볼 때 어쩌면 예전의 습관, 원리, 세계관, 가치관에 복음을 한 쪽 덧대 입고 있는 우리의 영적상태는 찢어지기 일보 직전인 기운 옷 같은 건 혹 아닐까? 어쩌면 복음의 새 포도주를 넣어 터지기 일보 직전인 헌 가죽부대 같은 건 혹 아닐까? 교회도 잘 나오고 겉으로는 기독교인의 행동양식을 보이지만 속에는 물질만능, 과학기술만능, 샤머니즘, 유교, 불교, 도교, 진화론, 뉴에이지, 포스트모던 사조 등이 혼합된 명목신자가 많다.

성경말씀으로 세계관과 가치관이 완전히 새로워지지 않은 명목신자들의 가정은 벌써 자녀나 남편, 아내, 인간관계, 건강, 재정 등의 어느 부분이 꿰맨 옷이 찢어진 것처럼 부끄러운 속살을 내보이거나, 새 포도주를 넣은 낡은 가죽부대처럼 펑펑 터지고 있는지도 모른다.

🕊 우리 속에 있는 비성경적 사고의 틀을 분별하자

우리의 의식 저변에는 고조선시대 단군 때부터 시작된 5,000년 역사의 샤머니즘, 삼국시대와 고려시대를 거쳐 온 1,000년 역사의 불교, 그리고 조선시대를 풍미한 500년 역사의 유교가 깔려 있다. 그 위에는 진화론, 사회진화론, 유물론, 자본주의, 민주주의, 공산주의, 포스트모던, 종교다원주의, 뉴에이지, 과학기술만능주의, 지식주의, 진보주의 등의 서구 사상과 문화가 유입되어 현재 140년 역사의 한국 기독교와 섞여 혼합종교화 되어 있는 상태다.

우리에게 알게 모르게 영향을 미치고 있는 이 사상들은 모두 성경적 세계관에 반하는 사고의 틀들이다. 부모와 교사들이 먼저 분별력을 갖추고 기독교의 관점에서 이것들을 비판적으로 바라볼 수 있어야 아이들에게 성경적 세계관을 정립시켜 줄 수 있다.

문제는 우리가 얼마나 반기독교적인 생각을 하면서 살아가고 있는지를 모르고 있다는 것이다. 하나님의 말씀을 기준 삼아 자신의 사고체계를 객관적으로 들여다 볼 때 통찰력과 분별력이 생긴다.

자본주의의 세례를 받은 나는 인센티브(성과급)가 정당한 제도라고 생각했다. 시간과 노력을 들이고 그 결과에 따라 보상을 받는 것이 어찌 합리적이지 않겠는가? 그래서 독서지도를 할 때도 책을 잘 읽어오고 독서퀴즈를 많이 맞히고 글을 잘 쓰는 아이에게는 스티커를 더 많이 주어서 문화상품권을 받게 했다. 세상의 가치관에 따라 서열을 매기고 잘하는 사람에게 더 많은 보상을 줌으로써 더 잘하게 하면서, 그보다 못하는 사람을 무언중에 비교하고 좌절케 만든 것이다. 하지만 하나님 나라 강해설교를 들으면서 인센티브는 하나님 나라의 원리가 아니라는 것을 깨달았다. 동시에 내가 얼마나 자본주의에 절어 살고 있는 세속적인 그리스도인인지를 보게 되었다. 그 다음부터는 아이들에게 칭찬스티커를 비슷하게 주었다.

〈마태복음〉 20장에 나오는 '포도원 품꾼의 비유'를 보면 하나님은 일의 효율에 별 관심이 없으시고 인센티브를 주지 않으신다. 자본주의 원리에 따르면 아침 일찍부터 일해 더 많이 포도를 딴 사람이 더 많은 임금을 받는 것이 옳다. 그러나 하나님 나라의 원리로는 일한 시간이나 양과 무관하게 그가 필요한 만큼을 받는다. 오후 5시에 부름받은 사람은 아마 일꾼으로 발탁되기 어려울 만큼 체력이나 건강, 정신 면에서 남들에게 뒤쳐진 사람이었을 것이다. 그는 임금을 얼마 받든 상관하지 않고 자기를 써준 주인의 은혜에 감사해서 충심으로 일했다. 자비로운 주인은 그 일꾼에게 품삯을 먼저 주어서 그를 기쁘게 해주었다.

1시간밖에 일하지 않은 일꾼에게 주인이 후한 임금을 지불하자 오전 6시부터 일한 일꾼은 인센티브를 기대했다. 그러나 주인은 똑같이 준다. 왜 더 주지 않느냐고 따지자 주인은 처음에 너와 약속했던 임금을 다 지불했다고 말한다. 물론 이 비유는 심판과 구원과 상급에 관한 비유다. 하지만 성도는 이러한 하나님 나라의 원리들을 이 세상에서 실현하면서 살라고 부름받은 사람들이다. 성경을 보면 주님의 눈은 늘 약자를 향하시고, 우리가 그들을 배려하면서 살기를 원하신다. 인센티브는 자본주의 경쟁사회에서 효율을 극대화하기 위해 인간의 이기심을 이용한 것이다. 이런 제도 하에서는 약자가 계속 소외당하게 된다. 그런데 이 냉혹한 자본주의 사회에서는 경쟁에서 도태된 자를 불쌍히 여기기보다는 못나서 그렇다고 여기게 만든다.

자본주의의 틀로 세상을 보면 사람의 가치는 그가 소유한 재물, 돈을 버는 능력에 달려 있다. 그래서 실직한 아버지나 남편의 권위가 무너지고, 자녀를 양육해야 할 가장 귀중한 시기조차도 엄마는 아이를 떼어놓고 돈을 벌러 나가며, 사람도 몸값을 매겨 그에 따라 차별적으로 대우한다.

교회 안에서도 헌금 많이 하고 주일성수를 잘하면 믿음이 좋은 일등신자로 추앙하고, 가난하고 병든 성도는 무능하고 믿음이 없는 사람으로 치부한다. 돈이면 다 해결될 수 있다고 착각하게 만들고, 하나님을 자본으로 삼고 살아야 할 성도들이 주님보다 돈을 더 의지하게 만들고, 하나님과 맘몬(재물의 신)을 겸하여 섬기게 만들고, 돈을 사랑하느라고 하나님과 이웃을 사랑할 수 없게 만든다. 자본주의의 영향을 받은 교회는 세상에서의 번영을 약속하는 기복적 설교를 하고, 죄 문제가 해결되지 않은 성도들에게 현세적 축복만을 약속해 진정한 구속의 감격을 잃게 만든다. 하나님의 뜻을 묻기 위한 기도보다는 하나님을 이용해 자신의 탐욕을 채우려고 기도하며, 기도를 통해 성령의 능력으로 하나님의 일을 하려 하기보다는 비즈니스처럼 돈의 힘으로 하려고 한다. 그런 교회일수록 어떻게든지 교인수의 확장이나 특별집회 등으로 교회재정을 확보하려 하고, 재정비리가 발생하며, 하나님께 드려지는 것들에 서열을 매겨 경쟁을 부추기고, 하나님 앞에서의 신앙을 사람 앞에서의 신앙으로 격하시켜 그 수준을 일천하게 만든다.

자본주의는 사람들을 속도경쟁으로 몰아가 더 많이, 더 빨리, 더 자주 소비할 것을 조장하고, 그것이 삶의 풍요를 가져다준다고 속인다. 그래서 돈을 버는 데 인생의 목적을 두게 만들고, 돈벌이에 지배당하게 만든다. 성도들마저 이 땅에서 좋은 집 한 채 사고, 좋은 차 타고, 명품 소비하는 것을 꿈으로 삼게 만든다. 교회가 커야 선교와 사회봉사 등을 효과적으로 할 수 있다는 명분 아래 교회가 기업처럼 교세확장과 부의 축적을 추구하는 것도 자본주의의 규모의 경제논리에 물든 것이다.

자본주의 정신은 교회도 예배도 목회자도 성도도 교육 프로그램도 다 상품화한다. 직분과 돈이 무관하지 않고, 교회도 성직도 교인도 매매하게 만든다. 성공주의, 권위주의는 물론이거니와, 콘서트 같은 예배, 교회의 세습, 지교회 설립, 개교회 중심, 성직의 직업적인 접근 등이 다 교회 안에 침투한 자본주의 정신이라고 볼 수 있다.

자본은 집중되어야 강력한 힘을 발휘하기 때문에 자본주의 사회에서는 경쟁을 절대화한다. 그래서 사회는 약육강식, 적자생존의 법칙이 지배하는 정글이 되고 인생은 비정한 서바이벌 게임이 된다. 이러한 세태가 교육의 영역까지 잠식해 들어와 우리 사회에는 성공주의, 대학 서열주의가 팽배하게 되었다. 지열한 경쟁사회에서 도태되지 않기 위해 아이들은 남보다 더 빨리 더 많이 배워야 하는 상황에 내몰려 영유아기 때부터 사교육을 받으며 대입을 준비하는 실정이다. 예컨대 유아 논술도 모자라 태교 논술까지 등장했다니 그 상업성도 놀랍지만 수요가 있다는 게 더 기가 막힌다. 유교의 세례를 받은 한국 학부모들은 맹모삼천지교의 정신에 투철해 자녀의 성공을 위해 끊임없이 좋은 환경을 제공하려고 애쓴다. 그래서 대학입시대비 유치원, 신생아 때부터 등록해야 하는 영어유치원, 초등학생들의 학원투어 등의 극단적인 방법도 쓴다. 결국 아이들은 남을 이겨야 한다는 중압감 속에서 학창시절을 보내게 된다.

교육은 지식 및 기술 습득과 인격의 형성을 돕는 수단으로 정의된다. 하지만 대부분의 부모들은 교육의 본질적 측면, 즉 인격형성의 수단이라는 점은 외면한 채 내가 살아남기 위해서는 남을 짓밟아야 한다는 사회진화론적 인식 기반 위에

교육을 단순히 좋은 대학에 진학하기 위한 수단으로만 인식하고 있다. 그래서 성적만 좋으면 인성이나 행실이 나빠도 문제 삼지 않는다. 성적을 잘 받기 위해 모든 관심을 기울이고, 성적이 떨어지면 대학에 못 갈까 봐 걱정하면서도 그런 점수가 나오게 된 배경이 되는 영적 상태에 대해서는 별 관심을 갖지 않는다.

동계올림픽 때 김연아 선수의 경기를 놓고서 외국의 해설가는 "아, 아름다운 한 마리의 나비 같습니다"라고 연기 자체에 대해 극찬을 아끼지 않았는데 한국의 해설가는 계속 점수나 승부에만 관심을 보였다고 한다. 이 일화는 유난히 등수 매기기를 좋아하는 우리 사회의 단면을 보여준다.

자본주의 사회는 돈, 학벌, 지식, 능력, 외모, 자격증 등 온갖 것으로 등급을 매긴다. 그래서 남들보다 더 좋은 조건을 갖추기 위해 발버둥 치게 만든다. 문제는 크리스천 엄마들도 그러한 세상의 흐름을 따라 오직 자녀가 세상에서 성공할 수 있도록 수많은 시간과 물질을 쏟아 부으며 헌신한다는 것이다. 우리는 사람의 가치가 외적 조건에서 나오는 줄로 알고 자신의 외적 가치를 높이는 데 일생을 바친다. 그러나 외적 조건은 사람의 본질적인 가치를 다 보여주지 못한다. 그러니 껍데기를 가지고 비교해 등급을 매기고 줄 세우는 자체가 어리석은 일이다. 본질적인 가치는 다 똑같은 질그릇인데 겉에 금테 한 줄 둘렀다고 해서 얼마나 달라지겠는가? 설령 다이아몬드가 박혀 있다고 해도 주님 보시기에는 똑같은 질그릇일 뿐이다.

한번 생각해보자. 부자와 가난뱅이, 대기업 사장과 중소기업 사장, 유명인과 보통사람, 미인과 못생긴 사람, 박사와 고졸, 1등과 꼴찌 중에 누가 더 가치가 있을까? 우리는 세상의 가치기준에 함몰돼 앞의 것에 무게중심을 싣기 쉽다. 성도이면서도 세상이 칭송하는 메이저(주인공)에 함께 환호하는 것이다. 이 사회는 큰 것, 많은 것, 외적인 것에 가치를 두고 주목한다. 그러나 하나님은 그런 것에 관심이 없으시다. 하나님 보시기에 어떤 성공은 실패일 수 있다. 내면과 동기와 과정까지도 살피시기 때문이다.

세상의 관점에서 보면 마이너(실패자)는 경쟁에서 처지고 도태될 수밖에 없는 존재들이다. 그러나 하나님의 관점에서 보면 그들이야말로 하나님 나라에서 가장 존귀한 자들이다. 주님께서는 왜 문벌 좋고 강하고 능한 자, 부한 자, 지혜 있는 자들을 택하지 않으시고 왜 우리같이 가난하고 연약하고 부족한 자들을 부르셨을까? 그것은 사람으로 자랑하지 못하게 하려 하심이다(고전 1:29). 그들이야말로 오직 주의 은혜로 이전과 비교할 수 없을 정도로 주님의 품 안에서 풍요와 행복과 안식을 누리고, 주님을 더 사랑하고, 주님만 자랑하며, 주님의 영광을 위해 살아가게 될 것이다.

주님께서 이 땅에 오셔서 하나님 나라를 전하셨을 때 세리와 창기들의 눈빛은 깊은 갈망으로 반짝였다. 그들은 내세우고 자랑할 것이 아무것도 없었다. 그들은 자신의 죄를 민감하게 의식하지만 빛을 많이 탕감받은 자의 마음으로 "저 같은 죄인도 하나님의 나라에 들어갈 수 있을까요?" 하고 감격하면서 주님께 나아갔다. 그런 사람이 하나님의 나라에 더 가까운 것이다.

비록 약하고 보잘것없어도 하나님은 우리를 이 물신 세상에 꼭 필요한 영적 존재로 심어두셨다. 세상은 남보다 앞서 빨리 가야 세상에서 살아남는다고 속이지만 성경은 그런다고 해서 일찍 노착하는 게 아니라고 말씀한다. 뒤처지는 것 같아도 하나님이 우리를 더 풍요한 삶으로 인도하신다고 약속한다.

🕊 세속의 위대함은 성경적 위대함 앞에 무너진다

예수님은 이 땅에 오셔서 세속의 서열을 확 뒤집으셨다. 주님은 높은 자도 낮은 자도, 부귀한 자도 가난한 자도, 엘리트도 무식한 사람도, 흠결 많은 사람도 다 하나님의 나라를 이루는 귀중한 일꾼으로 사용하신다. 유대 땅에서는 젊은 남성이 성인식을 치르는 13세까지도 학업이나 사회에서 일정한 지위를 얻지 못하면 농부나 어부나 목수나 그와 비슷한 직업인의 삶을 택했다고 한다. 주님은 당시 사회의 마이너였던 비린내 나는 무식한 어부들 12명으로 거대제국 로마와 이 세상을 뒤집으셨다. 주님 안에서는 그 누구라도 가치 있고 선한 영향력이 있는 풍성한 삶을 살아갈 수 있다. 모든 것을 갖추고 세상에서 성공해야만 하나님께 영광이 되고 쓰임받는 것은 결코 아니다. 하나님은 우리 자녀들의 출신지, 혈통, 재능, 소속, 학력과 무관하게 부르시고 사용하신다.

예수님의 제자 중 야고보와 요한의 어머니는 세속적인 가치관의 소유자로, 치맛바람이 센 사람으로 보인다. 그 어머니는 아들들에게 세속적인 야심을 품게 하고 "예수님의 나라에서 좌우편에 앉게 해달라고 청하라"고 이르는 한편, 자기도 직접 예수님을 찾아가 머리를 조아리며 자기의 두 아들을 출세시켜 달라고 특별히 부탁하였다. 그러나 예수님은 단호히 거절하셨다. 스스로 자기의 영광을 구하던 그 제자들은 훗날 어떻게 되었는가? 야고보는 헤롯에 의해 최초의 순교자가 되었고 요한은 밧모 섬에 유배되어 〈요한계시록〉을 썼다. 그들은 비록 세상나라에서 세속의 영광을 누리지는 못했지만 지금 하나님 나라에서 주님의 좌우편에 앉아 더 위대한 하늘의 영광을 누리고 있을 것이다.

🕊️ 예수님을 유혹한 사탄은 엄마들도 동일하게 시험한다

예수님의 광야 시험을 보면 사탄이 우리를 미혹할 때 사용하는 전략이 세 가지로 압축된다. 첫 번째는 육신적 문제해결이 영적인 것보다 더 중요하다고 생각해 육신의 소욕을 따라 살게 하는 것이다. 만약 예수님께서 돌로 떡을 만들어 드셨다면 어떻게 되었을까? 예수님 자신이 생명의 떡이 되어 우리를 구원하실 수는 없었을 것이다.

두 번째로는 모든 관심과 초점을 세상에 맞추게 하며, 자기의 영광을 위해 하나님을 조종하고 자기의 능력을 과시해 세상에서 영광받으려는 마음을 품게 하는 것이다. 만약 예수님이 성전 꼭대기에서 뛰어내렸다면 어떻게 되었을까? 기독교는 능력종교로 변질되고, 예수님은 잠시 세상의 인정과 갈채를 받다가 허무하게 잊히고 말았을 것이다.

세 번째는 십자가를 지는 어려운 길이 아닌 세상의 화려하고 영광스럽고 쉽고 넓은 길을 가게 하려는 것이다. 만약 예수님이 마귀에게 엎드려 절했다면 어떻게 되었을까? 기독교가 십자가 고난을 생략한 채 화려한 세상의 영광만 구하는 우상종교로 전락되고 말았을 것이다. 예수님께서는 그분이 세상에서 능력을 과시해 세상의 영광 속에 있게 될 때 하나님의 나라도 같이 커질 거라고 생각하지 않으셨다. 그래서 십자가를 선택하신 것이다.

예수님을 미혹하려 했던 마귀는 엄마들에게도 찾아가 동일하게 시험한다. "목구멍이 포도청이라고, 먹고사는 문제가 일차적인 거야. 종교는 그 다음이야", "네 자녀들이 적어도 이 정도쯤은 되어야 하나님께도 영광을 돌리지 않겠니?", "무엇 때문에 그렇게 힘든 길을 가려고 해? 이렇게 쉽고 편한 길이 있는데?"라는 세 가지 시험이다.

우리는 사탄에게 속아서 그 길이 하나님께 영광을 돌리는 길인 줄로 알고, 자녀들이 세상에서 성공해 세상을 쥐락펴락하는 권세와 명예와 부귀와 인기를 가지기를 간절히 원한다. 우리는 자녀들이 특별한 재능을 보여 사람들의 찬사와 영광을 받기를 원한다.

"하나님의 자녀는 머리가 되고 꼬리가 되지 않게 해주신다고 성경에 약속했잖아? 머리가 되어야 하나님이 너의 자녀들을 도와주셨다고 사람들이 인정할 거 아니니?"

이렇게 사탄이 세상에서 영향력 있는 위치에 올라야만 복음에 유리하다고 미혹시키는 것이다.

만약 그게 복음에 유리하다면 주님이 왜 황제가 아닌 종의 모습으로 이 땅에 오셨겠는가? 왜 성전 꼭대기에서 뛰어내려 유명해지는 길을 선택하지 않으셨겠는가? 왜 쉽고 화려한 길이 아닌 십자가의 길을 선택하셨겠는가? 세상에서 유명 인사가 되어 힘을 과시하면서 "하나님이 도와주셔서 성공했어요" 해야 전도가 되고 하나님이 영광을 받으시는 것이 아니다. 주님 때문에 스스로 낮아져 사람들을 겸손히 섬길 때 그것이 사람들이 주께로 돌아오는 원인이 된다.

'영광'에 대한 바른 이해가 필요하다. 우리가 주로 영광을 사용하는 자리는

'성공한 자리'다. 좋은 대학에 들어갔을 때, 대기업에 취직하고 승진할 때, 유력한 배우자를 만났을 때, 사업이 잘될 때, 대회에서 우승했을 때, 사람들에게 갈채받고 큰 인기를 얻을 때를 영광이라고 생각한다. 간혹 학생들은 "내가 이번에 1등을 하고 회장이 되어서 꼭 하나님께 영광을 돌리게 해주세요"라고 기도하는데, 아마도 이는 엄마의 생각이 주입된 것일 것이다. 여기에서 자유로운 엄마는 별로 없을 것이다.

하지만 예수님은 그런 자리에서 영광을 선포하시지 않았다. 말씀이 육신이 되어 이 땅에 오셨을 때, 제자 유다가 배신하여 예수님을 팔 때, 제자들의 발을 씻기실 때, 하나님이 주신 사명을 따라 순종하시고 고난당하시고 십자가에 못박혀 돌아가실 때, 아버지의 영광을 선포하셨다.

'영광'은 '참 모습', '본래의 모습'이라는 뜻이다. 하나님을 말로 높이는 게 아니라 하나님의 본 모습을 그대로 반사해 하나님이 본래 어떤 분이신지를 드러내 보여주는 것이 바로 영광을 돌리는 것이다. '그것이 하나님으로부터 온 줄 알고, 자기의 가치를 오리지널(본래의 근원)에 돌리는 것'이 '워십'(worth ship)이다. 이 말에는 "가치가 하나님에게서 왔다"라는 의미가 들어 있다. 성경은 우리가 하나님을 믿을 때, 그분을 인정할 때, 우리의 삶이 하나님의 성품인 사랑과 자비, 용서와 긍휼, 예수님의 희생과 온유와 겸손, 종 되심 등을 나타낼 때 그것이 하나님께 영광을 돌리게 되는 것이라고 말씀한다.

어떤 사람이 능력 있는 사람이라고 생각하는가? 대개 공부를 잘해 좋은 학교에 들어가고, 재능 있고, 돈 많이 벌고, 인기를 얻거나 사회적으로 영향력 있는 자리에 오른 사람을 떠올릴 것이다. 하지만 진정한 능력은 사탄이 왕 노릇하는 이 세상에서 죄와 세상에 끌려다니지 않고 자유로운 종이 되어 예수님의 길을 선택하며 살아가는 것이다. 영적 통찰력과 권능과 지혜를 갖추고 불신 세상에 대안을 제시해주는 것이다. 하나님은 우리가 비록 세상의 약자라 할지라도 영적으로는 세상의 머리가 되게 해주신다. 요셉은 죄수의 신분으로 애굽의 왕에게 조언했고, 다니엘은 포로의 신분으로 바벨론의 왕에게 조언했다. 성도가 갖추어야 할 것은 세상에서의 지위가 아니라 영적인 능력이다.

  온 세상을 바꾼 예수님의 산상설교는 세계관과 삶의 태도를 바꾸라는 것으로 압축된다. 여덟 가지 복은 힘의 논리가 지배하는 로마제국의 식민지 치하에서 세상이 말하는 힘을 추구하면서 살지 말고 예수님의 마음을 품고 살라는 혁명적 가르침이었다. 그런 가치관을 갖고 살면 세상에서 고초를 겪게 되어 있다. 그러나 그럴 만한 가치가 있다고 판단해 그러한 태도를 선택하여 결정하면 그 자체가 바로 하나님의 가치를 드러내 하나님께 영광을 돌리는 것이 된다. 우리가 해야 할 것은 거창하고 대단한 게 아니라 세상 살면서 8복이 말하는 예수님의 성품을 매순간 선택하는 것이며, 자녀들에게 그런 본을 보여주는 일이다.

04

성경독서, 어떻게 하나요?

🌿 '왜' 다음으로 해결해야 할 것은 '어떻게'이다. 자녀들에게 성경을 어떤 전략을 사용하여 읽히는 것이 효과적일까?

🌱 성경독서, 알고 보면 어렵지 않다

성경독서는 단순한 읽기의 개념을 넘어선다. 어떻게 성경을 읽히고 쓰게 할 것인가? 이 분야를 전문적으로 공부하지 않은 엄마들이 자녀에게 읽기·쓰기를 직접 가르치는 것은 매우 어렵게 여겨질 수 있다. 또 성경은 2,000쪽에 가까운 데다 생소한 어휘가 많고, 내용이 방대하고 어렵다. 그래서 세계사와 성경 지식이 없는 엄마들에게는 성경을 매개로 가르치는 일은 더 큰 부담으로 다가올 수 있다. 하지만 처음에 뭐가 뭔지 잘 몰라서 두려운 것이지 알고 보면 그다지 어려운 것도 아니다. 하나님이 모든 사람의 구원을 위해 선물로 주신 책인데 우리가 도저히 읽어내기 어려운 것을 주셨겠는가?

직접 아이를 가르치라고 방법을 알려주었던 한 엄마는 내게 배운 대로 즉시 아이들에게 적용해 성경을 같이 읽고 토론하고, 요약을 시키고 일기를 쓰게 했다. 그 결과 아이들의 일기나 독후감이 학교신문에 몇 차례 실리기도 했다. 하루는 담임선생님이 엄마에게 아이가 무슨 특별한 교육을 받고 있느냐고 물었다고 한다. 엄마의 교육이 톡톡히 효과를 본 것이다. 엄마가 바빠서 "너 혼자 써라"라고 한 날의 글과 엄마랑 이야기를 나눈 후에 쓴 글을 비교하면 내용이나 구성, 분량이 현저하게 달랐다고 한다.

다음은 자녀에게 읽기와 쓰기를 지도할 때 필요한 몇 가지의 팁이다. 읽기와 쓰기에서 전략을 사용하는 것은 매우 중요한데, 맨손으로 일을 하는 것보다 도구를 이용하면 훨씬 더 효율적으로 일을 하게 되는 것과 마찬가지다.

1. 읽기

🍃 연령별 독서발달 단계에 맞게 읽힌다

1. 취학 준비기

6-7세 어린이는 눈보다 귀가 빠를 때다. 이 시기에는 우뇌가 더 활동하고 7-8세 이후에는 좌뇌가 활성화되기 때문에 이 시기에는 그림책을 통해 우뇌를 개발해 주어야 한다. 교육을 잘하기로 유명한 핀란드에서는 8살 미만은 글자를 읽는 것을 법으로 금지시킨다고 한다. 아이들이 눈으로 글자를 읽을 때보다 이야기를 들을 때 우뇌 영역인 상상력이나 창의력, 공감능력이 더 발달하기 때문이다. 그래서 초기에는 엄마들이 읽어주고 나중에 글자를 깨우치도록 하는 것으로 보인다. 그림이 글자보다 더 많은 메시지를 주기 때문에 그림이 많은 책을 읽

어주면 아이는 그림을 보고 들으면서 상상의 나래를 펼친다. 그림동화의 글자를 손가락으로 짚어주면서 글자를 가르치려고 하는 것은 좋지 않다. 글자보다 먼저 그림이 하는 말을 읽을 수 있게 해야 한다.

7-8세는 읽기를 훈련할 수 있는 좋은 시기이다. 유치원에 다니며 유아의 활동영역이 넓어지는 시기이므로 가족, 선생님, 친구들과 더불어 살아가는 법을 배울 수 있고, 유아의 생활과 관련이 있는 소재로 되어 있고, 생활습관형성과 관련된 책을 읽히면 좋다. 아이 스스로 책을 선정할 수 없고 개인차가 있으므로 발달수준을 잘 살펴서 다루는 것이 중요하다. 부모의 과도한 욕심과 조급증으로 버거운 책을 읽히면 부담감을 갖게 된다. 그러면 점점 책이 지겨워지고 나중에는 학습에도 악영향을 미치게 된다. 어린 시절에 책 읽기가 행복한 경험이 되어야 책을 점점 더 가까이하게 된다.

아이가 행복하고 안락하고 조용한 상태에서 책을 읽도록 TV는 끄고 곰인형이나 부드러운 쿠션, 전등 등을 제공한다. 아이는 개방된 넓은 공간보다는 다락방이나 책상 아래 등의 구석진 자리를 좋아하는데 커튼이나 책장, 놀이용 텐트 등을 이용해 들어서는 입구가 좁고 뭔가 비밀이 있을 것 같은 호기심을 주는 곳으로 책 읽는 장소를 마련해 주는 것도 좋다. 어질러진 책을 아이가 책꽂이에 꽂기는 어려우니 막 담아도 되는 책 바구니를 하나 만들어 주고 거기에다 줄을 매달아 끌고 다니면서 읽게 하면 좋다.

이 시기는 단어 습득기이므로 단어의 뜻을 알려주고, 유창하게 소리 내서 읽을 수 있게 지도해야 한다. 이때는 상상력이 풍부하고 한창 말의 재미를 느낀다. 글자가 커서 읽기 편하고, 우리말의 아름다움을 나타내는 의성어와 의태어가 많이 나오는 책, 반복되는 구절이 많아 리듬감을 살려주는 책이 좋다. 처음에는 한 글자씩 떼어서 읽고 그 후에는 단어별로 떠듬떠듬 떼어 읽지만 그다음에는 쉼표가 있는 곳까지 이어 읽도록 지도한다. 그래야 글자가 아닌 글을 읽게 된다. 아이에게 목소리의 크기, 읽는 속도, 숨 쉬는 곳, 붙여 읽는 곳, 억양 등을 지도한다. 대화 부분은 실제로 이야기를 주고받듯이 자연스럽고 실감나게 읽도록 지도한다.

아직 글자에 익숙하지 않아 글자 한 자, 단어 하나에 집중해서 읽다보면 자칫 내용을 놓칠 수 있으므로 읽는 도중에 가끔 되짚어주어 이해와 기억을 돕는다. 이 시기의 아이들은 선과 악이 뚜렷하고, 내용이 쉽고, 구성이 단순하고, 짧은 이야기글을 좋아한다. 예측 가능한 내용으로 되어 있는 책이 인지발달에 도움이 되고 권선징악적인 내용이 가치관의 혼란이 오지 않아서 좋다. 세계적인 그림책상 수상작이나 믿을 만한 출판사나 좋은 평판이 축적된 작가의 책을 선택하는 것도 그림책을 고르는 한 방법이다. 하지만 요즘 동화는 기독교적 가치관에 반해 주체적인 것을 강조하고 자아를 강화하는 내용이 많으므로 엄마가 분별력을 가지고 골라줘야 한다. 아이들에게 성경그림동화를 능가할 책은 없다.

너무 많은 수의 책을 진열하지 말고 10~20권 정도의 책을 주변에 놓고 6초 안에 읽을 책을 선택할 수 있도록 하는 것이 독서환경에 좋다고 한다. 아이들이 관심을 갖기 시작한 책은 반복해서 보는 경향이 있는데 엄마가 바로 정리해 버리면 독서흥미를 잃게 되므로 일주일이나 보름 단위로 책을 바꿔주도록 한다.

이 시기의 아이들은 집중시간이 짧을 수도 있음을 이해해야 한다. 이들에게 읽기는 학습이 아니라 놀이이며 책이 장난감이라는 인식을 삿게 해야 한다. 아이는 어리고 뭘 모르니까 엄마가 가르쳐야만 한다는 생각을 버리고 같이 논다는 생각으로 책을 읽어주도록 한다. 아이에게 엄마가 알고 있는 의미나 주제를 주입하려고 하지 말고, 아이와 함께 책을 읽는 중에 엄마를 독점하는 즐거움을 만끽하고 책 속의 이야기에 푹 빠져 즐거움을 느낄 수 있도록 하는 게 중요하다.

읽어준 후에 서로 책의 내용으로 이야기를 나누고 그것을 바탕으로 몸놀이, 언어놀이, 만들기놀이, 노래하기, 율동하기, 그림놀이 등의 후속활동을 하면 더 좋다. 부모와 함께 읽고 나누고 느낌을 표현하는 과정은 아이들의 지적·정서적 능력을 발달시키며 훗날 학습능력 향상에 지대한 영향을 미친다.

이 시기에 부모가 규칙적으로 '잠자리 책읽기'를 하면 아이에게 심리적인 안정감을 주고 상상력과 창의력을 키워주며 좋은 독서습관을 들일 수 있다. 잠을 잘 때 뇌는 쉬기만 하는 게 아니라 기억력과 감정에 관여하여 활발하게 움직이기 때문에 밤에 잠들기 전에 동화를 읽어주면 아이의 뇌가 그 스토리를 연상하며 저장하게 되고 그다음날 긍정적인 생각을 만들어 주는 효과가 있다.

언젠가 유대인 자녀교육 다큐멘터리에서 아이들이 자기 전에 아빠가 방마다 다니면서 책을 읽어주고 아이들을 위하여 기도하는 것을 본 적이 있다. 이보다 좋은 교육방식은 없다. 나는 성대가 약한 편이라 읽어주는 게 힘이 들어서 아이가 자기 전에 〈이야기 하늘나라〉라는 색동어머니회의 성경구연동화 테이프를 들려주었다. 매일 들어도 질리지 않는지 재미있게 듣곤 했다. 성장한 지금도 아이는 어린 시절에 듣던 그 내용과 말투를 기억한다. 자기 전에 반복해서 듣게 되는 성경이야기는 아이의 무의식에 깊이 새겨져 훗날까지 영향을 미치게 될 것이다. 등장인물 중 한 명의 이름 대신에 자녀의 이름을 넣어서 읽어주면 마치 자기의 이야기인 양 듣게 되어 감정이입 훈련도 되고 더 재미를 느낄 수 있을 것이다. 자녀에게 가르치고 싶은 가치가 있다면 훈계와 잔소리를 늘어놓기보다는 그 것과 관련된 성경이야기를 찾아 들려주면 엄마가 하고 싶은 말을 자연스럽게 그 이야기가 대신하게 된다.

아이들이 똑같은 것을 반복해서 읽어달라고 하는 경우가 많은데 반복하는 것은 어휘력 향상 등 언어발달에 효과가 높다고 한다. 아이가 혼자서 스스로 읽겠다고 하기 전까지는 읽어주는 것이 좋다. '왜 이렇게 똑같은 것을 자꾸 읽어달라고 해 시간낭비를 하나' 하는 생각이 들겠지만 아이에게는 그것이 늘 새롭게 여겨지고 흥미가 있고 아직도 그 책에서 배울 것이 있기 때문에 싫증을 내지 않고 계속 또 읽으려는 것이다. 그리고 아이가 엄마의 사랑을 담뿍 받을 때 정서적 만족감을 느끼고, 엄마가 맥락을 따라 읽어줄 때 더 재미있고 이해하기가 쉽다. 아이가 자기 두뇌를 사용해서 스스로 읽으려면 힘드니까 에너지를 덜 쓰는 편한 쪽을 선택해 자꾸 읽어달라고 하는 것이다.

2. 초등학생

초등학교 저학년은 책 읽기가 학습이 되는 시기다. 그래서 교과과목과 연계

되는 책을 읽히기도 하는데, 책 읽기를 공부와 관련지으면 부담스러워 나중에는 점점 싫어하게 될 수 있다. 성적과 연결지어 너무 표 나게 들이대지 말고, 즐겁게 읽게 하는 것이 중요하다. 대개 한 페이지에 모르는 단어가 5개 이상이 나오면 그것은 아이의 수준에 어려운 책이다. 그러면 책 읽는 즐거움을 느낄 수가 없다.

이때는 학교로 생활반경이 넓어져 새롭게 학교생활이 시작되므로 학교생활, 선생님과의 관계, 친구와의 우정 등에 도움이 되는 이야기가 좋다. 학교생활에 적응을 돕고 아이들이 학교에서 부딪치는 문제를 해결하는 데 도움을 받을 수 있다. 이 시기의 아이들은 책을 읽으면서 등장인물의 대화와 행동, 태도, 가치 등을 받아들이며, 등장인물과 자신을 동일시하거나, 자신의 삶과 비교하거나 자신의 삶에 적용하고 반성하기도 한다. 이 시기에는 특정분야의 책에 호기심을 갖고 관심과 흥미를 보인다. 공룡책만 좋아할 수도 있고, 특정동물에 관한 책, 쉽고 재미있는 만화책만 좋아할 수도 있다. 그러면 편식하는 것과 같아 종합적인 사고력을 기르기 어려우므로 아이가 원하는 것을 두 권 읽을 때 엄마가 원하는 것을 한 권 읽도록 해 골고루 읽도록 한다.

초등학교 중학년 시기의 어린이들은 부모의 영향이 미치지 않는 학교나 학원에서 사회적 관계를 맺고 넓혀가면서 그늘만의 사회 안에서 갈등을 겪기도 하며 상처를 받거나 위안을 얻기도 한다. 책에 등장하는 인물과 자신을 동일시하고 공감하거나 자신과 비교해서 반성하거나 교훈을 얻는다. 이 시기의 아이들은 자기 주장이 강해지면서 스스로 책을 선택하려는 경향이 있으며 역사, 인물, 과학, 사회 등의 사실적인 이야기에 흥미와 관심을 보인다. 이 시기에는 고등사고력이 점차 발달하므로 책을 읽고 나서 자신의 의견을 덧붙이기를 좋아하며, 책의 내용과 관련한 쟁점에 대해 주장과 근거를 제시하는 찬반토론이 가능해진다.

초등학교 고학년은 사춘기에 접어들어 이성교제, 친구, 부모님, 가정환경, 학업, 외모 등과 관련해 고민이 많을 때다. 등장인물과 자신을 동일시하며 안도감을 맛볼 수도 있고, 비교하며 반성도 하면서 정신적으로 성장해 나가며 자신의 정체성을 찾아간다. 이 시기는 감정이 성숙해지면서 지적 흥미의 범위가 넓어지고 호기심이 커질 때다. 탐정, 과학, 역사, 사회, 문화, 예술 등 지적욕구를 충족시켜 줄 수 있는 책, 정서적인 면과 영적인 면을 다루어주는 책, 학습이나 생활, 관심사, 취미 등의 활동에 도움을 받을 수 있는 책을 골고루 읽히도록 한다. 이때는 스스로 질문을 해가면서 읽을 수 있고, 글이 누구의 관점에서 쓰인 것인지를 안다. 허구와 사실을 구별할 수 있으며 주인공의 가치와 생활방식을 알 수 있다. 이때는 주관이 분명해지고 논리력이 향상되고 인과관계를 찾아 결과를 예측하는게 가능하다. 책을 읽고 나서 의견을 말할 때는 주관적인 생각만을 전달하지 않고 책 내용을 근거로 제시해 논리적이고 객관적인 설명을 하도록 훈련시킨다.

🌿 성경을 읽는 12가지 방법

1. 자세히, 천천히, 반복해서 읽는다

성경 읽기의 첫 단계는 자세한 관찰이다. 숨은그림찾기를 할 때처럼 자세히 한 단어, 한 구절을 정독해야 한다. 어려우면 익숙해질 때까지 본문을 반복해서 읽는다. 성경의 지혜는 땅 깊은 곳에 감추어진 보석과 같아 깊이 파들어 가야 취할 수 있다. 사람을 한번 슬쩍 보고 그에 대해 잘 알 수 없듯이, 속독을 하면 의미를 잘 이해하기 어렵고 중요한 정보를 놓칠 수 있다. 빠르게 반복해서 많이 읽는다고 해서 저절로 의미를 알게 되는 것도 아니다. 성경만큼은 욕심을 버리고 천천히 자세하게 읽어야 한다. 빨리 많이 읽도록 부추기는 것은 기록을 자랑하게 하고 묵상의 시간을 빼앗는 사탄의 전략이다.

2. 적극적인 태도로 읽는다

성경책을 깨끗하게 다루어야 한다고 생각하는데 책 자체를 과도하게 신성시할 필요는 없다. 핵심단어에 동그라미, 네모, 별표 등의 기호로 표시하거나, 중요문장에 밑줄을 그으면서 읽는다. 앞에 나온 사건을 머릿속으로 요약하거나 뒤에 전개될 이야기를 예측하면서 읽고, 읽으면서 깨달은 것, 생각나는 것, 질문 등을 성경책의 옆 빈 칸이나 행간에 메모하면서 읽는다. 소리를 내어 읽는다든가 반복해서 읽는 것, 또박또박 옮겨 적으면서 읽는 것도 적극적인 읽기에 해당한다.

3. 배경지식을 활성화하며 읽는다

가장 비중을 두고 보아야 할 것은 본문 자체지만 본문이 반영하고 있는 당대 사회현실과 함께 본문이 기록될 때의 사회·문화·역사적 맥락을 이해하며 읽는다. 그리고 본문이 지니는 역사적 의의를 탐색하면서 그때 당시의 장면으로 들어가 상상력을 발휘해서 읽는다. 저자가 그 글을 썼을 때의 상황과 현재는 어떤 사회문화적 차이가 있는지, 저자는 어떤 경험과 지식과 배경을 가진 사람이며, 어떤 목적으로, 본래 어떤 독자를 대상으로 쓴 것인지, 대화가 나오는 장면이라면 화자와 청자가 누구인지 맥락을 살피면서 읽는다. 청중이 누구인지를 알아야하는 것은 비유가 청중에게 어떤 의미를 갖는지와 관련이 있기 때문이다.

4. 질문하면서 읽는다

읽으면서 궁금한 게 생겨야 한다. 능동적으로 질문을 생성하면서 읽으면 생각의 방향이 정해져 그 답을 찾기 위해 깊이 생각하면서 읽게 된다. 〈마가복음〉 1장 29-34절을 예로 들어보자.

[29] 회당에서 나와 곧 야고보와 요한과 함께 시몬과 안드레의 집에 들어가시니
(예수님이 유대인의 회당에서 가르치셨네. 예수님이 베드로의 가정문제에 관심을 보이시고 심방을 가셨다는 말이구나. 베드로와 안드레는 결혼 후에도 한 집에서 같이 살았나? 제자들 중에 야고보와 요한만 데리고 가셨네.)

[30] 시몬의 장모가 열병으로 누워있는지라 사람들이 곧 그 여자에 대하여 예수께 여짜온대
(왜 열병이 난 걸까? 더워서 그런 걸까? 사위가 예수님의 제자가 되어 가정을 돌보지

않고 돌아다니니까 딸이 고생해서 화병이 난 건가?)

³¹나아가사 그 손을 잡아 일으키시니 열병이 떠나고 여자가 그들에게 수종드
니라

(예수님이 제자의 가정에 있던 가장 큰 문제를 해결하셨구나. 베드로가 한시름 덜었
겠다. 예수님이 손을 붙잡아주시니까 누워 있던 사람이 일어나네. 수종들었다니? 병
이 낫는 기적을 체험한 베드로의 장모가 즉시 주님의 제자가 되었다는 말이구나.)

³²저물어 해질 때에 모든 병자와 귀신 들린 자를 예수께 데려오니
(왜 저물어 해질 때에 다 데리고 왔지? 유대인의 하루의 시작은 저녁이라더니 그래
서 그랬나? 해질 때는 안식에 들어가는 시간인데 주님이 사람들에게 참 안식을 주시
는 그림인가? 우리 인생의 저물녘은 예수님의 시작이라는 의미인가?)

³³온 동네가 그 문 앞에 모였더라
(동네에 금방 소문이 났나보네. 동네사람들이 호기심에 구경하러 왔나 봐.)

³⁴예수께서 각종 병이 든 많은 사람을 고치시며 많은 귀신을 내쫓으시되 귀신
이 자기를 알므로 그 말하는 것을 허락하지 아니하시니라
(밤 새워 병자들을 고치시느라 예수님 무척 고생하셨겠다. 그 병자들은 참 복도 많
네. 그런데 왜 귀신이 예수님에 대해 말하는 걸 금하셨을까? 왜 예수님은 권능을 행
하시면서도 자신을 드러내지 않으려고 하신 걸까? 때가 안 돼서 그러신 걸까? 귀신
이 증거하는 것을 싫어하셔서일까?)

5. 시각화하여 읽는다

글의 의미를 시각화하며 읽는다. 족보나 인물이야기는 가계도를 그려가면서
읽는다. 인물의 행적에 따라 지도를 찾아가면서 지명을 익히며 전체적인 그림을
그려가면서 읽는다. 역사적 이야기는 세계사 연대기와 비교하면서 읽고, 그때
당시의 지도와 지금의 지도를 비교하면서 읽는다. 복잡한 내용도 요약해서 표로
만들어 비교하면 한눈에 잘 들어온다. 성경이야기도 몇 장의 그림을 감상하듯
이미지화하여 읽으면 쉽게 이해하고 오래 기억할 수 있다.

6. 단어의 의미를 충분히 이해하고 읽는다

요즘 아이들이 한자를 모르고 어휘력이 부족해서 단어의 정확한 의미를 잘 모를 때가 많다. 기본적으로 단어의 개념정의를 명확히 해야 문자적인 의미를 알고 본문을 이해할 수 있다. 어떤 단어에서 파생되었는지 어원을 살피는 것도 의미를 이해하는 데 도움이 된다.

또 본문이 내포하고 있는 상징적인 의미, 영적인 의미를 파악하면서 읽는다. 단어의 성경적 의미를 정확히 알아야 한다. 이를테면 성경에서 '죄인', '악인'이라고 말할 때 일반적 의미인 '죄를 지은 사람', '악한 사람'이 아니라 하나님께 속하지 않은 사람들을 이른다. '선인', '의인'이라고 말할 때 일반적인 '착한 사람', '의로운 사람'이 아니라 하나님을 믿는 사람들을 이른다.

인명, 지명에도 의미가 담겨 있어 정확한 의미를 알아두면 이해에 도움이 된다. 또한 같은 단어라 할지라도 문맥에 따라 의미가 달라지므로 맥락의 의미를 파악하면서 읽는다. 〈요나서〉 1장에도 "두려워하다"라는 단어가 두 번 나오는데 처음에는 무서워하는 것이고 두 번째는 하나님을 경외하는 의미로 쓰였다.

7. 문장 구조와 전체 글의 구소를 파악하면서 읽는다

문장의 주어와 서술어를 호응시키면서 읽는다. 문장이 길 경우에도 문장에서 서술어를 먼저 찾고 그 서술어의 주체가 누구인지를 확인하면 내용 이해가 쉬워진다. 문장에서 가장 중요한 성분은 서술어이다. 행위의 주체가 누구인지, 행위의 주체인 주어가 어떤 행동과 말을 하는지를 나타내고, 주어의 상태, 감정, 심리, 성품, 기질, 외모, 동기, 특성 등을 알려주기 때문이다. 또 서술어가 문장의 끝에서 문장의 유형과 종류, 긍정·부정, 높임의 정도를 결정해주기 때문이다.

읽을 때 비중을 두어 관찰해야 할 대상은 반복되는 단어, 접속부사, 지시어, 연결어미, 비교대조, 열거목록, 시간순서, 원인과 결과, 조건과 그 조건에 따른 결말 등이다. 이 단어들은 글의 구조를 파악하게 돕기 때문에 독해를 효율적으로 하게 해준다.

읽을 때 글의 내용만이 아니라 글의 구조를 파악하면서 읽으면 의미를 이해하는 데 큰 도움이 된다. 접속어는 마치 도로표지판처럼 독자들에게 글의 내용을 더 잘 이해할 수 있도록 친절하게 가이드하려고 정리하는 마음으로 넣은 것이다. 접속어는 글의 중요한 전환점에서 글 구조를 나타내는 구조표지어가 된다.

접속부사가 순접인지 역접인지를 알면 문장 간의 관계를 더 잘 이해할 수 있다. 역접은 앞의 내용을 뒤집는 내용이 뒤에 나와 문장의 뒤쪽이 중요하다는 것을 나타내는 구조표지어로 '그러나, 하지만, 그렇지만, 그런데, 그럼에도 불구하고' 등이 있다. '이와 달리, 반대로, 반면에, 도리어, 한편' 등은 비교대조, '그러므로, 따라서, 그래서, 결국, 그 결과, 그리하여, 그래서 –하게 되었다' 등은 결과, '또, 또한, 게다가, 그리고, 그뿐 아니라, 더구나' 등은 첨가 보충, '먼저, 그리고 나서, 그러다가, 다음으로, 마지막으로' 등은 시간순서, 사건의 진행과정을 나타낸다.

'설령, 예를 들어, 가령, 비유컨대, 이를테면, 마치, 마찬가지로' 등은 예시, '왜냐하면 –이기 때문에, –로 말미암아, –로 인하여, 이런 이유로, 이에 따라, 그리하여, 이리하여, 그런즉, 그러다 보니, 그 결과, 그러므로' 등은 원인-결과, '그 이유는, 때문이다, 왜냐하면, 이는 – 함이었더라' 등은 이유, '–한다면'은 조건, '그래서, 그 결과 –게 될 것이다'는 조건에 따른 결말을 나타내 준다. '이처럼, 이러한, 이와 같이, 이렇듯, 요컨대, 결론적으로 말해서' 등은 앞에 나온 내용을 포괄하는 접속어이다.

말과 말을 연결하는 구실을 하는 연결어미도 그 쓰임새를 알면 이해가 더 쉽다. '–고, –며'는 나열, '–든지, –든가'는 선택, '–지만, –으나, –는데'는 대조, '–으니까, –으므로, –해서, –기에, –한 고로, –느라고'는 이유, '–자마자'는 동시, '–ㄹ수록'은 추가, '–거든'은 조건 등을 나타낸다.

작은 부분들의 이해는 곧 큰 부분의 이해로 이어진다. 저자의 의도는 물 흐르듯이 단어에서 시작해서 문단을 거쳐 글 전체로 흐른다. 글 전체의 구조를 파악하는 것도 중요하다. 이야기구조는 사건을 '누가, 언제, 어디서, 무엇을, 어떻게, 왜, 그래서 어떻게 되었다'라는 형태로 쪼갤 수 있다. 이렇게 분석한 내용을 요약해 전체의 흐름을 재구성하고 부분과 전체를 같이 보면서 읽는다. 그러면 구약

시대 족장 부인들의 불임이라든가, 출애굽 때 10번이나 반복되는 재앙, 사사기의 '고난-회개-구원-타락' 등의 패턴을 발견할 수 있다.

본문의 어떤 것이 문제가 되고 있으며 그 문제를 해결하시는 하나님의 해결책이 무엇인가 하는 '문제해결구조'로 본문을 접근해 읽을 수도 있다. 시간의 흐름에 따라서 '시간순서구조'로 본문을 읽을 수도 있고, 어떤 일의 원인이 무엇이며 그 결과가 어떻게 되었는지를 파악하면서 '원인-결과구조'로 본문에 접근할 수 있다. 구체적인 예화가 드러난 본문은 '예시구조'로 접근해 읽을 수도 있다.

8. 다각도로 인물을 읽는다

등장인물도 외모, 말투, 몸짓, 버릇, 동작, 습성, 소유물, 장신구까지도 자세히 살펴 읽어야 성격을 제대로 파악할 수 있다. 본문의 사실과 인물에 대해 서술자가 어떤 시각을 갖고 있으며, 어떤 태도로 서술하며, 무엇을 강조하는지 성경저자의 표현에 주의하여 읽는다. 서술자가 등장인물의 성격에 대해 직접적으로 묘사하고 있는지 등장인물의 말과 행동을 통해 간접적으로 묘사하고 있는지, 어떠한 말로 인물에 대해 묘사하고 평가하는지도 살핀다. 인물의 이름과 상태, 지위는 의미이해에 중요한 힌트를 준다. 특히 이름은 그 인물의 속성을 나타낸다. '야곱' 같은 이름의 경우, '속이는 자'라는 의미가 그의 일생을 가늠하게 한다.

등장인물을 다각도로 판단하고 동일한 사건이라 해도 각자의 입장에서 사건을 재조명해 본다. 예를 들어 본문이 '돌아온 탕자'라면 아버지, 형, 동생, 하나님, 동네사람들 입장 등에서 각각 재구성해 생각해볼 수 있다.

9. 대립과 가치갈등을 파악하며 읽는다

등장인물이 어떤 가치관의 충돌로 인해 심리적인 갈등을 겪는지 살피면서 읽는다. 가치갈등은 본문의 주제를 암시하고 있기 때문에 중요하다. 등장인물 중 누가 말을 길게 하고 누가 짧게 하며 누가 말이 없는지도 살핀다. 주인공과 주인공의 대립적인 위치에 누가 있는지를 보라. 성경에 두드러지게 나타나는 가치갈등은 언약백성과 세상 사람들의 가치 차이다. 신약에서는 예수님과 바리새인과의 가치갈등이 두드러진다.

10. 하나님 중심으로 읽는다

성경에는 수많은 믿음의 영웅이 나온다. 그러나 성경은 위인전도 인물열전도 아니다. 하나님이 하신 일을 기록한 책이다. 그 사람이 아닌 하나님께 초점을 맞추어 하나님이 사용하신 도구로서의 그 사람을 보고, 사건의 배후에 하나님이 어떻게 역사하셨으며, 그 결과가 어떤지를 본다. 모든 성경이야기의 주인공은 하나님이시다.

11. 비교하면서 읽는다

관주의 해당본문을 찾아 비교해보고, 다른 번역본과도 비교해보고, 한글과 영어 단어도 비교해보고 서로 어떤 차이가 있는지 대조해본다. 본문을 더 잘 이해하기 위해 비슷한 것이나 반대되는 것을 끌어와 대조하며 읽는다. 등장인물끼리 유사한 상황에서 어떻게 행동하는지 비교하면서 읽고, 등장인물의 장단점 등을 따져가면서 읽는다. 인물이 변화되었다면 그 변화를 불러온 사건이 무엇이며 그 사건 전후로 어떻게 바뀌었는지 비교하면서 읽는다.

또 등장인물에 대한 성경 기자의 직접적인 평가나 가치판단이 들어있는 부분에 유의해서 읽는다. 등장인물과 나는 무엇이 같고 무엇이 다른지 비교하면서 읽고, 등장인물의 이름에 나의 이름을 넣어 삶에 적용하면서 읽는다. 성경말씀으로 나를 읽는 것이다. 읽으면서 인물의 성격 분석에만 그칠 게 아니라 끝없이 나를 대입시켜 그 인물들 안에서 자신을 발견해야 한다. 그래야 공감하게 되고, 본받든 반면교사로 삼든 그들에게서 자신을 변화시킬 교훈을 이끌어내게 된다.

또 구약과 신약을 비교하면서 읽는다. 이를테면 '복'도 구약적 개념과 신약적 개념이 다르다. 하나님께서 사람에게 자신을 계시하시는 방식도 다르다. 구약은 신약의 그림자이다. 구약 속에서도 예수 그리스도를 발견할 수 있다.

12. 작가의 의도를 추론하면서 읽는다

성경의 작가는 하나님이시다. 성경 기자의 의도 이전에 그 말씀을 우리에게 주시는 하나님의 의도를 파악하면서 읽는다. 인물과 사건을 바라보는 저자의 태도와 말투 등에서도 의도가 묻어난다. 성경을 읽는 목적은 성경본문을 통해 하나님의 뜻을 분별하고, 하나님이 지금 나에게 주시고자 하는 말씀을 듣기 위한 것이다. 내가 하나님 앞에 서 있다고 생각하고, 하나님이 본문을 통해 나에게 주시는 메시지가 무엇이며, 또 어떤 상황에 처한 사람에게 필요한 말씀인지를 파악하면서 읽는다. 저자가 반복해서 사용하는 단어는 중요하다는 의미이다. 분량도 존재감을 드러낸다. 반복을 많이 했다거나 성경기자가 지면을 많이 할애해서 기록하고 있는 것은 저자가 그만큼 중요시하고 있다는 의미이다.

2. 토론하기

토론은 두 사람 이상이 모여 의견을 나누는 활동이나. 이야기를 공유하는 것이 토론의 출발점이다. 참가구성원이 합의에 의해 합리적 해결에 이르는 토의(discussion)와 자신의 논거로 상대방을 설득하는 토론(debate)을 구별하기도 하는데, 엄마와 자녀, 교사와 학생이 일대일로 대화를 나누는 활동은 1:1토론으로 볼 수 있겠다. 우리 주변에는 우리와 생각이 다른 사람이 참 많다. 자녀가 세상에서 원만하게 살기를 바라면 토론능력을 키워주어야 한다. 토론능력의 부재가 갈등을 더 키우기 때문이다. 인간은 근본적으로 두뇌구조 자체가 자기 중심적이라 타인의 입장을 잘 이해하지 못한다. 또 생각이 편향되어 있는 경우가 많아 그 사고의 틀을 깨고 다른 이의 생각을 받아들이기가 쉽지 않다. 토론은 자기만의 생각에 갇혀 있지 않도록 도와주고, 자기 주장을 펼치기 위해서 상대방의 말을 잘 듣게 하며, 어떻게든 상대방을 설득하기 위해 근거와 이유를 제시하는 논리적 사고를 하게 해준다.

1. 나눔을 활성화하는 질문과 반응이 중요하다

토론할 때는 편안한 분위기에서 부드럽고 푸근한 자세를 갖고 부드러운 목소리로 아이들이 자신의 생각과 감정을 자유롭게 드러내 말할 수 있도록 도와야 한다. 말이 논리에 안 맞아도 "얘, 그걸 말이라고 하니?" 하지 말고 그 생각을 존중하고 공감하며, 다른 관점에서는 이렇게 생각할 수도 있다는 것을 넌지시 일러주는 것이 좋다. 의문사를 사용해 질문을 간결하게 잘하고, 아이의 답변을 잘 들어주고, 적재적소에서 "그래? 그랬구나"라고 인정해주면 아이가 격려를 받아 대화가 잘 이어지게 된다. 그렇게 이야기를 나누면서 사고가 확장되고 인성이 발달하고 성경적 세계관과 가치관이 정립된다.

함께 토론하며 나누는 것이 참 중요하다. 한번은 작은아들이 "질문도 하고 서로 대화하면서 성경을 공부한 것이 예배 설교보다 더 여운이 남고 주중에 계속 그 말씀을 묵상하게 돼요"라고 말했다. 독서수업에서도 내가 혼자 설명할 때는 시든 풀처럼 앉아 있던 애들이 토론으로 유도하면 갑자기 눈이 초롱초롱 반짝거리는 것을 자주 경험했다.

토론할 때 형식을 갖추려면 'PREP' 기법을 사용한다. 'Point, Reason, Example, Point' 구조다. 어떤 사안에 대해 "너는 여기에 대해 어떻게 생각해?" 하고 물었을 때 "저는 이렇게 생각해요"라고 자기 주장을 먼저 하고, "왜냐면" 하고 그렇게 생각하는 이유를 근거로 제시한 다음에, 구체적인 예나 인용이나 증명이나 더 쉬운 말로 표현해서 상세화하는 것이다. 이것을 주장을 뒷받침한다고 말한다. 주장을 먼저 밝히는 것을 두괄식이라고 하는데 대부분의 학문이 서구에서 유입되고 번역되기 때문에 이런 서구식 구조가 익숙하고 내용도 더 선명하다. 서양인들은 어렸을 때부터 의사소통에서 "because"로 문장을 시작해 첫째, 둘째 하면서 윤곽이 뚜렷하게 말하도록 훈련받으면서 자란다고 한다. 이런 언어 훈련과정에서 논리적 사고력과 표현력이 길러진다.

독후 토론은 정해진 형식 없이 서로 자연스럽게 생각을 주고받는다. 다만 생각을 촉진시키는 질문을 던져 대화가 지속되게 해야 한다. 아이의 생각을 확장시켜 주려면 질문을 잘해야 한다. 일단 질문을 던지면 사람은 생각을 하고 어떻게든 대답을 하게 되어 있다. 가장 훌륭한 교사는 설명을 잘하는 교사가 아니라 적절한 질문을 던져 학생들로 하여금 사고하게 하는 교사이고, 가장 훌륭한 학생은 대답 잘하고 암기 잘하는 학생이 아니라 부단히 질문하는 학생이다.

2. 토론할 때 질문은 이렇게 한다

㉮ 사실적 질문 : 그 책에 무슨 내용이 나왔는지 기억을 되살리고, 사실대로 정확하게 파악하며 읽었는지를 측정하기 위한 질문이다. 본문에 답이 나와 있는 중요한 사건, 내용, 장소, 인물, 배경 등에 관해 묻는다. 단답형 또는 OX로 답하는 퀴즈형태로 저학년 아이들이 재미있어한다. 하지만 이 질문은 아주 단순해서 회상 및 재인에 그치고 만다. 단답형 질문이나 '예, 아니요'로 대답할 수 있는 질문은 생각을 확장시켜 주지 못하기 때문에 폐쇄적 질문이라고 한다.

때로는 아이에게 선생님의 역할을 주고 질문을 만들게 하고 엄마가 아이가 되어 답을 해보라. 주어진 질문에 답하기는 이미 정해진 방향에 따라 피동적으로 사고하는 것이고 아이가 질문을 만드는 것은 능동적으로 사고하는 것이다.

사실적 질문 만들기

• 누가, 언제, 어디서, 어떤 상황에서, 무엇을, 어떻게, 왜 했는가? 그래서 어떻게 되었는가?
• 서술자가 강조하고, 내용전개에 핵심적인 사건이 무엇인가?
• 서술자의 말투와 태도는 어떠한가?
• 반복되는 단어나 문장구조, 문단구조 등에 어떤 패턴이 있는가?
• 본문에 나오는 문제점과 해결책, 원인과 결과는 무엇인가?
• 사건 전후의 일은 무엇인가?
• 본문의 배경(지리적, 공간적, 시대적, 사회문화적, 심리적)은 어떤 것인가?

㉑ 추론적 질문 : 글에 분명하게 드러나 있지 않은 내용들을 밝혀내는 질문이다. 글의 이면에 들어 있는 서술자의 의도와 목적, 관점, 태도 등을 묻는다. 원인과 결과, 인물의 특성을 묻고, 결론을 예측하게 하고, 비유의 의미, 사건의 숨겨진 의미를 물으면 본문에 답이 나와 있지 않기 때문에 추론해서 답을 해야 한다. 이런 유형의 질문은 고등사고를 발달시킨다. 생각을 확장시키고 여러 답이 나올 수 있기 때문에 개방적 질문이라고 한다.

생각의 힘을 확장시키려면 다양한 의문사를 사용하여 질문한다. 아이들이 말하는 기술이 부족해 답변이 짧을 때 "그래" 하고 끝내면 안 된다. 의문사를 사용해 구체적인 보충설명을 주문해야 대화가 이어진다. 후속질문을 할 때 아이가 사고의 영역을 넓혀서 자신의 견해를 논리적으로 설명하는 고등사고를 하게 되고 답변방식에 변화가 오며, 엄마도 차츰 질문하는 기술, 잘 듣고 반응하는 기술이 늘어난다.

등장인물이라든가 사건에 대해 의문사를 사용해 "너는 어떻게 생각하니?", "왜 그렇게 생각해?", "어떻게 했으면 더 좋았을까?" 등을 묻는다. "왜?"라고 물으면 아이들이 그제야 생각을 하고 "왜냐면" 하고 자기가 그렇게 생각하는 이유를 말하기 시작한다. 이때 아이가 어떻게든 앞뒤가 말이 되게 대답하기 위해 인과관계로 자신의 견해를 진술하는 능력이 길러진다.

"왜" 다음에는 "어떻게"라는 질문을 해야 한다. 어떤 과정을 통해 그 생각을 만들었는지 그 과정을 생각하게 하는 것이다. 그러면 아이는 단순한 생각에서 출발해 복잡한 생각을 만들어내는 법을 배운다. 생각을 바꿔 다른 생각의 조각들을 응용하거나 다른 방식으로 결합해서 새로운 생각을 만드는 것이 창의적인 사고다.

- 본문의 사실들은 어떤 의미를 갖고 있을까? 문맥적 함축적 의미는 무엇인가?

- 본문에 등장하는 인물이나 사건이 상징하는 것은 무엇일까?

- 당시 등장인물의 심리상태는 어떠하였을까?

- 인물의 대화와 행동에 근거해 그가 왜 그렇게 말하고 행동했을까 이유를 말해보자.

- 인물간의 갈등, 내적 갈등, 사회적 갈등, 영적 갈등이 무엇인가?

- 각 인물들의 입장과 관점에서 다각도로 생각해보자. 반대 입장이나 다른 입장에서 생각해보자.

- 등장인물의 역할과 성격으로 볼 때 앞으로 사건이 어떻게 전개될까?

- 주제를 암시하는 부분은 어디인가?

- 이 이야기에서 배경의 역할과 의미가 무엇인가?

- 이유와 근거, 사건의 숨겨진 원인이나 결과가 무엇인가?

- 가상의 사례, 만약 여기서 뭐 하나가 빠지거나 추가되면, 사건이 달리 진행되었다면 어떤 일이 일어날까?

- 누가 누구에게 왜 말한 것일까? 화자와 청자, 화자의 의도가 무엇일까?

ⓓ 비판적 질문 : 성경 자체를 비판할 수는 없고 비판해서도 안 된다. 하지만 등장인물과 사건 등을 비판적으로 읽는 태도는 필요하다. 비판적 질문은 긍정적인 면에서 '더 나은' 판단을 하기 위하여 '따져보고 평가해보는' 질문이다. 어떤 준거를 설정해 등장인물의 행동이 옳은지 그른지, 등장인물의 역할, 문제점, 어떻게 하면 더 나은 결과를 가져올 수 있었을지 등을 따져볼 수 있다.

좀 더 비판적인 사고력을 길러주려면 아이의 답변에 대해 반론을 제기하는 게 좋다. "하지만 이런 경우에는 어떻게 하지?", "하지만 이렇게 생각할 수도 있지 않을까?" 이러한 질문은 아이가 반대의 입장에서도 생각하게 만들고, 거기에 동의하지 않을 경우에는 자기의 주장을 더 강화하게 된다.

어떤 사안에 대해서 '왜 그럴까', 누구나 옳다고 생각하는 것에 대해 '정말 옳은가?' 의문을 갖고 생각하고, 누구나 당연하다고 생각하는 것에 대해 '과연 그런가?' 따져보고, 가장 중요한 것이 무엇인가를 정하고, 대상을 비교하면서 공통점과 차이점을 생각하고, 일의 순서와 과정, 사건의 원인과 결과를 생각하고, 문제와 해결책을 다각도로 생각해보는 과정에서 논리적이고 비판적인 사고력이 길러진다.

 비판적 질문 만들기

- 등장인물의 행동이 옳은가 그른가, 바람직한가?
- 등장인물의 사고와 행동을 신앙적 가치관에 입각해 판단해 볼 때 대립되는 부분은 없는가? 사고의 오류는 없는가? 공정한가? 적절한가? 신뢰할 만한가?, 일반적인 통념상 수용가능한가?
- 등장인물간, 혹은 등장인물과 나와의 공통점, 차이점이 무엇인가?
- 등장인물들을 하나님의 관점에서 평가해보자. 하나님의 말씀에 대한 등장인물들의 반응과 태도를 비판해보자.
- 등장인물이 어떤 사건을 계기로 어떻게 바뀌었는가?
- 어떻게 하면 사건이 더 좋게 결말지어졌을까? 대안이 뭔가?
- 독자들에게 미칠 영향, 사회에 끼칠 영향이 어떠한 것이겠는가?
- 다른 부분, 다른 장르와 비교하여 보면 어떤 차이가 있는가?
- 이게 어떤 면에서, 누구에게 유용한가?
- 저자는 혹은 등장인물은 어떤 점을, 왜 간과하는가?
- 이 이야기의 의의는 무엇인가? 여기서 얻을 수 있는 교훈과 삶의 지혜는 무엇인가?
- 서술자의 관점과 의도와 태도에 대해 나는 어떻게 생각하며 그렇게 생각하는 이유는 무엇인가? 자신의 생각과 같은가, 다른가? 다르다면 왜, 어떻게 다른가?
- 내가 서술자라면 어떻게 전개시킬 것인가?

㉑ 적용적 질문 : 외부 이야기를 자기에게 적용해보게 하는 질문을 적용적 질문이라고 한다. "너라면?", "지금이라면?" 하고 자신의 삶에 적용했을 때 어떨지를 묻는 것이다. 아이들은 이야기를 듣거나 읽을 때 등장인물과 자신을 종종 동일시하는 경향이 있다. 만약 시대나 등장인물이나 사건의 결말 등을 바꿔서 생각하게 질문한다면 창의적인 질문이 된다.

특히 성경공부를 한 후에는 이 적용 단계가 매우 중요하다. 성경 말씀이 현실과 괴리되어 있지 않다는 것을 인식시키고, 하나님이 살아계시고 지금도 우리와 함께하신다는 것을 깨닫게 하려는 것이다. 자신의 상황에 비추어 말씀을 내면화하도록 돕는 질문이다. 말씀을 읽고 듣고 나누는 것으로 그치지 않고 삶의 현장에 그 말씀을 적용해 그 말씀이 어떻게 역사하여 환경과 마음과 현실의 삶을 변화시키는지를 경험하게 하려는 것이다.

 적용적 질문 만들기

- 관련 영화나 소설 등, 비슷한 것이나 연상되는 것이 있는가?
- 중심생각이 비슷한 구체적 사례를 주변에서 찾아본다면?
- 조건과 상황을 바꾸어 만약 이랬더라면, 이러지 않았더라면?
- 환경, 시공간적 배경, 등장인물이 바뀌면 내용이 어떻게 될까?
- 현실 사회적 상황에 적용해보자. 이 일이 지금 이 사회에서 일어났다면?
- 시대를 초월해 주어지는 본문의 교훈은 무엇인가?
- 등장인물의 역할과 성격으로 볼 때 앞으로 사건이 어떻게 전개될까?
- "나라면?"하고 등장인물이나 문제 상황에 자신을 대입해보라.
- 내게 주는 의미가 무엇인가?
- 원인과 결과 등을 개인, 가정, 사회, 국가 등으로 확대하여 적용해보자.
- 사회적 영향관계는 어떠한가? 다양한 독자층의 반응을 예상해보자.

㉔ 작가의 의도를 파악하기 위한 질문 : 마지막으로 주제에 대해 이야기한다. 자신의 감상이나 받은 교훈들을 나누다보면 주제가 선명해진다. 우리가 책을 읽는 것은 작품의 의미, 작가의 의도를 이해하기 위해서다. 어떻게 하면 작가의 의도를 알 수 있을까? 작가도 그 사회문화의 영향을 받으므로 그 글이 쓰일 때의 사회문화적 배경을 알면 이해가 더 쉽다. 작품에는 작가가 반드시 반영되기 때문에 작가에 대해서도 알아야 한다.

이를테면 우리 고전소설 〈흥부전〉의 주제가 "형제우애"라고들 알고 있겠지만 그건 표면적인 주제일 뿐이다. 사회문화적 배경을 먼저 보자. 이 작품은 시대적으로 임병양란 후 사회적 혼란기에 신흥부자들의 출현으로 말미암아 빈부차가 심화된 사회상을 반영하고 있다. 이를 볼 때 이면적 주제는 빈부차에 따른 갈등이라고 할 수 있다. 그다음에 작가가 누군지를 보자. 작자층은 서민들이다. 작품에 작가가 반영된다고 볼 때 〈흥부전〉은 갑자기 신흥부자가 된 이웃을 보고 배 아픈 서민들이 책 속에서나마 신흥부자인 놀부를 실컷 혼내주고 자기들도 좀 잘살고 싶다는 여망을 담아 쓴 것으로 볼 수 있다. 흥부가 탄 박에서 나온 것들이 뭔가? 다 서민들이 한번이라도 누려보고 싶어 하던 것들이다. 전반부와 후반부의 확연한 내용변화와 작자층을 감안할 때 계층적 갈등을 해소하고 싶은 민중의 소망이 이야기에 반영된 것으로 해석할 수 있다. 성경의 작가는 하나님이시다. 어떤 형태의 말씀 나눔이든 그 모든 과정에서 작가의 의도를 파악하기 위해 일관되게 달려가야 한다. 성경을 읽고 나서 이야기를 나눌 때, 줄거리를 꿰거나 등장인물을 통해 뭔가를 배우는 게 중요한 게 아니다. 그 인물과 사건을 통해 하나님이 우리에게 무엇을 말씀하시려는 것인가, 즉 성경 저자이신 하나님이 그 사람을 통해 일하시고 우리에게 말씀하시려는 핵심적인 의도를 파악하는 것이 중요하다.

작가의 의도를 파악하기 위한 질문 만들기

- 당대 사회 문화적 배경이 어떠한가?
- 작가의 역사 전기적 배경이 어떠한가?
- 작품 속에 반영된 현실은 어떠한가?
- 작가의 의도가 뭘까? 오늘날 우리에게 주는 메시지가 무엇인가?
- 드러난 주제와 숨은 주제가 뭘까? 어떤 교훈을 얻을 수 있나?
- 서술자가 이런 단어와 플롯을 사용한 의도는 무엇일까?
- 하나님이 그런 인물을 등장시키고 그런 사건을 겪게 한 의도가 무엇일까?
- 공감했다면 그 이유는 무엇인가?

3. 소그룹 독서토론은 이렇게 이끈다

- 시간 내에 무엇을 전달하고 깨우쳐 줄 것인가 하는 수업목표가 분명해야 한다. 도중에 예상치 못한 엉뚱한 답변이 나오거나 삼천포로 빠지는 것 같으면 "그게 지금 우리가 나누는 주제와 어떤 관련이 있는가?"를 묻고, 그 이야기는 다음에 나누고 지금은 초점을 주제에 맞추자고 하면서 얼른 논점으로 돌아와야 한다. 수업목표가 분명하면 이것이 가능해진다.

- 교사는 먼저 "이것에 대해 알고 있는 것이 뭐지?", "우리가 이것을 논의하는 게 왜 중요하다고 생각해?" 등등의 질문을 한다. 이는 학생의 수준 및 배경지식을 측정하고 파악하는 데 도움이 되며, 질문과 수업의 수준을 결정해주고 토론을 자극한다.

- 교재를 가르치지 말고 교재로 가르치라. 교재도 참고하되 유연하게 사용하고 교재에 나온 것 외에도 상황에 맞는 질문들을 순발력 있게 재구성해서 다각도로 질문을 던질 수 있어야 한다.

- 교사가 지식을 주입하려고 하지 말고 학생 스스로 답을 찾아갈 수 있도록 질문하는 것이 좋다. 학생들은 스스로 깨우치는 것을 더 소중하게 생각한

다. 스스로 문제를 해결해 나가는 과정에서 자아효능감과 흥미가 생기고 내적동기가 부여되기 때문이다. 학생을 많이 참여시킬수록 좋은 토론이 된다.

- 막연하지 않도록 의도와 초점이 명확한 질문을 해야 한다. 답변을 잘 못할 때에는 교사가 답을 가르쳐주지 말고 힌트를 주거나, 학생이 이해하기 쉽도록 질문의 형식을 적절히 바꾸거나, 비슷하면서도 더 쉬운 문제를 예시하거나, 학생이 알고 있는 다른 구체적인 예와 관련시킨 후속질문으로 교사의 원질문의 의도를 깨우쳐주어 반응의 실마리를 제공한다.

- 학생이 대답할 시간을 5~15초 이상 준다. 겸손과 인내는 교사가 갖추어야 할 가장 귀중한 덕목이다. 기다린다는 것은 학생이 답변할 수 있을 것이라는 것을 믿고 그를 존중한다는 것을 의미한다. 교사의 인격이 따라가지 않는 지도는 효과가 적다. 학생은 교사의 지식 자체보다 교사의 인격에 감화를 받으며 그것을 오래도록 기억한다. 교사는 가르치는 존재만이 아니라 학생들에게 배울 수 있는 존재임을 늘 염두에 두고 학생을 인격적으로 대해야 한다.

- 학생이 답변했을 때 교사가 3-5초 침묵으로 잠시 멈추는 것은 받아들이고 있다는 신호를 보내주어 의사전달의 설득력을 높여준다.

- 학생이 자기 생각을 표현하는 데 어려움을 느끼고 적절한 단어를 생각하지 못할 때 "네가 말하고자 하는 게 이거니?"라고 다시 진술해주고, "그러니까 네 말은 한 마디로 이렇다는 거구나?" 하고 답변을 명료하게 되짚어 정리하도록 한다. 또 "네가 말한 것은 --라는 생각에 기초하고 있지?"라고 전제를 찾고, "그렇게 생각할 수도 있겠구나" 하고 긍정적인 말로 반응해 격려한다. 적절한 답변에 대해서는 등을 두드린다거나 박수를 친다거나 칭찬을 해 아이가 자신감을 갖도록 한다. 잘못된 내용은 '맞다', '틀렸다'가 아니라 다시 질문해 그 답변에 어떤 문제가 있는지를 깨닫게 한다.

- 교사가 말을 많이 하지 말고 질문을 잘하고 잘 들어야 한다. 교사의 후속질

문은 학생의 반응을 적극적으로 경청하는 것을 토대로 한다. 학생들에게
도 다른 사람의 아이디어를 열심히 듣고 존중하는 태도를 수시로 길러준
다. 상대의 말을 잘 들은 후에야 그 의견을 올바르게 비판할 수 있기 때문
에 잘 듣는 것은 자기 견해를 표명하는 것보다 더 중요하다. 교사는 말을
하는 데 익숙하고 듣는 데 익숙하지 않은 경향이 있다. 교사가 학생의 말을
귀 기울여 듣고 이해하려고 노력해야 한다. 눈을 마주치고 웃으며 고개를
끄덕이고 들으면 쌍방적이 된 느낌을 받기 때문에 이야기를 적극적으로
수용하게 된다.

- 후속질문은 아이의 답변 속에서 끌어내오되 사고를 정교하게 하는 질문을
한다. 어떤 답변을 하면 "너는 어떻게 해서 그 답변을 찾았니? 왜 그렇게 생
각하지?" 하고 학생의 사고과정을 측정할 수 있는 구체적인 질문으로 답
변에 대한 근거를 묻는다. 이때 어느 부분에서, 왜 그렇게 생각했는지 본문
에 근거해서 답하도록 한다. 이유나 근거가 어떻게 주장과 관련되는지도
묻는다. 학생이 제시한 이유나 원인 중 어느 것이 증거로 불충분한지 깨닫
도록 도와주고, 만약 어떤 사실을 간과한다면 왜 그 사실을 적용하지 않는
지를 묻는다. 학생이 질문하면 질문을 한 본인에게 되묻는 반전질문을 할
수 있다.

- '예', '아니요'를 구하는 폐쇄적 질문이나 하나의 정답이 있는 질문보다는
다양한 반응을 할 수 있는 질문, 확산적 사고를 요하는 질문을 한다. "어느
것인가?, 무엇인가, 이것이 맞는가?" 등의 물음보다는 '왜', '어떻게' 등의
의문사를 사용하는 발문이 사고력을 향상시킨다. "만약 어떤 사람이 --와
같이 말한다면?" 등 '만약'을 사용해 알 수 없는 것에 대해서도 예측하게
하고, 관련된다고 생각하는 요인을 더 생각하게 하여 사고의 폭을 확장시
켜 준다.

- 먼저 질문한 후 지명을 하여 전체가 생각할 기회를 주고, 말할 기회를 골고
루 준다. 한 사람의 답변에 대해 어떻게 생각하는가를 물어 다 함께 생각해

본다. 상호작용을 통해 더 나은 답변이 나올 수 있게 되기 때문이다. 교사는 학생의 발언에 등급을 매기거나 평가하는 것을 삼간다. 논리적 결함이 있어도 의견을 활발히 발표하는 게 중요하다. 지적당하면 학생들이 생각을 하지 않으려고 하고 더 이상 발표를 하지 않으려고 한다.

- 전형적인 해결책에 구속받지 않도록 기존지식의 허점을 찌르거나 고정관념을 깰 수 있는 질문을 한다. "하지만 --라고 생각하는 사람도 있는데 이 문제에 대해 다른 방식으로 생각할 수는 없을까?", "하지만 이런 생각도 가능하지 않을까?" 이런 식으로 반대되는 개념이나 반대편의 의견, 일반적 규칙에 예외가 되는 것 등을 제시해서 학생의 기존사고에 갈등을 유발하여 사고를 확장시키거나 그의 견해를 강화시켜 줄 수 있다.

- 교사는 학생들에게 토론 중에 의문 나는 점이 없었는지를 항상 묻고, 학생들에게 질문할 수 있는 기회를 주고, 스스로 질문을 만들어보도록 훈련한다. 하루에 적어도 한 개 이상 유의미한 질문을 해보도록 지도한다.

- 토론을 마친 후에는 토론을 통해 무언가 이루어냈다는 기분, 또는 토론할 만한 가치가 있다는 기분이 들어야 한다.

🌿 토론의 실제

다음은 창작동화를 읽히고 중1 남학생 3명을 데리고 토론한 실제사례다. 교사의 질문 유형을 잘 살펴보면 아이의 답변에서 후속질문을 끌어내고, 주로 의문사를 많이 사용하여 구체적으로 재질문한 것을 볼 수 있다.

1. 생각할 문제를 제시한다

아래 동화의 주인공은 가난하고 보잘것없고, 사회적 편견에 시달리며, 학교폭력, 왕따를 당하며, 외모 콤플렉스를 지닌 자존감이 낮은 아이예요. 힘의 논리가 지배하는 세상에서 쇠동이는 약자로서 주인의 사랑 외에 아무 붙들 게 없는 열악한 환경에 있었어요. 혹시 쇠동이처럼 "아. 나는 왜 이 모양일까. 우리 집 상황은 왜, 우리 부모는 왜 이 정도밖에 안 될까"이렇게 생각하는 친구가 있나요? 쇠동이는 자기의 문제를 어떻게 풀어갔나요?

2. 읽고나서 토론할 텍스트 본문을 읽는다

 세상에서 가장 행복한 플루트 _전신지

　나는 '더블 플루트'예요. 작은 플루트 두 개를 V자 형태로 한 데 붙여서 만든 거랍니다. 10년 동안이나 진열대에 놓여 있었지만 아무도 내게 관심을 보이지 않았어요. 나는 먼지를 뽀얗게 뒤집어 쓴 채 점점 구석으로 밀려났지요.

　그러던 어느 날 한 손님과 눈이 마주쳤어요. 그분은 나를 집어 들고 먼지를 떨더니 "후우~" 하고 숨을 불어넣었어요. 그러자 갑자기 제 가슴이 따스해지면서 "보흐흐 포흐흐" 하는 소리가 났어요. 달빛처럼 부드럽고 포근한 소리였죠. 숨을 세게 몰아쉬면서 손가락을 빠르게 놀리자 춤을 추고 싶을 만큼 신나고 경쾌한 소리가 났어요. 와우~ 내가 이런 소리를 내다니!

　드디어 나는 새 주인님을 만나게 되었어요. 그 멋진 악기들을 두고 이렇게 볼품없는 나를 사시다니…. 세상에 다시 태어난 기분이었어요. 마음은 풍선처럼 부풀었죠. 그런데 이게 웬일입니까? 집에 도착하니 번쩍거리는 금플루트랑 눈부신 은플루트가 떡 버티고 있지 않겠어요? 그 순간 갑자기 창피해져 쭈뼛거리면서 어디 구석이 없나 하고 살폈어요. 금동이는 나를 보더니 눈을 내리 깔고 "애걔걔, 뭐 이런 게 다 있어? 아주 우스꽝스럽게 생겼는걸?" 하면서 다짜고짜 발길로 저를 픽! 하고 치지 않겠어요?

　"아야!"

　옆에 있던 은동이도 거들더군요. "그러게. 괴상하게 생긴 애네. 보아하니 값도 얼마 안 나가겠는걸." 그러면서 팔꿈치로 저를 툭 쳤어요.

　"아야! 말로 하지 왜 때려!"

　"어라? 이게 건방지게? 야! 너 내가 누군지 알아? 18캐럿의 백금과 24캐럿의 황금으로 만들어진 플루트야. 몸값은 억대가 넘어. 전 세계에 딱 두 대뿐이지."

"나는 은제 알토 플루트야. 수천만 원 나가지. 재수 없게 가까이 오지 마라."

나는 그 애들을 흘끔흘끔 바라보면서 '아, 나도 저렇게 찬란하게 빛나는 피부와 미끈하고 늘씬한 다리가 있었으면 좋겠다. 왜 나는 이렇게 구부러지고 키도 작을까. 내가 너무 밉고 싫어…' 하는 생각이 들었어요. 주인님의 선택을 받은 기쁨도 잠시 뿐이었어요.

"흑흑. 차라리 악기점에 있는 게 더 나을 뻔했어."

그때 어디선가 가냘픈 소리가 들려왔어요.

"안녕. 쇠동아, 만나서 반가워. 우리 앞으로 사이좋게 지내."

"애개개, 넌 빛도 하나도 안 나고, 키도 무지하게 작고, 몸도 비쩍 말랐네. 넌 얼마 짜리냐?"

나는 어느새 나도 모르게 금동이 은동이처럼 나무동이를 대했어요. 그 애는 여전히 부드러운 목소리로 말했어요.

"나도 처음에 왔을 때는 많이 맞고 무시당했단다."

"지금은?"

"여전해. 쟤들은 나를 싸구려라고 따돌려…."

"넌 얼마짜리인데?"

"만 원."

"하하, 정말 싸구나."

"하지만 주인님은 나를 한번도 무시한 적이 없으셔. 오히려 연주회가 끝나면 나를 제일 먼저 챙겨 특별 케이스에 담아 저 애들 위에다 나를 놓아두셔."

"싸구려인데도?"

"사람들이 매기는 값은 맞지 않아."

"사람들은 값에 따라 대우하잖아?"

"값은 주인님이 매기는 게 가장 정확해."

"주인에게 너는 얼마짜린데?"

"값을 매길 수가 없어. 세상에 있는 수많은 틴휘슬 중 주인님에게 길든 건 나밖에 없거든."

"넌 자부심이 대단하구나."

"나는 나무지만 저 애들보다 더 곱고 아름다운 소리를 낼 수 있어. 너도 마찬가지야. 더블이라 더 다양한 소리를 낼 수 있을 거야."

"그건 그래. 나는 화음을 넣을 수도 있단다."

"마음의 힘이 생기면 그 누구도 내지 못하는 아름다운 소리를 낼 수 있어."

"네게서는 뭔지 모를 마음의 힘이 느껴져. 근데 그건 어떻게 하면 생기니?"

"주인님만을 사랑하고 신뢰하는 데서 와."

"그건 우리 처지에 당연한 거 아니니?"

"그렇지 않아. 대개 자기를 신뢰하지. 잊지 마. 너는 너만의 소리를 내기 위해서 이 세상에 태어났어."

"하하. 그럴 땐 너도 좀 으쓱하겠구나?"

"그렇지 않아. 저만큼 되기까지 얼마나 많은 물과 불을 견뎠겠어. 나는 뭐 아주 흔한 나무니까."

"그럼 너는 쟤들에 비해서 귀하지 않다고 생각하는 거야?"

"아니, 나도 귀해. 주인님에게 나는 하나뿐이니까."

"나도?"

"그럼, 너는 너만의 소리로 그분을 기쁘게 해 드리면 돼."

"나만의 소리….."

"중요한 건 값이 아니라 소리야. 소리보다 더 중요한 건 우리를 연주하시는 주인님이고."

나는 그날로 나무동이와 단짝친구가 되었습니다.

그날 밤 주인님은 나를 반짝반짝하게 닦아주면서 말씀하셨어요.

"이제 너는 내거야. 내가 널 위해 곡을 지어줄게. 너를 하이라이트로 연주해줄게."

주인님은 나를 위해 〈하늘비전〉(vision for heaven)이라는 노래를 만들어주었어요. 우리는 한마음이 되어 열심히 연습했죠. 마치 내가 주인님의 몸의 일부가 되는 것 같았어요. 입술은 부르텄지만 마음은 더할 나위 없이 행복했답니다.

금동이와 은동이는 입을 삐죽거리면서 내 소리가 너무 시끄럽고 방정맞다는 둥 못 생겨서 플루트 망신은 다 시킨다는 둥 제 흥을 보고 나무랐어요. 나는 속이 상했지만 주인님의 약속을 굳게 믿고 꾹 참았어요.

드디어 경연대회 날이 되었어요. 세계에서 내로라하는 플루트 연주자들이 다 몰려 왔어요. 무대에 올라 휘황한 불빛, 빨간 카펫, 오케스트라, 객석을 가득 채운 관람

객을 보니 그만 겁이 더럭 났어요. 나는 갑자기 머리가 어질어질해 쓰러질 것 같았지만 눈을 질끈 감고 오직 주인님의 숨결에 따라 크고 작게, 빠르고 느리게, 슬프고 기쁘게 소리를 냈어요.

수상자를 발표할 시간이 되자 가슴이 콩닥콩닥했어요.

"오늘의 최고상! 하늘비전!"

와! 짝짝짝! 관객들의 박수갈채가 그칠 줄을 몰랐어요.

와우! 내 소리로 주인님이 최고상을? 그 순간 어깨가 으쓱해지고 마치 등에 날개가 돋아나는 것처럼 근질거려 나는 펄쩍펄쩍 뛰었어요.

기자들이 주인님 앞으로 우르르 몰려들었고 여기저기서 번쩍번쩍 플래시가 터졌어요.

"소감이 어떠십니까?"

-네. 정말 기쁩니다.

"연주하신 플루트 모양이 독특한데요?"

-더블 플루트죠. 악기점에서 이것을 보는 순간 가슴이 뭉클했어요. 꼭 어린 시절의 저를 보는 것 같았거든요.

"플루트는 언제 어떻게 시작하셨나요?"

-열 살 때부터요. 저는 어린 시절에 부모님이 돌아가시는 바람에 늘 외롭게 지냈어요. 그런데 다니던 교회의 교회학교 관현악단에 들어가 플루트를 만나면서 제 삶이 달라졌어요. 늘 풀죽어 지내던 제 하루는 활기차게 음악으로 시작해 음악으로 끝났죠. 이 플루트는 나의 가장 좋은 친구랍니다."

"제목이 '하늘비전'인데요? 무엇을 의미하나요?"

-제가 하늘소망을 갖고 외로움과 슬픔을 이겨낸 것처럼 이 플루트가 그렇게 살기를 바라서 만들어준 곡이에요. 제 비전은 전 세계에 다니면서 플루트로 나의 주인이신 하나님을 찬양하는 것인데요. 저는 이 플루트가 저와 같은 하늘비전을 품고 사람들에게 희망을 선사하기를 바란답니다.

"감사합니다. 다시 한 번 축하드립니다."

나는 신나게 휘파람을 불며 우쭐우쭐 걸으며 돌아와 보란 듯이 트로피 옆에 뽐내며 서 있었죠. 금동이가 입을 비쭉이며 "흥! 꼴에 잘난 척하기는!" 하고 톡 쏘아붙였어요. 은동이도 "아유, 온 지 얼마 되지도 않은 주제에 저러는 꼴 정말 못 봐주겠어"

하면서 샐쭉 하니 눈을 흘겼어요.

"너희들 주인님한테 다 이를 거야!"

"뭐? 쬐끄만 상 하나 받더니 눈에 뵈는 게 없나. 아무래도 맛을 좀 보여줘야겠어."

금동이는 얼굴이 붉으락푸르락해지더니 나를 발로 탁! 탁! 찼어요. 나무동이가 다급하게 말렸어요.

"얘들아, 이러지 마."

"비켜! 너는 끼어들지 마!"

금동이가 나무동이를 힘껏 밀쳤어요.

"아악!"

나무동이가 외마디 소리를 지르며 푹 쓰러지더니 그 길로 시름시름 앓아누웠어요. 바닥에 부딪칠 때 이음매가 빠지면서 옆구리에 금이 간 거였어요. 나는 밤새 나무동이의 곁을 지켰어요. 금동이와 은동이는 저희들끼리 뭐가 그렇게도 재미있는지 깔깔대며 웃고 떠들었죠. 나무동이의 숨이 점점 가빠오고 얼굴이 종이처럼 하얘졌어요.

"친구야, 고마워. 네가 있어서 외롭지 않았어."

"흑흑, 나 때문에…."

"미안해하지 마. 슬퍼하지도 마. 나는 원래 왔던 곳으로 돌아가는 거야. 우린 다시 만날 수 있어. 나는 나무라 원래 오래 못 살아. 너는 쇠니까 오래오래 살면서 주인님을 위해 노래를 많이 하렴."

"하늘나라에 가서 부디 잘 살아. 너는 가도 네 노래는 영원히 남아 있을 거야."

아, 나무동이…. 내가 이곳에 처음 와 두려워 떨 때 먼저 다가와 따뜻하게 위로해 주었지. 그리고 마음의 힘과 나만의 가치를 일깨워주었어. 너는 늘 내 말에 귀를 기울였지. 네게선 언제나 그윽한 향기가 났고 네 소리는 가냘프면서도 아름다웠어. 내가 연주할 때마다 엄지손가락을 치켜세우며 양팔로 하트를 날리곤 했지. 그런 네가 이제 내 곁에 없다니….

나는 밥도 안 먹고, 눈물 젖은 휴지를 수북이 쌓아놓은 채 울다 지쳐 잠들곤 했습니다. 온 몸에 점점 힘이 없어지고 정신이 희미해져갈 때 친구의 다정했던 음성이 들려왔어요.

"주인님을 신뢰하고 그의 사랑을 기뻐하는 게 네 마음의 힘이야."

그 말에 조용히 주인님을 만나던 그날을 떠올렸어요. 어둠 속에 있던 나를 집어 값을 치르고 사시고 내 몸을 깨끗이 닦아주시던 그날, 주인님이 내게 약속하셨죠.

"이제 너는 내거야. 내가 너를 위해 곡을 지어줄게. 너를 하이라이트로 연주해 줄게. 너는 이제부터 늘 내 곁에 머물며 나를 위해 노래해다오."

그 순간 축 늘어졌던 양손에 불끈 힘이 주어졌어요. 그 후로 내 몸에서는 예전보다 더 깊고 그윽한 소리가 나왔어요. 주인님이 내게 입 맞추고 사랑의 숨결을 불어넣으실 때면 가슴 벅차오르는 기쁨과 환희를 느껴요. 나는 마음의 힘을 다해 소리를 내요. 나는 내 몸이 이보다 더 나은 일에 사용될 수 없다는 것을 알아요. 나는 금도 아니고 은도 아니에요. 모양도 구부러졌고요. 친구도 없어요. 하지만 이런 나를 주인님은 아끼시고 언제나 하이라이트로 연주해 주신답니다. 나는 7만 원짜리예요. 하지만 1억 원이 넘는 악기들로 이루어진 오케스트라가 나를 위해 반주를 하죠. 오늘도 나는 주인님과 함께하는 내일의 공연을 기대하며 행복한 마음으로 살포시 잠이 듭니다.

3. 읽고 나서 **토론**으로 생각을 확장시킨다 _ 토론에서는 교사의 질문유형이 중요하다

교 사 처음에 제목 보고 무슨 생각 했어요?

학생1 '악기 이야기가 나오겠구나' 하는 생각요.

교 사 악기가 정말 악기일까?

학생2 아니요. 사람인 것 같아요.

교 사 네. 사람이야기죠. 읽으면서는 무슨 생각이 들었어요? 아무 거나 다 좋아요. 인물이든 사건이든 인상 깊은 부분이든 감명 깊은 부분이든 연상된 것이든.

학생3 주인공이 마치 저 같았어요.

교 사 어떤 면에서요?

학생3 보통사람이잖아요.

교 사 주인공에 감정이입을 해서 잘 읽었겠군요. 자, 이야기에서 중요하게 다뤄야 할 것은 등장인물이랑 주제죠. 이 두 가지만 잘하면 읽기에 성공하는 거예요. 등장인물의 말이나 행동을 잘 살피는 게 왜 중요하냐면 그게 주제를 알려주기 때문이에요. 여기에는 누가누가 나오나요?

학생1 금동이, 은동이, 쇠동이, 나무동이요.

교 사 중요한 한 사람이 빠졌네요.

학생3 주인님요.

학생2 선생님, 근데 왜 나오는 사람 이름이 다 동이예요?

교 사 왜, 좀 이상한가요? 그거 아이를 이르는 접미사로 쓴 건데, 이를테면 일꾼, 장사꾼 등에서 꾼 같은 거죠.

학생2 돌이가 더 나을 것 같은데요?

교 사 그럼 여자는 순이로 하고?

학생3 야, 동이가 더 낫다. 금돌이, 은돌이, 쇠돌이, 나무순이 좀 이상하지 않니?

교 사 동이가 무난한 것 같네요. 그런데 금동이 은동이는 어떤 사람을 상징할까요?

학생1 나쁜 사람들이에요.

학생 힘을 가진 계층을 말하는 것 같아요.

교 사 맞아요. 상류층을 의미해요. 하지만 그렇다고 해서 다 나쁜 건 아니에요. 그럼 쇠나 나무는?

학생2 별볼일없는 사람들요.

학생3 우리요. 쇠동이는 저 같아요.

교 사 그래요. 우리 같은 보통 사람들이죠. 주인공은 누구죠?

학생1 쇠동이요.

교 사 쇠동이는 어떤 아이인 것 같아요?

학생1 왕따당해요.

교 사 누구한테요?

학생3 금동이 은동이한테요.

교 사 왜요?

학생2 계급이 다르니까요. 같이 어울리고 싶겠어요?

교사 그게 문제죠. 이를테면 재벌 CEO, 명문대 나온 사람들, 유학 갔다 온 사람들은 자기들끼리 엘리트 그룹을 형성해요. 학문에서도 그렇지만 연예계 스타, 스포츠계의 강자, 유명정치인, 전문가 집단도 사회적 강자로 볼 수 있죠. 그들은 신분이나 소득이 다르니까 만나는 사람들, 하는 일, 소비하는 물건들이 달라요. 속된 말로 노는 물이 다른 거죠. 그걸 어려운 말로 "위화감을 느낀다"고 해요.

학생1 쇠동이는 초라하고 생긴 게 볼품이 없어요. V자로 꺾어졌어요.

교사 그렇죠. 외모 콤플렉스가 있는 아이예요. 그래서 자존감이 낮아요. 자존감이라는 말 들어봤어요?

학생2 네. 자기 존중감요.

교사 아유, 어려운 말인데 알고 있군요. 대단해요. 그런데 금동이 은동이는 쇠동이를 어떻게 대하나요?

학생3 같이 안 어울리고 놀리고 때려요.

교사 말하자면 왕따와 학교폭력을 당하는 거네? 왜 그럴까요?

학생 쇠동이는 쇠로 만들어졌잖아요. 다르다고 무시하는 거죠.

교사 뭐가요? 다시 물어볼게요. 사람들은 서로 뭐가 같고 뭐가 다르지요? 같은 거 먼저 말해 볼까요?

학생2 몸을 갖고 있고, 먹고 입고 자고 배설하는 그런 건 다 같죠.

교사 그래요, 의식주는 다 기본적이고 본능적인 거니까요.

학생3 누구나 더 나은 삶을 살기 위해 노력해요.

학생1 누구나 영혼이 있어요.

교사 그래요, 사람은 몸과 정신과 영혼이 있죠. 사람은 누구나 살다가 죽는데, 몸은 흙으로 돌아가고 영혼은 하늘로 돌아가요.

학생2 아. 여기에 뭐가 나왔던 것 같은데? 여기 있다! 원래 왔던 곳으로 돌아간다는 거요.

교 사   굿! 본문에서 찾아서 답하는 거, 선생님이 기대하던 거였어요. 그러니까 금·은·쇠·나무가 다 같은 땅속 출신이라는 거죠. 하나님 보시기에는 높은 사람, 낮은 사람 다 똑같은 질그릇이라는 거죠. 그럼 사람들은 뭐가 다를까요?

학생3   DNA요.

학생1   재능요.

학생2   지능요.

교 사   다 DNA에 포함되는 거겠지요?

학생1   성격요.

학생3   얼굴요.

학생2   지문요.

학생1   하는 일요.

교 사   그런 건 조금씩 다르지만 사실 인간의 본질은 다 같은 거죠. 우리는 보통 그 사람을 외모로 보고 평가하잖아요? 그래서 때로는 세상기준으로 좀 내보일 게 있으면 으쓱하고 목과 어깨에 힘주고 잘난 척하고, 없으면 움츠러들고 열등감에 빠지고, 남을 부러워하기도 하죠? 하지만 하나님 보시기에는 다 도토리 키 재기 같은 거예요. 우리 쇠동이 인물분석 더 해 볼까요? 책에서 근거를 찾아 말하는 게 중요해요. 이 사람은 좋다 나쁘다 이렇게 한 마디로 단정해서 그 사람의 단면만 보지 말고 다각도로 조명해보세요.

학생3   여기에서도 보면 쇠동이는 금동이, 은동이를 부러워해요.

학생2   쇠동이는 아무도 알아주는 사람이 없었는데 주인이 가치를 알아보고 사주었어요.

교 사   네, 소외당하고 아무한테도 관심을 받지 못하는 처지에 있었지요. 사회적 약자를 상징해요. 그런데 주인을 만난 후에는 어떻게 바뀌었나요?

학생1   주인의 사랑을 받고, 자기만을 위한 곡도 받고, 대회에 나가서 최고상도 받고 영광스러워졌어요.

교사   자존감이 회복되었겠네요? 그럼 주인은 누구를 상징할 것 같아요?

학생2   하나님요.

교사   맞았어요. 쇠동이가 주인을 만난 후 변화된 것처럼 사람은 주인 되시는 하나님을 만나야 자신의 가치를 제대로 알게 돼요. 쇠동이는 그동안 자기의 진정한 가치를 몰라서 자존감이 낮았던 거죠. 쇠동이의 가치를 일깨워준 건 누구인가요?

학생1   나무동이요.

교사   그럼 이번에는 나무동이에 대해 말해봅시다.

학생1   착해요.

학생3   또래에 비해 성숙한 아이 같아요. 친구에게 도움이 되는 말을 해 줘요. 꼭 선지자 같아요. 쇠동이한테 말하는 걸 보면요.

교사   무슨 말을 해주었더라?

학생2   너만의 소리가 있고, 그걸 위해 태어났다고요.

교사   그게 무슨 의미일까요?

학생2   사람은 다양하다는 말 아닐까요?

교사   그래요. 사람은 다양한데 자기만의 그 무엇이 있다는 말이죠. 하나님이 누구에게나 다 주셨어요. 이 세상 70억 인구 중 얼굴이나 목소리, 지문이 같은 사람은 하나도 없대요. 눈동자 색깔까지도 다 다르고요, 쌍둥이도 언뜻 보기엔 같아도 다 다르대요. 이게 뭘 말하는 걸까요?

학생3   독특하다는 거죠.

교사   맞았어요. 누구나 하나님이 주신 고유한 정체성이 있고 하나님의 목적이 있다는 말이에요. 또 그 외에 나무동이가 쇠동이에게 해준 말이 뭐지요?

학생2   마음의 힘이 생겨야 한다고요.

교사   나무동이는 마음의 힘이 커요. 마음의 힘이 뭘 의미하는 것 같아요?

학생3 정신적인 성숙요?

교사 네. 정신의 힘, 즉 신앙을 말하는 거예요. 나무동이가 쇠동이를 전도한 거죠. 어느 부분인지 찾아볼래요?

학생2 마음의 힘이 어떻게 하면 길러지냐고 물었을 때 주인님을 신뢰하고 사랑할 때 생긴다고 대답한 거요.

학생1 주인님을 기뻐하는 게 너의 힘이라고 말하는 부분요.

교사 근거를 아주 잘 찾았네요. 그런데 금동이, 은동이는 무엇을 믿고 사나요?

학생1 주인을 믿고 살겠죠.

학생2 아니야, 여기 봐. 얘들은 자기를 믿어. 내가 누군데! 이런 태도잖아.

교사 누구나 뭔가 큰 자랑거리가 있으면 그걸 믿고 살기 쉽죠. 그래서 세상에서 성공한 사람들이 하나님을 잘 믿기가 어려운 거예요. 그런데 쇠동이는 언제 마음이 힘이 생겼나요?

학생2 나무동이가 죽은 후에요.

교사 맞아요. 세상에서 유일하게 믿고 의지하고 사랑하던 친구를 잃고 나서 깊은 외로움 속에서 주인님을 더욱 사랑하게 되었던 거예요. 하지만 쇠동이는 그 이전부터 주인님을 믿고 사랑하게 되었는데 그게 언제였더라?

학생3 같이 연주 연습할 때요.

교사 같이 연습한다는 건 뭘 말하는 걸까요?

학생2 주님과 연합되는 거요?

교사 아유, 어떻게 그걸 알았어요? 정말 대단해요. 목사님 아들이라 역시 다르네요. 그럼 주인님은 어떤 사람 같아요?

학생2 약자를 더 사랑해요.

교사 근거를 찾아 말해보세요.

학생2 약하다고 솜침대 만들어주었잖아요. 깨질까 봐 맨 위에다 담고요.

학생1 쇠동이는 7만 원짜리밖에 안 되는데요. 1억 원이 넘는 악기들이 들러리로 반주해주잖아요.

교사 　맞아요. 엄청 출세한 거죠. 주인님 덕분에 영광스럽게 되었어요.

학생3 　주인은 공평해요. 차별하지 않아요.

교사 　본문에서 찾아서 말해봐요.

학생3 　금동이 은동이처럼 쇠동이를 무시하지 않아요.

교사 　그래요, 사람들은 금·은·쇠·나무 등으로 서열을 매기지만 하나님은
　　　그러지 않으세요. 여러분은 서열 매긴 적 없어요? 마음으로라도? 공
　　　부 좀 잘하고, 뉴발란스 신고, 노스페이스 파카 입은 애는 괜찮아 보
　　　이고, 공부 못하는 애는 무시하고 저건 찌질이 이러면서….

학생1 　그런 적 있죠.

교사 　장애인 차별해요?

학생1 　그러지는 않아요.

교사 　필리핀이나 베트남 엄마들에게서 태어난 아이들은요?

학생3 　중학교에는 그런 애들 별로 없는데요?

교사 　본문을 보면 플루트의 가치는 어디에서 매겨지나요? 재질?

학생3 　아니요. 소리에서요.

학생2 　선생님, 재질도 가격에 영향을 미치지 않나요?

교사 　물론이죠. 그런데 금이라고 해서 더 좋은 소리가 나나요?

학생1 　아니요.

교사 　플루트의 가치를 누가 매겨주지요?

학생3 　주인이요.

교사 　그래요. 우리 가치는 우리가 아니라 주인이 매기는 거예요. 아무리 싸
　　　구려 악기라고 해도 주인이 잘 다루어 좋은 음악을 연주하면 그 악기
　　　의 가치는 높아지는 거죠. 그러니까 사람이 매기는 가치랑 하나님이
　　　매기는 가치는 다른 거죠.

학생2 　선생님, 하늘에서도 면류관의 광채의 종류가 다르다고 교회학교에서

배웠어요.

교사 　좋은 적용이네요. 성경에 보면 해의 영광, 달의 영광, 별의 영광이 다른 것처럼 각 사람의 영광이 다르다고 나와요. 그게 무슨 말일까요? 우리는 천국에서 면류관을 쓴다기보다는 성경을 보면 우리가 면류관, 즉 보석처럼 빛나는 존재가 돼요. 아마 하나님을 위해 순교했다든가 바울처럼 더 많이 헌신한 사람들은 광채의 본체이신 하나님의 곁에 더 가까이 있어 우리보다 훨씬 더 빛나겠죠. 그게 뭔지는 아무도 정확히 몰라요. 가 봐야 알죠. 하지만 천국에서는 누구나 하나님의 사랑을 누릴 수 있어요. 하나님은 차별대우하지 않으세요. 차별당하는 설움이 있는 곳이라면 천국이 아니겠죠.

학생3 　여기 나오는 플루트들도 다른 게 있고 같은 게 있어요.

교사 　아하, 공통점 차이점을 말하는 거죠?

학생3 　불어서 소리를 내는 악기라는 것, 다루는 주인에 따라 소리가 달라진다는 점이 같아요.

학생2 　금, 은, 쇠, 나무는 모양과 재질이 다르지만 다 흙에서 나왔어요.

교사 　비교분석을 하다니, 대단해요. 인물분석은 어느 정도 된 것 같으니까 이제 작가의도를 좀 파악해 볼까요?

학생2 　볼품없는 악기일지라도 자기만의 소리를 낼 때 성공할 수 있다는 거요.

교사 　그래요. 성공이 뭐라고 생각하나요?

학생1 　잘되는 거요. 최고가 되는 거요.

교사 　최고가 된다는 건 뭐지요?

학생2 　재능 같은 게 남들에 비해 가장 뛰어난 거요.

교사 　그럼 뛰어나야만 성공을 할 수 있는 거네요?

학생2 　그럼요.

교사 　우리 성공의 의미를 다시 한 번 생각해 봅시다. 진정한 성공이 뭘까요?

학생1,2,3 　⋯

교사 너무 포괄적으로 질문을 했나 봐요. 이 동화 본문과 연결지어 생각해 보세요. 플루트의 성공은 뭐죠?

학생2 하나님이 자기에게만 주신 소리를 잘 내는 거요.

교사 맞았어요. 하나님이 나에게만 주신 그 무엇을 발견하고 기량을 최대한 발휘해서 하나님께 영광을 돌리는 게 진정한 성공이에요. 맨 나중에 쇠동이가 뭘 깨달았지요?

학생3 자기 몸이 이보다 더 나은 일에 쓰일 수 없다는 것을 잘 안다고 했어요.

교사 그렇죠. 플루트는 연주밖에 할 게 없는 거예요. 여러분 혹시 이 쇠동이처럼 '왜 나는 이렇게 못 생기고 키도 작고 공부도 못할까?' 그런 생각 하나요? '왜 우리 엄마아빠는 저 정도밖에 안 될까? 왜 우리 집은 친구네처럼 넓은 집과 좋은 차가 없을까?' 이런 생각 하나요? 그건 우리를 유일하고 특별하게 지으신 하나님을 모독하는 거예요.

학생1 근데요, 선생님. 왜 대개 이런 이야기는 싼 게 더 잘 되는 걸로 끝나요?

학생2 야, 그것도 모르니? 애들한테 꿈과 희망을 주려고 하는 거야.

교사 하하하. 앞에 나와서 선생님 해도 되겠네요. 문학의 기능 중의 하나가 그런 거죠. 사람을 위로해줘요. 가짜 위로를 주는 책이 있어서 문제지만 말이에요. 그런데 쇠동이랑 나무동이는 어디에서 희망을 찾았지요?

학생3 주인님에게서요.

교사 그래요, 진정한 희망은 주님 안에 있다는 말이겠죠. 진정한 자존감은 자기를 만드신 하나님으로부터 나오는 거예요.

학생2 선생님. 하지만 외적인 조건도 중요하지 않나요? 좋은 부모 만나고 좋은 환경이 갖춰진 애들은 대개 공부 잘해요. 성격도 좋고요.

교사 물론 사람이니까 환경의 영향을 받기는 하지요. 하지만 그런 식으로 말하면 환경 좋은 사람은 다 성공해야 하고 환경 나쁜 사람은 다 실패해야 되는 거네요?

학생2 다 그런 건 아니지만요.

교사　성경은 그렇게 말하지 않아요. 성경이 뭐라고 말하는가가 중요해요.
　　　사람은 환경만 못해서 환경에 지는 존재가 아니에요. 환경 너머의 하
　　　나님을 봐야 해요. 부모가 좋은 환경 제공해 주고 강남 학군으로 이사
　　　가 좋은 학교 보내고 과외시키면 다 성공하나요?

학생1　그건 아니죠.

교사　다니엘을 보세요. 그는 10대 포로 소년일 때 불신세상을 대표하는 느
　　　부갓네살 왕의 꿈을 해석해주었어요. 바벨론의 왕도 박사들도 몰랐
　　　던 걸 다니엘은 알았지요. 다니엘이 성공한 것이 환경이 좋아서 된 일
　　　인가요? 다니엘을 둘러싼 환경은 정말 열악했어요. 눈만 뜨면 바벨론
　　　의 우상들이 즐비하고, 포로 신세로 바벨론 왕의 명령에 복종해야 하
　　　고, 고향을 떠나와 부모도 랍비도 회당도 성경말씀도 없는 그런 환경
　　　에서 다니엘이 컸던 거죠. 결국 환경이 아닌 신앙이 그를 성공시켰어
　　　요.

학생2　선생님, 전에는 사람을 외모로 보고, 비판하고 그랬었는데 하나님 보
　　　시기에는 도토리 키 재기일 뿐이라는 생각을 했어요. 그래서 생각을
　　　바꿔야겠어요. 하나님의 관점에서 보고, 눈에 보이는 어느 한 부분만
　　　평가하지 말고 그래야 할 것 같아요.

교사　그런 생각을 하다니 정말 훌륭해요. 하나님이 귀하게 생각하시겠네
　　　요. 자, 이제 토론을 마쳤으니 이 내용을 토대로 글을 한편 써 봅시다.

3. 쓰기

　토론을 마쳤으니 이제 글을 쓸 차례다. 읽기 후의 토론, 토론 후의 쓰기는 고
차적 사고를 활성화시킨다. 토론한 내용을 글로 옮겨 쓰는 과정에서 학생들은
아이디어를 검토하게 되고 중요한 것과 덜 중요한 것을 구분하게 되며 사고를

종합하고 자신의 사고를 명료화하고 체계화할 수 있게 된다.

1. 주제를 정한다

글쓰기의 첫걸음은 나는 왜 이 글을 쓰려고 하는가, 내가 이 글에서 독자에게 하고 싶은 말의 요지가 뭔가를 생각하고 그것을 25-30자의 한 문장으로 써 보는 것이다. 글의 주제는 글 전체 내용의 방향과 범위, 형식과 문제를 결정짓는 핵심적 첫 단추다. 주제는 내가 관심을 갖고 있고 남도 흥미를 가질 만한 것, 발전적이고 개선, 향상, 효과를 볼 수 있는 것 등으로 정한다. 이미 토론하면서 많은 말을 나누었기 때문에 글감도 풍부하고 주제도 선명하다. 그와 관련해 공감이 가고 관심이 가는 내용으로 주제문을 설정한다.

> **주제문**
> 사람마다 고유한 가치가 있으며, 그 사람의 진정한 가치는 주인이 부여하는 것이다.

2. 글감을 모은다

주제문을 정했으면 그다음에는 글감을 모아야 한다. 토론한 내용 중에서 주제를 선명하게 드러낼 수 있는 키워드를 몇 개 뽑아 놓은 다음 그 키워드가 가진 핵심내용과 의미를 적는다. 이것을 바탕으로 하여 쓰면 중요한 내용을 놓치지 않을 수 있고 체계적으로 표현할 수 있다.

초점	내용 및 제목
선택	주인공이 새 주인의 선택을 받고 새 삶을 얻게 됨
차별	금, 은, 쇠, 나무 – 사회적 신분과 계층에 따른 차별을 받음
친구	친구의 도움으로 깨닫고 성장함
가치	누구나 자기만의 고유한 가치를 지니고 있음
주인	다른 사람이 매긴 가치 평가는 중요하지 않음. 나의 가치를 매겨주는 것은 나의 외적 조건이 아니라 주인임

비전	주인이 주인공에게 비전을 줌. 인내할 수 있는 힘이 됨
고난, 인내	비전을 성취해가는 과정에 찾아온 어려움을 잘 견뎌내 훗날 그 열매를 거둠
마음의 힘	현실의 어려움을 극복하는 신앙의 힘. 친구를 잃는 슬픔과 고난 속에서 강화됨
성공	진정한 성공은 원래 지어진 목적대로 주인을 영화롭게 하며 자기다움을 실현하며 살아가는 것
행복	주인과 함께 비전을 실현해갈 때 행복을 느낌

3. 구조를 짠다

다음으로 글의 뼈대를 구성한다. 글은 구조를 먼저 짜고 써야지 무조건 생각나는 대로 써 내려가면 가다가 막힌다. 주제를 효과적으로 전달하기 위해 어떤 글감을 사용해 어떤 구조에 어떤 방식으로 글을 전개할 것인가를 고민하는 과정이 쓰는 과정보다 더 중요하다. 구슬이 서 말이라도 꿰어야 보배다. 아무리 창의적인 아이디어가 있어도 그것이 뒤죽박죽 두서가 없다면 체계적인 글이 되지 못한다. 글쓰기는 산발적이고 복잡한 허상들을 체계적으로 순서를 정해 불필요한 것은 제거하고 가장 효과적인 것을 선택해 명시화하는 과정이다. 그래서 말하기보다 훨씬 어렵다. 말하기보다 쓰기를 잘하는 애가 머리가 더 좋다. 쓰기를 하면서 머리가 좋아지기도 한다.

글의 얼개를 짜는 첫 과정은 수집해 놓은 글감 중에서 취할 것을 취한 다음 처음과 중간, 끝부분에 어떤 내용을 어느 정도의 분량으로 적절하게 배치할 것인가를 정하는 것이다. 생성한 내용들을 비교대조, 예시, 문제해결, 원인과 결과, 시간순서 등 어떤 구조를 써서 전개할 것인지를 정하고, 중심내용을 앞으로 보내 강조할 것인지 아니면 뒤로 보낼 것인지, 글의 설득력을 높이기 위해 주장에 대한 근거로 인용자료는 어디서 무엇을 따오고 예시는 뭘 들 건지 하는 전략을 세우는 것이다.

독후감은 대개 3단 구성으로 이루어진다.

서두에는 대개 책의 내용과 특징을 요약하여 소개한다. 책소개는 "이 책은 누가 어떤 의도로 쓴 책이다. 내용은 뭐다"의 형태로 한다. 본문내용 요약은 "누가, 언제, 어디서, 무엇을, 왜 했는데 그 결과 어떻게 되었다"의 형태로 하면 된다. 거기에 그 사건이 지니고 있는 의미를 한 문장 정도 덧붙여 넣어주면 좋다.

가운데에서는 등장인물들을 소개한다. 등장인물을 분석할 때는 긍정적인 면과 부정적인 면을 같이 보게 한다. 이 과정은 사람을 다면적으로 평가하는 연습이 된다. 이 부분에서 중요한 것은 그 인물들을 통해 자기 삶을 들여다보게 하는 것이다. 책을 읽고 글을 쓰는 목적도 결국 자기 삶을 더 아름답게 가꾸기 위한 것이다.

등장인물과 비교해 나와 무엇이 같고 무엇이 다른가, 등장인물과 비슷한 심리경험을 한 이야기를 솔직하게 쓴다면 세상에 한 편밖에 없는 독창적인 글이 된다. 대개 자존심이 강한 애들이 자기 속을 남들에게 안 보이려고 자기 삶을 잘 안 쓰는데, 가장 좋은 글은 자기 삶을 구체적으로 정직하게 드러내며 쓴 글이다. 쓰고 나서 자기의 삶을 객관화시켜 볼 수가 있고, 이후의 삶의 태도에 더 많은 변화를 가져올 수 있다. 어떤 말이나 글도 자기의 삶이 들어있지 않으면 독자의 공감을 불러일으키기가 어렵고 진솔한 감동을 주기 어렵다. 성경독서 감상문의 가치는 하나님의 말씀을 삶에 적용해 그 말씀에 자기를 정직하게 비춰보고, 하나님과 나에 대해 새롭게 깨닫고, 회개와 새로운 다짐이 생기고, 하나님께 글로 신앙고백을 드리게 된다는 데에 있다.

끝에는 작가의도를 쓴다. 작가가 그 글을 쓴 이유가 무엇인지를 생각해보게 하는 것이다. 성경독후감은 성경의 작가이신 하나님이 어떤 분이시며 이 사건을 통해 말씀하시려는 것이 무엇인지를 생각해보고 쓰는 것이다.

그다음에는 그 책을 통해서 받은 교훈과 감상, 새롭게 알게 되거나 깨달은 사실, 그 책이 자기에게 미친 영향을 쓰면 된다. 아이들의 일기 끝에 "다음부터는 잘해 봐야겠다"라고 쓰듯 감상문도 "나도 ○○처럼 정직하겠다, 나도 ○○처럼 남을 돕겠다" 하고 본받겠다고만 쓰는데, 결심은 갸륵하나 믿어주기는 어려운 상투적인 말에 그치기 쉽다. 이런 반성문식 독후감은 진부하여 독자에게 진실한 감동을 주지 못한다. 무조건 지지만 할 게 아니라 나는 누구의 어떤 점은 옳지 않다고 생각하지만 어떤 점이 훌륭하다고 생각해 그 점을 본받고 싶다고 솔직하게 써야 한다. 또 "~에 대해 더 잘 알게 되었다", "~이 중요하다는 것을 알게 되었다", "전에는 이렇게 생각했었는데 읽고 난 후에는 생각이 이렇게 바뀌었다"라는 식으로 책을 읽기 전과 후에 달라진 생각 자체를 쓰면 된다. 단순히 어떤 사실에 대해 알게 되었다고 쓰는 것으로 그치지 말고 그로 인해 변화된 자신의 생각과 감정, 심리, 결심, 계획 등을 자세히 쓰는 것이 더 좋은 글이 된다.

✚구조짜기

구분	내용	사용할 수 있는 문장구조 유형
처음	내용 요약하기	본문은 … 누가 언제 무엇을 어떻게 했는데 그 결과 어떻게 되었다는 이야기이다.
가운데	등장인물에 대해 쓰기	이 책에는 누가누가 나온다. 이 중에 누구는 어떠하고 누구는 어떠하다.
	나와 등장인물 비교하기, 내 삶 쓰기	등장인물과 나는 어떤 점에서 같다. 나도 언제……했던 경험이 있다.
끝	작가의도 달라진 생각, 다짐, 바라는 것	작가는 이 이야기를 통해 우리에게 뭐라고 말하고 있다. 오늘 무엇을 새롭게 깨달았있다. 전에는 어떠했는데 앞으로는 이렇게 하겠다

4. 표현해본다

이제 펜을 들고 쓸 차례다. 유아들은 처음에는 구두로만 표현하고, 좀 더 크면 그림으로, 그다음에는 글과 그림으로, 나중에는 글로 표현하게 한다. 글을 쓰기 전에 말로 먼저 시켜본다. 엄마가 그 말에서 중요단어들을 메모해 주고, 아이가 그것을 키워드로 삼아 글을 쓰게 하면 더 쉽게 쓸 수 있다. 엄마가 글의 순서를 잡아주고, 문장이나 문단의 첫 단어를 하나씩 써 주고 아이에게 이어서 완성시키게 하는 것도 글쓰기의 부담을 덜어주는 한 방법이다.

말 그대로 독후감은 읽은 후의 감상이니까 사건은 최대한 짧게 요약하고 감상을 많이 쓰는 게 좋다. 아이들의 독서감상문에 나타나는 두드러진 문제점은 줄거리만 길게 쓰는 것이다. 느낌을 쓰라고 하면 "참 재미있었다." 이렇게 한 줄 쓴다. 그러면 어느 부분에서, 어떤 점이, 왜, 재미있게 느껴졌는지를 물어봐서 구체화시켜 줘야 글밥이 많아진다.

쓸 때는 글의 성격에 맞게 자신이 알고 있는 어휘를 총동원해 표현을 적절하게 잘해야 한다. 이때 문법에도 맞게 정확히 써야 한다. 하지만 어릴 때는 맞춤법에 신경 쓰지 않는 게 좋다. 그보다 내용이 더 중요하기 때문이다. 지적하면 아이들이 자기가 잘못 썼다고 생각하고 위축돼서 다음에 쓸 때 지장을 받게 된다. 아이들은 늘 자기가 잘했다고 생각해서 칭찬듣기를 원하고, 지적보다는 칭찬을 통해서 더욱 발전하기 때문에 칭찬을 활용해 성장을 도와야 한다.

제목은 쓰기 전에 정하고 써도 좋고 다 쓴 후에 정해도 좋다. 제목은 내용을 포괄하고 주제를 나타내는 것으로 정하고 독자의 눈길을 끌어 한번 읽어보고 싶은 생각이 들도록 참신하게 정한다.

5. 수정한다

다 쓰고 난 후에는 글을 봐줘야 한다. "국어학을 전공한 것도 아니고 내가 어떻게 첨삭을?"하고 걱정할 필요가 없다. 몇 가지만 살피면 된다. 흔히 아이들의 글에서 두드러지게 드러나는 오류는 대여섯 가지다. 종결어미를 "했다"와 "했습니다"를 섞어서 쓰는 것, 문장의 앞뒤가 안 맞게 쓰는 것, 맥락에 맞지 않는 접속부사를 사용하는 것, 글의 제목과 내용이 일관성이 없게 따로 노는 것, 처음과 중간, 끝부분의 분량이 균형이 잡히지 않은 것 등이다. 주로 서두는 잘 쓰는데 결말이 시원치 않은 경우가 많다. 줄거리만 길게 쓰고 감상을 한두 줄로만 썼을 경우에는 감상을 더 쓸 수 있도록 도와준다. 이런 정도면 어느 정도 글 지도가 된 것이다. 이때 먼저 칭찬할 것을 찾아내 칭찬을 해 준 다음에 보완할 점을 말해 주는 게 좋다.

하나님이 매겨주시는 가치
- "세상에서 가장 행복한 플루트"를 읽고-

대성중학교 1학년 이수철

<세상에서 가장 행복한 플루트>는 외모 콤플렉스를 갖고 있고 자존감이 낮고 왕따와 학교폭력을 당하는 쇠동이가 주인을 만나 영광스러운 순간까지 가고 행복해진다는 내용의 동화이다.

이 책의 등장인물은 금동이, 은동이, 쇠동이, 나무동이, 그리고 주인님이다. 금동이와 은동이는 세상에서 희귀하고 값비싼 플루트라서 값싼 쇠동이와 나무동이를 차별한다. 나무동이는 비록 약하고 금동이 은동이에 비해 귀하지는 않지만 마음의 힘이 있어서 쇠동이의 가치를 일깨워준다. 쇠동이는 주인공인 행복한 플루트이다.

쇠동이는 10년 동안 진열장에서 처박혀 있고, 아무도 알아주지 않고, 특이한 외모로 인해 콤플렉스가 있고, 자존감이 낮으며 위화감을 느끼면서 살아가지만 어느 날 주인을 만나 희망을 가지고 성공하게 된다. 주인은 약한 쇠동이에게 더 애착을 갖고 쇠동이를 잘 닦아주고 사랑해주고 쇠동이만을 위한 노래를 써준다. 주인은 악기에 서열을 매기지 않고 각 악기마다 가치를 부여한다. 특히 주인은 자비로워서 약한 나무동이와 쇠동이를 더 사랑한다. 그리고 쇠동이의 처지를 공감하고 이해해준다.

작가는 금동이 은동이가 스스로 가치를 매기지만 그의 진정한 가치는 주인이 매긴다는 것을 알려준다. 그리고 볼품없는 악기일지라도 자신만의 소리를 낼 때 최고가 될 수 있다는 것을 말해준다. 이것을 사람에게 적용하면 인간이 각자 자기들의 서열을 매기며 살지만 하나님은 서열을 매기지 않으시고 직접 고유한 가치를 부여하신다는 것이다.

나는 때때로 처음 사람을 보았을 때 그 사람의 스펙과 외관을 보고 스스로 평가를 하였다. 그러나 이 동화를 읽고 그 사람의 가치는 하나님이 정하신다는 것을 깨달았다. 나도 교회 관현악단에서 플루트를 부는 연주자이다. 내 플루트는 아마추어인 나를 만났지만 만약 최고의 플루티스트가 내 것을 분다면 최고의 소리가 날 것이다. 이처럼 최고의 하나님께서 나를 연주해 주신다면 난 최고가 될 것을 믿는다.

이 외에도 신문, TV프로그램, 문학작품, 연극, 영화, 뮤지컬, 오페라 등을 보고 나서도 감상문을 쓸 수 있는데 그 어떤 것이든지 크리스천은 감상할 때도 이런 것을 생각하면서 하고, 글을 쓸 때도 이런 사항들을 염두에 두고 기독교적인 가치관에 입각해서 쓰는 훈련을 시키도록 한다. 사탄이 대중문화를 장악한 이 시대에는 더욱 이런 훈련이 필요하다.

 성경적 감상문을 쓰기 위한 질문유형

- 누가 어떤 목적으로 만든 것인가?
- 무엇이 문제가 되고 있는가? 쟁점(이슈)이 무엇인가?
- 이에 대한 사람들의 반응, 사회의 반응은 어떠한가?
- 저 이야기에 신앙적인 내용이 들어있는가?
- 저 이야기가 전달하고자 하는 궁극적인 메시지(작가의 의도)가 무엇인가?
- 주인공의 대화와 행동양식이 어떠한가? 본받을 만한가?
- 등장인물들의 행동 중에 하나님이 올바르지 않다고 생각하는 것은 무엇이 있겠는가?
- 가족은 어떻게 그려지고 있나?
- 하나님이 이 등장인물들을 평가하신다면 뭐라고 하실까?
- 이런 인물을 내세워 작가가 얻고자 한 효과가 무엇일까?
- 작가는 주인공을 둘러싼 환경, 주인공을 비롯한 등장인물들을 어떤 눈으로 보고 있나? 작가의 인간관, 세계관, 가치관은 어떤가?
- 윤리적, 도덕적인가? 죄를 장려하거나 미화하고 있지는 않은가?
- 성경적인가? 기독교적 가치관과 세계관과 대립되는 부분은 무엇이며 일치되는 부분은 어디인가?
- 주인공의 행동에 독자들의 반응은 어떠할까?
- 이 이야기가 우리 사회에 끼칠 영향은 어떤 것인가?
- 주인공의 행동을 통해 사회에 악영향을 미칠 수 있는 부분은 없는가?

<내 이름은 삐삐 롱 스타킹>을 읽고

전신지

|

아홉 살짜리 여주인공 삐삐는 모든 것이 제멋대로 널려 있는 뒤죽박죽 별장에서 혼자 산다. 어른들의 감시가 없으니 늘어놓아도 야단맞을 일이 없고, 학교도 안 다니니 시험도 숙제도 없고, 먹고 싶으면 먹고 자고 싶으면 자고 놀고 싶으면 마음껏 놀 수가 있다. 그래서 고아지만 만족스럽고 행복하다. 홍당무처럼 빨간 삐삐의 머리카락은 두 갈래로 땋아 옆으로 쭉 뻗어 있고, 감자같이 생긴 조그만 코는 주근깨투성이이며, 옷차림과 행동도 제멋대로이며 괴상하다.

삐삐는 각종 행동과 돌발질문으로 어른들을 골탕 먹인다. 재미삼아 한번 가본 학교에서는 선생님의 질문을 완전히 다른 각도에서 바라보아 질문 자체를 무색하게 만들기도 한다. 자기를 어린이집으로 보내려는 경찰들을 혼자 힘으로 내쫓아버리고, 한밤중에 도둑이 들어왔을 때도 태연자약하게 따돌릴 뿐 아니라 도둑들이 삐삐 앞에서 춤까지 추게 만든다. 삐삐는 서커스에서는 단원들을 놀라게 할 만큼 놀라운 재주를 보여주고 점잖은 부인들의 다과회를 망쳐놓기도 하지만, 아이들을 화재에서 구출하는 활약을 하기도 한다. 삐삐의 장래희망은 해적이 되는 것이다.

||

아이들에게 삐삐는 자기들이 할 수 없는 일들을 다하며 자유롭고 행복하게 살고 있는 부러운 친구이다. 이 동화의 유익한 점은 아이들이 하고 싶으나 평소에 하지 못하는 일들을 주인공을 통해 대리만족을 할 수 있다는 점이다. 토미는 나무타기나 말타기 같은 모험을 삐삐와 함께 즐길 수 있었고, 아니카는 삐삐를 만나고부터 옷을 더럽히지 않으려고 맘껏 놀지 못하는 바보 같은 짓은 하지 않게 되었다.

삐삐 소유의 뒤죽박죽 별장은 그녀 자신만의 독립된 세계이다. 그 누구에게도 간섭받고 싶지 않은 자유로운 자기만의 공간을 갖고 싶은 아이들이 많을 것이다. 근대 문명사회로 접어들면서 학교와 가정에서 온갖 통제를 받으며 살아가는 아이들에게 무엇이든 자기 마음대로 다 할 수 있는 삐삐는 통쾌한 대리만족을 주는 친구일 것이다.

하지만 이 책은 어린 아이가 독립적으로 살아가는 것을 장려한다. 아홉 살짜리가 어른의 보호를 거절하고 누구의 통제도 받지 않으며 자기만의 방식으로 유쾌하게 살아간다. 이 책은 주체적인 자아를 강화하고 자아를 우상화하는 책으로 하나님의 보호를 받고 살아가며 자기를 부인해야 하는 기독교적 관점과는 정면으로 배치된다.

삐삐는 아무에게게도 통제를 받아본 적이 없어 생각과 행동이 매우 자유분방하고 입만 열면 항상 거짓말을 술술 한다. 아이의 무한한 상상력으로 봐 줄 수도 있겠지만 자칫 어린 독자들에게 거짓말이 나쁜 것이 아니라고 생각하게 만들 수가 있다. 이는 죄의식을 흐리고 죄를 미화할 수 있다. 또 삐삐의 꿈은 해적인데 어린 독자들이 해적을 낭만적으로 생각할 수 있게 만든다.

또 이 책에 나오는 어른들은 다 나쁜 어른들로만 그려지며 대부분 삐삐에게 골탕을 먹는다. 삐삐는 어른과 동등한 인격체로서 행동하며 어른들을 비판하고 있다. 이는 어른들에 대한 왜곡된 생각을 심어주고 어른들에 대한 존경의 태도를 잃게 만들 수 있다.

이 책은 가족공동체의 아름다움과 중요성을 말하지 않는다. 하나님도 성부성자성령이 공동체로 거하셨고, 아담의 독처에 대한 해결책으로 하와를 주셨으며, 하나님이 친히 사람들의 아버지가 되어주시는데 삐삐는 고아이면서도 만족하고 행복한 것으로 그려진다. 개인주의를 추구하고 자유를 갈망하는 현대인들에게는 좋을지 몰라도 하나님 나라의 원리에는 합당하지 않다. 사람은 더불어 살도록 지어진 존재이기 때문이다.

삐삐는 돈과 힘이 있는 아이로 그려진다. 금화가 가득 들어있는 가방도 갖고 있고, 말도 번쩍번쩍 들어 올릴 정도로 놀라운 힘도 지니고 있다. 사실 아홉 살짜리가 그런 독립적인 능력을 갖출 수도 없겠지만 설혹 있다 하더라도 독자들의 무의식에 돈만 있으면 된다는 생각과 함께 돈과 힘을 추구하는 정신을 불어넣을 수 있다.

삐삐는 사회화되지 않은 아이로 그려진다. 작가 자신도 이 동화의 주제가 권위에의 도전이라고 밝혔는데, 삐삐 이야기가 기존의 사회체제나 권위에 도전하는 저항정신을 길러줄 수 있다. 기독교적인 관점에서 볼 때 모든 권세는 하나님이 주신 것이며 주 안에서 순복해야 하는 것이다. 물론 그 권세가 잘못된 것일 때를 제외하고 말이다. 그리고 우리 모두가 사회의 일원으로서 사회의 규범에도 적응해야 하는데 가장 기본적인 학교도 안 가는 아이로 그려져 기존의 규범세계에 저항하고 사회 시스템에 부적응하는 아동을 장려할 수 있다.

|||

문득 삐삐의 장래가 걱정된다. 삐삐가 인생의 주인으로 삼은 자기는 과연 믿을 만한 존재인가? 삐삐의 인생의 목적은 무엇인가? 삐삐가 권위에 도전하는 목적은 왜곡된 사회를 바로잡기 위함인가, 자기 마음대로 하기 위함인가? 그 금화는 그를 평생 지켜줄 수 있을까? 삐삐의 힘은 어디서 난 것이며, 그 힘은 다른 사람을 위해 바르게 사용되고 있나? 금화와 힘만 있으면 사람은 살아갈 수 있나? 삐삐는 장래 무슨 일을 하면서 살게 될까? 사회의 규범에 저항하고 지극히 개인주의적인 삐삐가 성장해 취업을 한다면 직장에 잘 적응할 수 있을까? 하나님은 가정을 이루어 번성하라고 하셨는데 삐삐는 결혼을 할까? 한다면 가족들과 이웃과 더불어 행복하게 살아갈 수 있을까?

How To Read The Bible

2부

성경독서
수업안

🌿 성경독서 수업안,
이렇게 활용하세요

1 이 교재는 부모·교사용입니다. 아이들은 성경을 보면서 자유롭게 대답합니다. 학습지 풀듯이 답을 쓰게 하거나, 가르치려고 많은 말을 하거나 설교나 훈계를 하지 마시고 대신 질문을 많이 하시고 잘 들어주시고 어떤 답변이든 인정하고 칭찬해주세요. 독후활동 시간에는 사랑과 정성이 가득 담긴 엄마표 간식을 대접하세요. 이 시간을 더 기다리게 될 것입니다.

2 일반적으로 독서지도는 주 1회 90분 정도 수업합니다. 그것처럼 엄마가 일주일에 한 번씩 아이를 데리고 심도 있게 성경 이야기를 나눈 후 독후활동까지 해보시라는 뜻에서 기획된 것입니다. 나눔으로만 그쳐도 좋습니다.

3 이 수업안은 부모와 교사의 몫이 커서 유연성을 요합니다. 각자의 시간 여건과 아이들의 학년, 신앙연조, 지능, 배경지식의 정도를 고려해 아이의 수준에 따라 유연하게 다루시되, 엄마가 먼저 한번 읽으시면서 자녀에게 다루어주고 싶은 문항들을 표시해두었다가 수업할 때 그 문제만 다뤄주세요. 표로 정리된 부분에서도 몇 개의 항목만 골라서 다루어주세요.

4 고학년용 문항은 A(Advanced,고급)로 수준을 표시하였습니다. 취학 전 아이는 1단계 스토리텔링만 하시고, 초등학교 저학년은 1단계부터 2단계의 독서퀴즈까지

만 진행하시고, 초등학교 중학년 이상은 각 단계를 다 할 수 있습니다. 수준에 따라서 다룰 문항수를 조절해서 한 수업안을 하루에 다 할 수도 있고, 문제별, 인물별, 장별, 단계별로 나누어서 몇 차시에 걸쳐 할 수도 있습니다.

5 5단계 독후활동은 교재에 제시된 것들 중에서 아이가 골라서 하도록 해주세요. 글쓰기의 주제를 정하거나 구조를 짤 때도 참고하게 하시면 좀 더 수월하게 접근할 수 있습니다. 수록된 작품을 보여주는 것도 독후활동에 도움이 될 것입니다.

6 수업 시작 전에 아이의 손을 마주잡고 영의 식사기도를 먼저 드리세요.

하나님 아버지, 이 땅에 경건한 자손을 두시려는 하나님의 뜻을 받들어 우리 ○○를 말씀으로 거룩하게 키우고자 합니다. 이 자리에 지혜와 지식의 근본이신 하나님이 오셔서 우리 영혼의 눈과 귀를 열어주세요. 말씀 속에서 하나님이 어떤 분이시며 우리에게 무엇을 원하시는지를 깨닫게 해주세요. 이 하늘 양식을 먹고 사랑하는 우리 ○○의 영혼이 무럭무럭 자라나 이 땅에 하나님의 나라를 확장시키는 믿음의 역군이 되게 하소서. 예수님의 이름으로 기도합니다. 아멘.

7 수업을 마치면 엄마가 손을 잡고 마무리 기도해주세요.

하나님 아버지. 오늘 우리가 (이런) 이야기들을 함께 나누었어요. 이렇게 귀한 하늘 양식으로 먹여주시고, 사랑하는 우리 ○○와 함께하는 행복한 시간을 주셔서 감사합니다. 오늘 말씀에서 (어떠어떠한) 것을 깨달았습니다. 앞으로 저희가 이것을 꼭 마음에 새기고 살아가게 도와주세요. 이제 우리 ○○가 독후활동을 하려고 하는데 표현의 능력과 지혜를 더해주세요. 이것이 주님께 드려질 때에 주님께서 기쁘게 받으실 만한 아름다운 신앙고백이 되게 해주세요. 예수님 이름으로 기도합니다. 아멘.

각 코너별 학습법

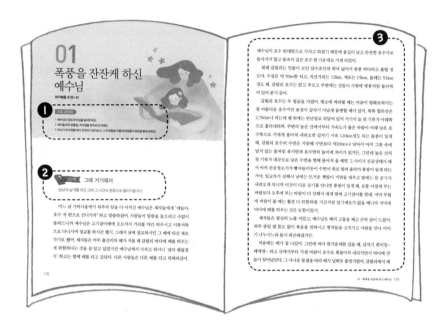

❶ 지도 포인트

수업을 할 때 무엇을 중점적으로 다룰 것인가 하는 수업목표를 제시한 것입니다.

❷ 성경본문 읽기

아이들에게는 《쉬운성경》을 읽히세요. 성경은 한 글자 한 글자가 다 의미가 있으니 숨은그림찾기 하듯 꼼꼼하게 읽도록 지도합니다. 중요 부분에 연필로 동그라미나 밑줄 표시를 해 가면서 읽게 하세요. 핵심어와 중심문장을 파악하는 훈련이 됩니다. 밑줄 표시된 말들을 죽 이어보면 전체 이야기의 요약이 된답니다.

❸ 1단계 그때 거기에서 ⌢스토리텔링

본문이 기록되던 때의 사회 문화적인 배경을 알면 이해하기가 더 쉬워요. 아이가 상상의 날개를 펴고 그때 그 장면으로 들어갈 수 있도록 각색했습니다. 감정이입이 되도록 실감나게 이야기를 들려주세요. 스토리텔링을 통해 성경에 흥미를 갖게 되고, 듣기능력과 공감능력, 창의적 상상력이 길러지고, 오래 기억할 수 있게 됩니다.

2단계 말씀 겉에서 →토론을 위한 기초다지기

1. 어려운 단어가 있었나요? ---> 어휘력 다지기

어휘력을 증가시키는 코너입니다. 어휘는 읽기와 쓰기의 기본이 되지요. 검색하시고, 단어의 정확한 의미를 알도록 지도해주세요. 세부적인 데에 치중하면 전체를 보는 데 어려움이 있으니까 한두 개만 하세요.

2. 독서퀴즈 ---> 잘 읽었는지 확인하기

잘 읽었는지 확인하기 위한 코너입니다. 아이들이 대충 읽어서 대답을 잘 못하면 본문에서 답을 찾아보게 하세요. 이 과정에서 자신의 읽기수준과 태도를 점검하고 읽기능력을 향상시킬 수 있으며 내용을 거듭 익힐 수 있습니다. 객관식 문제나 ○×문제로 응용해서 물어보셔도 좋아요. 저학년은 ○×퀴즈를 아주 즐거워합니다.

3. 내용을 간추려보세요 ---> 이야기의 핵심내용과 구조 파악하기

이야기 형식의 글은 **발단-전개-위기-절정-결말** 이렇게 5단계의 플롯으로 구성되죠.

발단　　　인물과 배경이 나오는 시작부분

전개　　　인물간의 갈등이나 사건이 펼쳐지는 부분

위기　　　갈등이 심해져 위기감이 조성되는 부분

절정　　　갈등이 최고조에 달하는 부분

결말　　　갈등이 해소되고 사건이 마무리되는 부분

각 단계를 한 문장씩 요약하면 전체 이야기를 5문장으로 요약하는 연습이 됩니다. 요약하기는 읽기의 주요 전략 중의 하나이며, 읽기의 최고단계입니다.

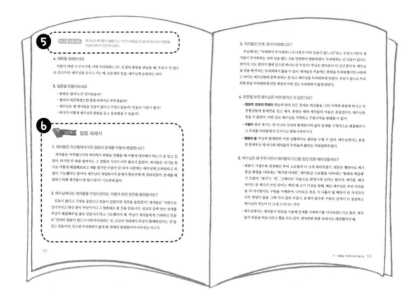

⑤ ★더 줄여보세요 ┈┈→ 한 문장으로 요약하기

핵심어 파악 능력을 향상시킬 수 있습니다. 5문장으로 요약한 것을 잘 들여다보고 그 중에서 더 중요한 부분을 찾아보라고 하세요. 거기에 밑줄을 긋게 하고 그것을 죽 이으면 한 문장 요약이 됩니다.

가장 중요한 읽기의 최고 단계인 만큼 아이들이 가장 어려워하는 부분이니 잘 도와주세요. 엄마나 교사가 먼저 "누가" 하고 외치면 아이가 '누가'에 해당되는 본문을 찾아서 답변하게 합니다. 이런 식으로 신문기사처럼 "누가, 언제, 어디서, 무엇을, 어떻게, 왜 했는데 그 결과 어떻게 되었다"라는 구조로 연습시키세요. 말로 한 것을 나중에 글로 옮겨 쓰기는 쉽습니다. 이렇게 요약해두면 글쓰기의 서두에 본문내용을 소개할 때 요긴하게 쓸 수 있고요, 말도 요점만 간명하게 잘할 수 있게 됩니다.

4. 제목을 정해보세요 ┈┈→ 창의적 표현능력 기르기

제목은 글의 전체 내용을 압축한 것입니다. 전체 내용을 아우를 수 있고 주제가 드러나는 제목을 창의적으로 정해보세요. 성경에 중간제목들이 달려 나오니까 그것을 참고해도 좋겠습니다. 제목의 형태는 단어, 구, 문장 등을 이용해 다양하게 달 수 있어요. 이 과정에서 창의적인 표현능력이 향상됩니다.

5. 질문을 만들어보세요 ┈┈→ 스스로 질문하며 읽기

다양한 관점에서 질문을 던져 생각의 깊이와 넓이를 향상시킬 수 있는 코너입니다. 질문 만들기는 읽기의 주요 전략 중의 하나입니다. 스스로 질문하면서 그에 대한 답을 찾아가며 역동적으로 읽으면 독해력과 고등사고력이 신장됩니다. 의문사를 이용해 질문을 만들게 하세요. 질문을 많이 할수록 생각의 힘이 큰 아이입니다. 책읽기나 글쓰기는 어떤 문제를 발견하고, 질문하고, 그 문제를 해결하는 과정입니다.

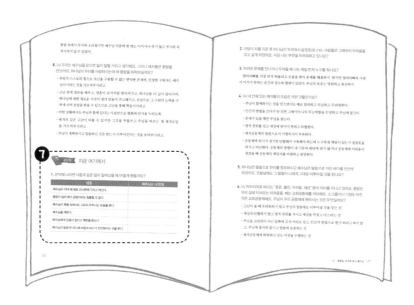

⑥ 3단계   말씀 속에서 ......⟨☉⟩→ 분석적 추론적 사고력 키우기

깊이 있게 본문을 분석(分析, 나누어 쪼갠다는 뜻)하는 부분입니다. '누가, 언제, 무엇을, 왜, 어떻게, 그래서' 등으로 쪼개서 생각해보는 것이죠. 이런 과정에서 사고가 치밀하고 정교해집니다. 분석적, 추론적, 논리적, 비판적인 사고력을 향상시킬 수 있습니다.

⑦ 4단계   지금 여기에서 ......⟨☉⟩→ 내 삶에 적용하기

성경을 삶에 적용하는 중요한 부분입니다. 창의적 사고력을 증진시키고 반성적 사고를 가능하게 합니다. "너라면?" 하고 질문해서 성경의 등장인물이나 사건 등에 자기를 대입하게 합니다. 등장인물을 나와 상관없는 역사적 인물로만 생각하면 안 됩니다. 나라고 생각하고 읽고 그 인물 속에서 나의 모습을 찾아내야 공감이 가고, 본을 받은 반면교사로 삼든 하게 되는 것입니다. 이때 엄마나 교사가 먼저 솔직하게 마음을 털어놓는 것이 중요합니다. 그래야 아이도 솔직해집니다. 이 과정에서 아이에게 어떤 고민과 아픔이 있는지 그 내면과 영적 상태를 살필 수 있습니다. 그러다 보면 이 시간이 참으로 귀한 힐링의 시간이 될 수 있습니다.

개인과 가정, 사회에 본문을 적용시켜 신앙이 삶과 동떨어진 것이 아니라는 것, 주님이 우리와 늘 함께 계신다는 것을 가르쳐주세요. 본문과 관련해 주님이 우리에게 허락하신 삶의 현장에서 우리가 어떻게 살아가기를 원하시는지를 가르쳐주시고, 영적인 사고습관을 길러주시고 성경적 세계관과 가치관을 형성시켜주세요.

115

5단계 이렇게 해보세요 ·····> 자유롭게 꾸미기

아이들이 원하는 독후활동을 선택해서 할 수 있도록 다양한 방법을 제시했습니다. 그중에 골라보라고 하면 아이가 자율감을 느낄 수 있습니다. 저학년은 그림으로만 표현하고 중학년은 그림에 글을 곁들입니다. 아이가 막막해할 경우 키워드로 검색하면 관련 이미지들이 뜹니다. 거기에서 힌트를 얻어 자신만의 독창적인 작품을 만들 수 있어요. 작품들을 모아두면 뿌듯한 포트폴리오가 될 것입니다. 어른들 눈에는 미흡해도 아이 나름대로는 최선이고 하나님 앞에서는 너무나도 사랑스러운 신앙고백입니다. 오직 칭찬과 격려만 해주세요.

1. 키워드 ····> 글감 찾기

같은 본문을 가지고도 글을 다양한 관점으로 접근해서 쓸 수 있습니다. 지금까지 나누었던 이야기들 중에 공감하거나 관심이 가는 게 있는지 물어보고, 그중 어떤 것에 초점을 맞출 것인지 키워드를 뽑아서 주제문을 정하고, 그 주제와 관련된 글감들을 모으고 선별해서 글 구조를 잡은 다음에 글을 씁니다. 키워드를 바탕으로 하여 글을 쓰면 중요한 내용을 놓치지 않고 다양하고 체계적으로 쓸 수 있습니다. 글을 쓸 때는 처음부터 끝까지 주제와 관련된 이야기로 일관성 있게 쫙 끌고 가야 합니다.

2. 독후감 ····> 글 구조 짜기

교재에 제시된 글 구조와 사용가능한 문장 구조를 참고하시면 글을 더 쉽게 쓸 수 있습니다. 그대로 쓰라는 것이 아니라 그런 구조와 문장유형을 참고하라는 것입니다. 1부(99p)와 2부의 1과(130p)에 있습니다. 몇 번만 교재를 따라 해보면 바로 아이들 나름대로 구조를 짜서 글을 잘 쓸 수 있게 될 것입니다.

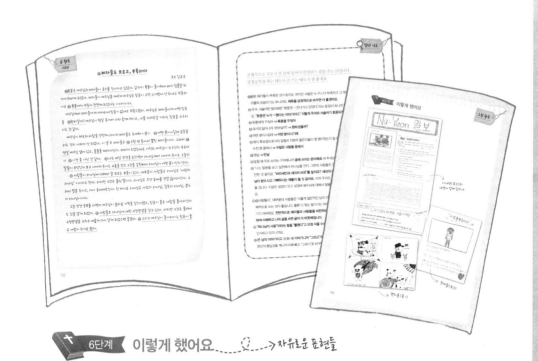

6단계 이렇게 했어요 ⟶ 자유로운 표현들

아이들이 수업을 한 후에 글과 그림으로 표현한 것들입니다. 이 반응을 잘 살펴보시면 아이들의 내면과 영적 수준을 가늠할 수 있습니다. 그림과 글에는 아이들이 내용을 얼마나 어떻게 받아들였는지가 생생하게 드러납니다. 이를테면 다니엘 수업을 하고서도 어떤 이는 다니엘의 용기, 어떤 아이는 다니엘의 믿음에 대해서 관심을 보일 수 있습니다. 자신이 용기가 없다고 느끼는 이들은 용기에 내해서 깊이 받아들이고 거기에 반응을 보이는 것입니다. 그림도 마찬가지입니다. 표현하고자 한 것(주제), 선의 굵기, 색상 등도 다 아이의 내면 세계—욕구, 갈등, 소망, 관심, 감정, 성향 등—를 투사합니다. 말과 글로는 표현하기 어려워해도 대개 그림은 쉽게 접근합니다. 논리적인 사고력과 언어적 유창성이 발달하기 이전인 11세 이하의 아이들에게는 그림이 가장 자연스러운 표현수단입니다.

글에도 아이의 생각이 고스란히 드러납니다. 말씀에 비추어 자기 삶을 돌아보고 하나님께 다짐하고 귀중한 신앙고백을 드리는 활동입니다. 그리고 '처음 글'과 '첨삭 후의 글'을 비교하면 어떻게 글을 써야 더 자연스럽고 좋은 글이 될 수 있는지를 알게 됩니다.

그림과 글로 자신의 내면을 표현하는 활동은 아이 스스로는 자기 마음을 치료하는 과정이 되기도 하고, 부모에게는 아이를 진단하고 이해하는 과정이 되기도 합니다.

그런데 잘하는 것보다 중요한 것은 솔직하게 드러내는 것입니다. 칭찬을 그저 "잘했다"라고만 하시면 안 됩니다. 구체적으로 반응을 보여주시고 많이 칭찬하고 격려해 주십시오.

01

폭풍을 잔잔케 하신 예수님

마가복음 4:35-41

지도 포인트

1 예수님이 창조주이심을 알려주세요.
2 제자들과의 공통점, 차이점을 찾아보게 하세요.
3 자녀가 두려워할 때가 언제인지 알아보고 그 두려움을 어떻게 해결할지 본문을 통해 배워요.

 1단계 그때 거기에서

상상의 날개를 펴고 그때 그 사건의 현장으로 들어가봅시다.

어느 날 가버나움에서 하루의 일을 다 마치신 예수님은 제자들에게 "애들아, 호수 저 편으로 건너가자" 하고 말씀하셨어. 사람들이 말씀을 들으려고 수없이 몰려드니까 예수님은 고기잡이배에 오르셔서 거리를 약간 띄우시고 이쪽저쪽으로 다니시며 설교를 하시곤 했지. 그래서 낮에 설교하시던 그 배에 타신 채로 가기로 했어. 제자들은 어부 출신이라 해가 저물 때 갈릴리 바다에 배를 띄우는 게 위험하다는 것을 잘 알고 있었지만 예수님께서 가자고 하시니 '설마 괜찮겠지' 하고는 함께 배를 타고 갔단다. 다른 사람들은 다른 배를 타고 뒤따라갔어.

예수님이 호수 반대편으로 가자고 하셨기 때문에 물길이 낮고 안전한 호수가로 돌아가지 않고 물속이 깊은 호수 한 가운데로 가게 되었어.

원래 갈릴리는 민물이 모인 담수호인데 워낙 넓어서 종종 바다라고 불릴 정도야. 수심은 약 50m쯤 되고, 직선거리는 12km, 세로는 15km, 둘레는 51km 정도 돼. 갈릴리 호수는 맑고 푸르고 주변에는 산들이 사방에 병풍처럼 둘러싸여 있어 분지 같아.

갈릴리 호수는 두 얼굴을 가졌어. 평소에 바라볼 때는 마음이 평화로워지는 참 아름다운 호수지만 표정이 갑자기 사납게 돌변할 때가 있어. 북쪽 헐몬산은 2,760m나 되는데 맨 위에는 만년설로 뒤덮여 있어 거기서 늘 찬 기류가 아래쪽으로 흘러내려와. 주변의 높은 산에서부터 가속도가 붙은 바람이 아래 낮은 호수쪽으로 거세게 몰아쳐 내려오면 갑자기 시속 120km정도 되는 돌풍이 일게 돼. 갈릴리 호수의 수면은 지중해 수면보다 약200m나 낮아서 마치 그릇 속에 담겨 있는 물처럼 육지면과 호수면의 높이에 차이가 있거든. 그런데 높은 산의 찬 기류가 대규모로 낮은 수면을 향해 몰아쳐 올 때면 그 사이가 진공상태가 돼서 마치 진공청소기가 빨이들이듯이 수면이 위로 딸려 올라가 풍랑이 일게 되는 거야. 일교차가 심해서 낮에는 뜨거운 햇빛이 지면을 데우고 밤에는 찬 공기가 내려오게 되니까 이것이 더운 공기를 만나면 풍랑이 일게 돼. 보통 아침에 부는 바람보다 오후에 부는 바람이 더 강해서 대개 밤에 고기잡이를 한대. 저녁 무렵에 바람이 불 때는 훨씬 더 위험하대. 지금처럼 일기예보가 없을 때니까 저녁에 바다에 배를 띄우는 것은 모험이었지.

제자들은 열심히 노를 저었고, 예수님은 배의 고물을 베고 곤히 잠이 드셨어. 하루 종일 쉴 틈도 없이 복음을 전하시고 병자들을 고치시고 사람을 만나 이야기 나누시느라 몹시 피곤하셨거든.

처음에는 배가 잘 나갔어. 그런데 바다 한가운데쯤 갔을 때, 갑자기 휘이잉~ 쌔애앵~ 하고 산에서부터 거센 바람이 호수로 휘몰아쳐 내리치면서 바다에 큰 놀이 일어났단다. 그 사나운 물결을 따라 배가 널뛰듯 출렁거렸어. 갈릴리에서 태어나 수십 년간 살아오며 이런 일을 여러 번 겪어본 제자들은 직감적으로 이게 지금까지 겪어본 바람과는 다르다고 느꼈어. 사나운 파도가 배에 "처얼썩~ 착!" 하고 부딪치자 미처 손쓸 겨를도 없이 배에 금세 물이 가득 찼어. 배가 가라앉을까 봐 허둥대며 물을 퍼냈지만 자꾸만 물이 들어오니까 당해낼 수가 없었어.

날은 어둑어둑하지, 집채만 한 파도가 "처얼썩~ 착!" 하고 휘몰아쳐 올 때마다 배는 금방이라도 가라앉을 것처럼 기우뚱거리지, 배 안에서 이리 쏠리고 저리 쏠리면서 쏟아져 들어오는 차디찬 바닷물에 옷은 흠뻑 젖었지, 제자들은 추워서도 떨고 무서워서도 떨었어. 파도가 커다란 혓바닥을 날름거리면서 배를 집어삼키려 할 때 다들 "이제 우리는 죽었다" 하고 저마다 눈이 왕방울만 해지고 낯빛은 새파래졌단다. 제자들은 바다에서 잔뼈가 굵은 사람들이었지만 이렇게 사나운 파도 앞에서는 도무지 정신을 차릴 수가 없었어.

2,000년 전이라 지금처럼 휴대폰도 없을 때고, 119같은 구조 시스템이 갖춰지지 않은 때라 조난사고 신고도 할 수가 없어. 배가 침몰할 것처럼 위태로운 상황에서 제자들은 불안과 공포에 떨며 어쩔 줄을 모르다가 문득 "아, 참! 예수님이 계시지" 하고 생각했어. "선생님! 선생님!" 하고 찾아보니 예수님께서는 배의 고물에서 태연히 잠들어 계시지 뭐니? 어떻게 이런 와중에 주무실 수가 있을까? 두렵기도 하고 원망스럽기도 했어. 제자들이 예수님을 흔들어 깨웠어.

"선생님, 우리가 다 죽게 되었는데 태평하게 잠만 주무시면 우린 어떡해요?"

그러자 예수님께서 일어나 바람과 바다를 향해 외치셨지.

"잠잠하고 고요하라!"

그때 놀라운 일이 벌어졌어. 그 말씀 한마디에 그렇게 사납게 날뛰던 파도가 갑자기 순하고 고분고분해지면서 마치 잠자는 듯이 평온해지지 뭐야?

"왜 이렇게 무서워하니? 너희 믿음이 적구나"

바다가 고요해지자 예수님은 이렇게 제자들을 꾸짖으셨어. 제자들은 한순간에 고요해진 바다를 보고 놀라서 입을 떡 벌리고 서로 수군댔어.

"대체 이분이 누구시기에 바람과 바다도 꼼짝 못하고 순종하는 거지?"

2단계 말씀 곁에서

1. 어려운 단어가 있었나요?

고물 배의 뒷부분. **비슷한 말** 꽁지부리, 뱃고물 **반대말** 이물 : 배의 앞부분

광풍 미친 듯이 사납게 휘몰아치는 거센 바람

2. 독서퀴즈

❶ 이 일이 일어난 때는 언제인가요? 저물 때(35절)

❷ 예수님은 제자들에게 뭐라고 말씀하셨나요? 호수 저 편으로 건너가자(35절).

❸ 가는 중에 어떤 일이 생겼나요?
큰 광풍이 일어나 물결이 배에 부딪쳐 들어와 배에 물이 가득 찼다(37절).

❹ 예수님은 그때 뭐하고 계셨나요? 주무셨다(38절).

❺ 제자들은 어떻게 했나요? 예수님을 깨웠다(38절).

❻ 예수님을 깨울 때 제자들이 뭐라고 말했나요?
"선생님, 우리가 죽게 된 것을 돌아보지 않으십니까?"(38절).

❼ 예수님은 깨어나서 어떻게 하셨나요?
바람을 꾸짖으시며 바다에게 잠잠하라 고요하라고 명하셨다(39절).

❽ 그때 바다는 어떻게 되었나요?
잠잠해졌다(39절)

❾ 예수님은 제자들에게 뭐라고 꾸짖으셨나요?
어찌하여 두려워하느냐 너희가 어찌하여 믿음이 없느냐?(39절).

❿ 이 광경을 본 제자들은 서로 뭐라고 말했나요?
그가 누구이기에 바람과 바다도 순종하는가?(41절).

3. 내용을 간추려보세요

발단 저녁 때 예수님과 제자들이 호수 건너편을 향해 배를 타고 간다.

전개 갑작스럽게 큰 폭풍이 몰아친다.

위기 배가 침몰할 위기에 처한다.

절정 제자들이 두려워하며 예수님을 깨우자 예수님이 바람을 꾸짖으시고 바다더러 잠
잠하라고 하신다.

결말 바다가 잔잔케 되자 그것을 본 제자들이 놀란다.

★더 줄여보세요 예수님과 제자들이 배를 타고 가다가 폭풍을 만났는데 예수님이 폭풍을
꾸짖자 바다가 잔잔케 되었다.

4. 제목을 정해보세요

이분이 과연 누구시기에, 어찌 두려워하느냐?, 인생의 풍랑을 만났을 때, 우리가 저 편으
로 건너가자, 예수님을 모시고 가는 배, 공동체의 믿음, 예수님께 순종하는 바다

5. 질문을 만들어보세요

• 풍랑은 얼마나 큰 것이었을까?

• 얼마나 피곤하셨으면 풍랑 속에서도 주무셨을까?

• 예수님은 왜 제자들을 믿음이 없다고 꾸짖으셨을까? 믿음의 기준이 뭘까?

• 바다가 어떻게 예수님의 말씀을 듣고 잠잠해질 수 있을까?

 **3단계 말씀 속에서**

1. 제자들은 자신들에게 닥친 풍랑의 문제를 어떻게 해결했나요?

제자들은 어부출신이라 바다에서 위험을 당했을 때 어떻게 대처해야 하는지 잘 알고 있
었어. 하지만 큰 폭풍 앞에서는 그 경험과 지식이 아무 쓸모가 없었어. 제자들은 자기들 힘
으로 어떻게 해결해보려고 애를 썼지만 수습이 안 되자 나중에는 예수님께 도와달라고 외
쳤어. 기도했다는 말이야. 예수님이 개입하시자 문제가 한순간에 싹 정리되었어. 문제를 해
결하기 위해 제자들이 한 일이 뭐지? 기도밖에 없어.

2. 예수님께서는 제자들을 꾸짖으셨어요. 어떻게 하면 칭찬을 들었을까요?

믿음이 없다고 꾸중을 들었으니 믿음이 있었다면 칭찬을 들었겠지? 제자들은 "저편으로
건너가자고 하신 분이 주님이시니 그 말씀대로 될 것을 믿습니다. 선교의 길에 만난 장애를
주님이 해결해주실 줄로 믿습니다"라고 기도했어야 해. 주님이 제자들에게 기대하신 믿음
은 "언약의 말씀이 반드시 이루어지리라는 것, 고난의 자리에서 주님이 함께하신다는 것"을
믿는 믿음이야. 믿으면 두려워하지 않게 돼. 한때의 풍랑쯤이야 아무것도 아니지.

3. 제자들은 언제, 왜 두려워했나요?

주님께서는 "어찌하여 무서워하느냐 너희가 어찌 믿음이 없느냐?"라고 꾸짖으시면서 제자들이 무서워하는 것과 믿음 없는 것을 연관하여 말씀하셨어. 두려워하는 건 믿음이 없다는 말이야. 너도 엄마가 옆에 있으면 하나도 안 무섭지? 주님은 엄마보다 더 크신 분이셔. 예수님을 믿을 때 우리는 두려워하지 않을 수 있어. 제자들은 처음에는 풍랑을 두려워했지만 나중에는 바다도 예수님한테 꼼짝 못하는 걸 보고 예수님을 두려워하게 되었어. 우리가 참으로 두려워할 분을 두려워하게 되면 세상의 어떤 것도 두려워하지 않게 된단다.

4. 본문을 보면 예수님은 어떤 분이신 것 같은가요?

- **창조주, 만유의 주권자** 하늘과 땅의 모든 권세로 피조물을 그의 사역에 복종케 하시고 자연현상들에 통제권을 갖고 계셔. 풍랑은 배와 제자들의 마음은 흔들었어도 예수님을 흔들 수 없었어. 어떤 것도 예수님을 거역하고 구원사역을 방해할 수 없어.

- **구원자** 멀리 계시는 게 아니라 우리와 함께하시며 삶의 문제를 구체적으로 해결해주시고 우리를 어려움에서 건지시고 회복시켜주시지.

- **평화의 왕** 주님과 함께하면 어떤 상황에서도 평안을 누릴 수 있어. 예수님께서는 풍랑만 잠재우신 게 아니라 제자들의 두려움과 불안도 가라앉혀주셨어.

5. 예수님은 왜 주무시면서 제자들의 고난을 짐짓 모른 체하셨을까요?

- 폭풍이 거셀수록 잠잠해진 후의 고요함과 더 크게 대비되겠지. 원문은 헬라어로 메가톤급 풍랑을 나타내는 '메가네 아네몬', 메가톤급 고요함을 나타내는 '랄레네 메갈레'가 쓰였어. '메가'는 '빅', '그레이트' 다음으로 엄청나게 크다는 말이야. 메가폰, 메가바이트 등 메가가 쓰인 단어는 백만 배 크기 이상을 말해. 때로 예수님은 우리 어려움을 다 아시면서도 구원을 지체하셔. 나사로도 죽은 지 나흘이 될 때까지 안 가시다가 아무 희망이 없을 그때 가서 살려 주셨지. 문제가 클수록 구원의 감격이 더 절절하고 하나님의 권능이 더 크게 드러나는 거야.

- 예수님께서는 제자들이 믿음을 사용해 문제를 극복하기를 기다리셨는지도 몰라. 제자들의 믿음을 떠보시려고 했을 수도 있어. 제자라면 폭풍 속에서도 태연했어야 해.

6. (A) 등장인물들은 왜 그렇게 행동했을까요?

✚ 제자들

행동	성격, 심리
폭풍이 왔을 때 두려워하고 허둥댄다.	제자들은 바다에 노련한 베테랑이었는데도 두려움이 많다. 만유의 주인이신 예수님이 함께 계시고 역사하신다는 것을 깨닫지 못했기 때문이다. 자기들 힘으로 문제를 해결하려고 애쓰던 제자들은 나중에 예수님께 부탁한다. 그들은 예수님을 깨우기 전에 자신들의 믿음을 먼저 깨워야 했다.
자기들이 죽게 되었는데 예수님이 돌봐주지 않는다고 아우성친다.	이것은 기도한 것으로 볼 수 있다. 하지만 태도는 그다지 바람직하지 않다. '예수님이 건너가자고만 안 했으면 어려움을 안 당했을 텐데 구태여 저녁시간에 건너가자고 해서 예수님 때문에 이런 일이 생겼다. 우리들은 이렇게 고생을 하는데 예수님은 태평하게 잠만 주무시고 우리들에게 무관심하고 무책임하다'고 원망하고 불평하는 마음이 들어 있다.
	기도가 자기중심적이다. 제자라면 응당 선생님 걱정을 먼저 했어야 한다. 그리고 건너편으로 가기로 계획하고 명령하신 분이 주님이시니까 처음부터 끝까지 주님과 함께 문제를 해결해나갔어야 한다.
	주님의 실체를 전혀 모르고 "선생님"이라고 부른다.
예수님을 찾아 깨운다.	인본주의적인 신앙태도를 갖고 있다. 배를 제자공동체인 교회라고 본다면, 제자들이 교회의 머리되시는 주님을 정중히 모신다기보다는 배의 고물(꼬리칸)에 태우고, 깨우기도 하고, 주님을 급할 때만 찾고 부려먹는다.
믿음이 없다는 예수님의 책망을 듣는다.	낮에 종일 말씀을 들었으나 그 지식이 아직 체화되지 않았다. 예수님이 저편으로 가자고 하셨으니 그 말씀대로 반드시 이루어질 것이었다. 그러나 제자들에게는 주님의 계획 가운데서 고난을 만나더라도 결국은 선하신 방향으로 성취될 것이라는 믿음이 없다.
'그가 누구이기에 바람과 바다도 순종하는가?'하고 생각한다.	사고와 언행이 모순된다. 야단법석을 떨며 예수님께 살려달라고 애원할 때는 초월적인 능력을 기대한 것이다. 그런데 막상 초자연적으로 문제가 해결되자 놀란다. 그들은 예수님을 제대로 알지 못했다. 알았다면 "저가 누구기에?" 하고 묻지 않았을 것이다. 제자들은 예수님이 자연을 다스리시는 것을 보고 놀라기는 했지만 그분이 창조주이심을 깨닫고 신앙을 고백하지 못했다.

✚ 예수님

행동	성격, 심리
"저 편으로 가자"라고 하신다.	어느 한 곳에 머물기를 원하지 않으셨다. 한 곳에 머물면 세상에서 커지고 영적으로 나태해지고 위험해지기 때문이다.
	예수님께서는 3년 계획으로 제자를 양육하셨는데, 건너가면서 폭풍을 통해 제자들을 가르치실 것을 계획하셨고, 건너간 후에 거라사 광인을 치유하실 계획이 있었기 때문이다.
풍랑 속에서도 태연히 주무신다.	하나님 아버지께 절대적인 신뢰를 갖고 완전히 자신을 맡기셨다.
	늘 마음에 놀라운 평안이 가득하다.
	창조주시므로 환경의 지배를 받지 않으신다.
바람과 바다를 짖으신다.	우주만물을 창조하시고 주관하시고 운행하시고 섭리하신다. 하늘과 땅의 모든 권세를 가지시고 우리를 위해 자연까지 통제하신다. 주님이 우리 삶에 개입하셔서 한마디 명하시면 위기가 물러가 평화가 오고 질서가 회복된다.
	자신이 창조주이심을 계시하기를 원하신다.
	바다는 세상을 상징한다. 사명을 감당하는 길에 세상의 공격이 있으나 주님은 타협하지 않으시고 단호하게 명령하신다.
제자들을 짖으시나.	만약 고난당해 두려워하는 교인에게 목사님이 심방 와서 믿음이 없다고 꾸짖으면 어떤 생각이 들까. 제자들이 고난당해 수고하니 위로해야 할 상황인데 주님은 꾸짖으신다. 믿음이 없는 것을 싫어하시기 때문이다. 오랜 시간 주님과 함께 먹고 마셨는데도 주님을 향한 제자들 믿음의 수준이 주님의 기대에 못 미쳐 시운하시기 때문이다.
	주님께서는 제자들의 믿음을 시험하시고 말씀을 삶 속에 적용시켜 믿음이 성장하도록 호수 한가운데서 폭풍을 통해 제자들에게 실제적으로 교육시키신다.

7. (A) 이 모든 일의 결과, 사람들의 생각과 태도에 어떤 변화가 나타났을까요?

- 예수님과 제자들의 관계가 강화되었어. 제자들은 풍랑 속에서 고요히 주무시던 예수님, 말씀 한 마디로 풍랑을 잠잠케 하시는 예수님을 온 인격으로 맞닥뜨렸지. 제자들은 이 일로 인해 예수님이 누군지 점차 알아가게 되었어.

   예수님에 대한 새로운 인식을 갖고 새로운 신앙고백을 드릴 수 있게 되었어. 주님의 구원을 경험한 사람은 믿음이 견고해져 어떤 어려움도 잘 극복할 수 있게 돼.

- 주변인들이 그것을 보고 하나님을 경외하고 하나님께 영광을 돌리게 돼.

- 풍랑은 겉보기에는 무섭지만 우리를 삼키지 못하고 배를 침몰시키지 못해. 제자들은

풍랑 속에서 무서워 소리쳤지만 예수님 덕분에 한 명도 다치거나 죽지 않고 무사히 목적지까지 갈 수 있었어.

8. (A) 우리는 예수님을 믿으면 일이 잘될 거라고 생각해요. 그러나 제자들은 풍랑을 만났어요. 하나님이 우리를 사랑하시는데 왜 풍랑을 허락하실까요?

- 우리가 스스로의 힘으로 자신을 구원할 수 없는 연약한 존재며, 진정한 구원자는 예수님이시라는 것을 가르쳐주시려고

- 고난 중에 겸손을 배우고, 영혼이 보석처럼 빚어져가고, 하나님을 더 깊이 알아가며, 하나님에 대한 새로운 지식이 생겨 믿음이 견고해지고, 전심으로 그 구원의 능력을 구하게 되며 응답을 받을 수 있으므로 고난을 통해 학습시키려고

- 어떤 상황에서도 주님과 함께 있다는 사실만으로 평화와 안식을 누리도록

- 제자의 길은 고난이 따를 수 있지만 그것을 무릅쓰고 주님을 따르는 게 제자도임을 가르쳐주시려고

- 주님이 계획하시고 말씀하신 것은 반드시 이루어진다는 것을 보여주시려고

 **4단계** 지금 여기에서

1. 만약에 나라면 다음과 같은 일이 일어났을 때 어떻게 했을까요?

행동	예측되는 내 반응
예수님이 저녁 때 배로 건너편에 가자고 하신다.	
풍랑이 일어 배가 금방이라도 침몰할 것 같다.	
예수님이 폭풍 속에서도 고요히 주무시는 모습을 본다.	
예수님을 깨운다.	
예수님에게 믿음이 없다고 책망을 듣는다.	
예수님의 말씀 한 마디에 바람과 바다가 잔잔해지는 것을 본다.	

2. 아담이 죄를 지은 후 하나님이 두려워서 숨었죠(창 3:10). 사람들은 그때부터 두려움을 갖고 살게 되었어요. 지금 나는 무엇을 두려워하고 있나요?

3. 어려운 문제를 만나거나 두려울 때 나는 제일 먼저 누구를 찾나요?

엄마아빠를 가장 먼저 떠올리고 도움을 받아 문제를 해결하지. 하지만 엄마아빠의 사랑이 미치지 못하는 순간과 장소와 형편이 있단다. 주님의 보호는 영원하고 완전하지.

4. (A) 내 안에 있는 제자들의 모습은 어떤 것들인가요?

- 주님이 함께하시는 것을 믿으면서도 때로 염려하고 의심하고 두려워한다.
- 인간적 방법을 쓰다가 안 되면 그때서야 나의 무능력함을 인정하고 주님께 맡긴다.
- 문제가 있을 때만 주님을 찾는다.
- 영적 권위를 갖고 세상에 맞서지 못하고 타협한다.
- 제자공동체의 일원으로서 사명의식이 부족하다.
- 공동체에 위기가 생기면 단합해서 극복해야 하는데 누구에게 책임이 있는지 잘잘못을 따지고 비난한다. 공동체의 방향이 내 기준과 판단에 맞지 않거나 공동체에 어려움이 생겼을 때 공동체의 책임자를 비판하고 원망한다.

5. 하나님은 말씀으로 천지를 창조하시고 예수님은 말씀으로 거친 바다를 잔잔케 하셨어요. 오늘날에도 그 말씀이 나에게 그대로 이루어질 것을 믿나요?

6. (A) 히브리어로 바다는 "혼돈, 불안, 두려움, 세상" 등의 의미를 지니고 있어요. 풍랑은 우리 삶에 닥쳐오는 어려움을, 배는 교회공동체를 의미해요. 소그룹이나 가정도 아주 작은 교회공동체예요. 주님이 우리 공동체에 원하시는 것은 무엇일까요?

- 고난이 올 때 두려워하지 말고 주님의 말씀대로 이루어질 것을 믿는 것
- 세상과 타협하지 말고 영적 권위를 가지고 세상을 꾸짖고 다스리는 것
- 주님을 꼬리칸이 아닌 앞쪽에 모셔 머리로 삼고, 인간적 방법으로 뭔가 하려고 하지 말고, 주님께 철저히 맡기고 말씀에 순종하는 것
- 제자공동체에 허락하신 전도 미션을 수행하는 것

7. (A) 예수님이 본문을 통해 내게 뭐라고 말씀하시는 것 같은가요?

• 어떤 경우에도 믿음을 저버리지 마. 나는 항상 너와 함께 있어. 나는 널 위해서라면 뭐든지 할 수 있단다.

• 제발 나 좀 알아줘. 나는 네 구주란다. 나를 제대로 모르면 너희는 세상에서 두려워하면서 살아갈 수밖에 없단다.

• 너는 내 제자야. 너도 나처럼 할 수 있어. 믿음을 가지고 세상을 향해 잠잠하라고 큰 소리로 담대하게 외쳐 봐.

• 네 삶을 이끌어 가는 건 네가 아니고 나야!

• 우리 함께 저 편으로 건너가 악한 영에 매인 채 고통받고 있는 사람을 구원하자! 그게 이 땅에 내가 온 이유고 너희를 부른 이유다.

8. 내게는 어떤 일이 풍랑처럼 여겨지나요?

사랑하는 사람이 아프거나 죽거나 헤어지는 것, 가족이 사고당하는 것, 아빠의 실직이나 사업실패, 다툼, 부모님이나 선생님이나 친구를 향한 미움과 원망과 분노의 감정들, 세상의 문화, 속한 공동체가 어려움에 처하는 것 등

9. (A) 우리 사회에 몰려오는 풍랑은 어떤 것들인가요?

• **사회 문화** 가정해체, 이혼, 자살, 학교폭력, 소외, 인터넷 · 게임 · 스마트폰 · 알코올 · 카페인 · 야동 · 마약 · 도박 등의 각종 중독, 사이버테러, 악성댓글, 비방, 욕설문화, 노사대립, 청소년문제, 청년실업, 노인문제, 유해 대중문화, 대형사고 등

• **정치 외교 안보** 전쟁, 민족간 내전, 테러, 총기사고, 북한의 위협 및 정권 불안정, 북핵 문제, 중국의 북한 지지, 촛불시위, 데모, 좌우대립, 일본의 독도영유권 주장 등

• **경제** 금융위기, 실직, 사업체 부도, 외환위기, 식량 문제 등

• **질병** 암, 에이즈 등 각종 질병, 전염병, 조류독감, 구제역 등

• **윤리 도덕** 부정부패, 살인, 강도, 방화, 묻지마 범죄, 성폭행, 동성애, 성적 타락 등

• **학문, 사상** 진화론, 사회진화론, 포스트모더니즘, 자본주의, 민주주의, 유물론, 과학기술만능주의, 인간복제, 유전자조작 등

• **종교** 종교대립, 종파간 분쟁, 종파간 연합운동, 종교다원주의, 뉴에이지, 무슬림의 강성, 종교계의 타락, 이단, 사이비 종교 등

- **환경** 핵전쟁, 원자력, 자연재해, 환경오염, 화산, 지진, 해일, 쓰나미, 에너지 자원 부족, 물부족, 지구사막화, 온난화, 생태계 파괴 등

하지만 예수님이 개입하시면 다 지나가고 평안이 옵니다. 주님만이 진정한 평화를 주실 수 있습니다. 제자들이 평안하게 된 것은 기도했기 때문입니다. 우리도 공동체에 어려움이 오면 당황하거나 원망하지 말고 기도해야 하겠습니다.

5단계 이렇게 해보세요

- 인상 깊은 장면을 상상해 그림으로 나타내 보고 그림 설명 곁들이기
- 복음 성가 불러보기
  예수님이 말씀하시니 거친 바다가 잠잠해졌네.
  예수님이 말씀하시니 거친 바다가 잠잠해졌네.
  예수님 예수님 나에게도 말씀하셔서 새롭게 새롭게 변화시켜 주소서.
- 기자가 되어 뉴스식으로 육하원칙에 입각해 신문기사 써 보기
- 제자들과 인터뷰하는 형식으로 글쓰기
- 제자들의 입장이 되어 그날의 일을 돌이보며 일기쓰기
- 독후감, 미인드 맵, 시, 만화 등으로 표현하기

✚ 글감 찾기를 위한 키워드

초점	내용 및 제목
두려움	나의 두려움, 내게 두려움이 찾아올 때
바다, 폭풍	위험한 바다, 인생의 풍랑, 폭풍 후의 평안, 초자연적 기적, 풍랑의 원인과 해결방법
자연	예수님께 순종하는 자연 vs 순종하지 않는 나
믿음	무서워하지 않는 믿음, 예수로 말미암아 풍랑을 이기는 믿음
예수님	바다도 바람도 꾸짖으시는 예수님, 주는 평화, 저 편으로 건너가자, 예수님은 누구신가, 바람보다 파도보다 크신 분, 예수님이 싫어하시는 것
공동체	예수님을 모시고 가는 배, 우리 공동체에 바라시는 것, 교회공동체, 가정공동체
제자	제자의 길, 신앙성장의 기회, 위기는 신앙고백의 기회, 저가 뉘기에?

✚ 독후감을 쓰려면

　구조를 짜는 방식은 1부에(99페이지) 자세히 나와 있습니다. 일반적인 독후감은 3단 구조로 다음과 같이 얼개를 짭니다. 이 구조를 머리속에 넣어두고 앞으로 다른 과에서도 이것을 참고해서 글을 쓰세요.

✚ 독후감 구조

구분	내용	사용할 수 있는 문장구조
처음	내용 요약(사실)	본문은 … (누가 언제 무엇을 어떻게 했는데 그 결과 어떻게 되었다는) 이야기이다.
	사건에 의미 부여하기	이는 (어떠한) 의미를 지닌다.
가운데	등장인물에 대해 분석적 · 비판적으로 쓰기	제자들은 어떤 사람들인 것 같다. 왜냐하면 이렇게 행동했기 때문이다. … 한 것으로 보아 제자들은 어떻다.
		제자들이 이렇게 한 것은 이런 면에서 잘못한 것이다. 제자들이 이랬더라면 더 좋았을 것이다.
	나와 비교하기	나도 제자들과 이러이러한 면에서 비슷한 점이 있다.
	내 삶 쓰기	전에 어떤 일로 몹시 두려워했던 적이 있다. 그때 어떻게 했었는데 지금 생각해보니 어떻다.
끝	하나님/예수님에 대한 새로운 인식	전에는 예수님이 (어떤) 분인 줄로 알았는데 (이런) 분이라는 것을 알게 되었다.
	새롭게 알게 된 사실	전에는 어떻다고 알고 있었는데 오늘 성경을 공부하면서 어떠한 사실을 새롭게 알게 되었다.
	생각이 달라진 것	전에는 이렇게 생각했었는데 오늘 공부하면서 무엇을 깨닫고 나서 생각이 어떻게 바뀌었다.
	작가의도	하나님은 이 본분을 통해 우리에게 무엇을 깨우쳐주고 싶으신 것 같다. 본문이 우리에게 주는 메시지는 이런 것이다.
	결심, 다짐	앞으로 (　　　　)해야겠다는 생각이 들었다.

그림 활동

6단계 이렇게 했어요

김주애(초2)

강채민 (초2)

이재호(초5)

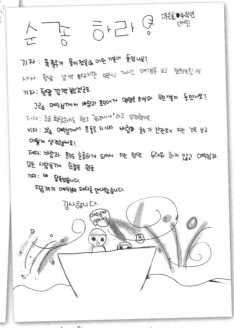
신예진(초5)

❶ 제자들도 모르고, 부족하다

초6 김유은

❷본문은 예수님과 제자들이 호수를 건너가고 있었다. 갑자기 폭풍이 몰아쳐서 배가 침몰할 위기에 처하게 되었다. 제자들이 예수님을 깨우자 예수님은 믿음이 고작 그거밖에 안 되냐고 꾸중하시고 ❸ 폭풍에게 꾸짖어 잔잔케 되었다는 이야기이다.

예수님께서 제자들에게 어찌하여 믿음이 없냐고 꾸짖으셨다. 예수님은 제자들에게 어떤 믿음을 ❹원하실까? 예수님이 현실 속에서 나와 함께 계시고, 나를 지켜주실 거라는 믿음을 요구하시는 것 같다.

예수님이 파도와 바람을 잔잔케 하시자 제자들은 도대체 이분이 ❺ 어떤 분이시길래 순종을 하는 건지 이해가 안 되었다. 이 열 두 제자들은 ❻ 수천 명 중에서 뽑힌 제자들이다. 그래서 ❼ 맨날 예수님 옆에 있고, 졸졸졸 따라다닌다. 제자가 되었는데도 아직도 예수님이 누구신지 모르다니 ❽ 이건 좀 아닌 것 같다. ❾ 나는 매일 성경을 읽으면서 하나님께서 나에게 주시는 오늘의 말씀이 무엇인지 보고 나에게 주시는 교훈을 얻고 그것을 실천해서 하나님이 어떤 분이신지 안다.

❿ 사람들이 하나님에 대해서 잘 모르는 부분이 있다. 대부분의 사람들은 하나님을 '사랑의 하나님'이시다고 한다. 하지만 그것은 틀린 말이다. 하나님은 우상 숭배를 정말 싫어하신다. 그래서 벌을 주시고, 다시 용서해주신다. 한 마디로 하나님은 사랑의 하나님, 질투의 하나님, 분노의 하나님이시다.

오늘 성경 공부를 하면서 예수님이 놀라운 기적을 일으키셨고, 믿음이 좋은 사람을 좋아하신다는 것을 알게 되었다. ⓫ 사람들은 하나님에 대한 고정관념을 갖고 있다. 하지만 그것은 틀려서 고정관념을 고치고 새롭게 다시 알게 되었으면 좋겠다. ⓬ 그리고 예수님이 좋아하시는 믿음이 좋은 사람이 되기로 했다.

전체적으로 구조가 잘 잡혀 있어서 안정된 느낌을 주는 글입니다.

성경공부를 하는 태도나 글 쓰는 태도가 참 좋네요

❶물론 제자들이 부족한 것이 맞지요. 하지만 사람은 누구나 다 부족하고 그 제자들의 모습은 바로 우리들의 모습이기도 하니까요. **제목을 긍정적으로 바꾸면 더 좋겠어요.**

❷주어, 서술어만 읽어보면 "본문은 ~건너가고 있었다."라는 문장이 되니까 앞뒤가 안 맞는 비문이에요. **"본문은 누가 ~했다는 이야기이다." 이렇게 주어와 서술어가 호응되게 써야 합니다.**

❸폭풍에게 꾸짖어 ➡ **폭풍을 꾸짖어**

❹과거의 일이니까, 원하실까? ➡ **원하셨을까?**

❺어떤 분이시길래 ➡ **어떤 분이시기에**

❻제자 후보생으로서의 갈릴리 지방의 젊은이들이 몇 명이었는지 잘 모르니까

수천 명 중에서 ➡ **수많은 사람들 중에서**

❼맨날 ➡ **만날**

❽말할 때 주로 쓰이는 구어체니까 **글에 쓰이는 문어체로 써 주세요.**

❾"나는 말씀을 보고 실천해서 하나님을 안다 그런데 사람들은 모른다." 이렇게 쓰니까 너무 자신만만한 것 같아요. **"바리새인과 세리의 비유"를 알지요? 세리의 태도로 이 글을 쓴다면 더욱 더 하나님이 받으시고 기뻐하시는 예물이 될 것 같아요.** 아마 우리도 그때 그 자리에서는 예수님을 몰라봤을 겁니다. 지금은 성경이 있고 성경에 예수님에 대해서 말을 다 해놓았으니까 우리가 아는 거거든요.

❿⓫'사람들이', '대부분의 사람들은' 이렇게 일반적인 남의 이야기를 하지 말고 내 생각, 나의 삶을 구체적으로 쓰는 것이 좋습니다. 물론 다 맞는 말이기는 하지만 독자들이 그런 말에는 공감을 일으키기가 어려워요. **전반적으로 제자들과 사람들을 비판하는 내용의 글인데요. 제자들의 감정에 주목하여 이해하고 나의 삶을 쓰면 글이 더 따뜻해집니다.**

❿"하나님이 사랑"이라는 말을 "틀렸다"고 단정 지을 수는 없어요. 그 사람은 그렇게 경험해서 그렇게 인식하고 있으니까요.

⓫은 남의 이야기이고 ⓬는 내 이야기니까 "그리고"라는 접속어를 쓰면 부자연스러워요. ⓫문장이 문단의 통일성을 깨니까 아예 빼고 "그래서"로 바꾸면 앞 문장과 더 잘 이어집니다.

꾸중 듣는 믿음 vs 칭찬 듣는 믿음

본문은 예수님과 제자들이 배를 타고 호수를 건너가다가 폭풍을 만났는데 예수님이 폭풍을 꾸짖자 바다가 잔잔케 되었다는 이야기이다.

호수를 건너가고 있을 때 갑자기 폭풍이 몰아쳐서 배가 침몰할 위기에 몰리자 제자들이 놀라 예수님을 깨웠다. 예수님은 "믿음이 고작 그거밖에 안 되냐?"라고 나무라시며 폭풍을 꾸짖어 잔잔케 하셨다.

예수님은 제자들에게 어떤 믿음을 원하셨을까? 예수님이 현실 속에서 나와 함께 계시고, 나를 지켜주실 거라는 믿음을 요구하시는 것 같다. 아마 제자들이 "예수님, 폭풍이 왔어도 예수님이 지켜주시고 이 문제를 해결해주실 것을 믿어요." 이렇게 기도했더라면 칭찬을 받았을 것이다.

예수님이 파도와 바람을 잔잔케 하시자 제자들은 도대체 이분이 어떤 분이시기에 순종을 하는 건지 이해가 안 되었다. 이 열두 제자들은 수많은 사람들 중에서 뽑힌 제자들이다. 그래서 만날 예수님을 졸졸 따라다니며 수많은 기적을 눈으로 보았다. 이번에도 바람과 바다에게 명령하여 잔잔케 하는 것을 보았으면 예수님이 하나님이라는 것을 짐작했어야 한다. 그런데 아직도 예수님이 누구신지 모르다니 제자라고 하기가 무색하다. 하지만 나도 그 상황에서는 별 수 없었을 것이다. 당황하고 놀라서 우왕좌왕했을 것이다.

나는 매일 엄마와 함께 성경을 읽고 하나님이 어떤 분이신지를 배워가고 있다. 그동안 배워 내가 알고 있는 하나님은 질투가 많아 우상 숭배를 정말 싫어하시고 진노하셔서 벌을 주시고 회개하면 다시 용서하시는 사랑이 많으신 하나님이시다. 그런데 오늘 성경 공부를 하면서 예수님이 바람과 바다도 말씀 한 마디로 잔잔케 하시는 놀라운 기적을 일으키셨다는 것을 알게 되었다. 그리고 믿음이 없는 제자들을 꾸짖으신 것으로 보아 믿음이 좋은 사람을 좋아하신다는 것을 알게 되었다. 그래서 나는 믿음이 적어 꾸중 듣는 사람이 되지 말고 예수님이 좋아하시고 칭찬하시는 믿음 좋은 사람이 되고 싶다.

02
양과 목자

시편 23:1-61

지도 포인트

1 양인 우리에게는 목자 예수님이 꼭 필요하다는 것을 알려주세요.
2 양의 특성을 알려주시고 서로 비슷한 점을 찾아보게 하세요.
3 목자이신 주님의 인도하심으로 모든 어려움을 극복할 수 있다는 것을 가르쳐주세요.

 1단계 그때 거기에서

양과 목자의 이야기를 들려줄게요. 자기가 양이라고 생각하고 상상하면서 들어보세요.

 **양**

양 하면 뭐가 떠올라? 뽀송뽀송하고 새하얀 털이 북슬북슬하고, 푸른 풀밭에서 평화롭게 풀을 뜯고 목자가 지팡이를 들고 지키고 있는 그림? 실제로는 안 그래. 팔레스타인 지역은 황무지라 풀밭은 어쩌다가 드문드문 눈에 띄어. 양도 엉덩이에 더러운 똥이나 진흙, 가시덤불이나 진드기 같은 게 묻어있어서 지저분해. 꼬리가 짧아서 배설 후에 위생처리를 잘 못하거든.

양은 목자 없이는 못 살아. 다른 동물들과 달리 양은 스스로 할 수 있는 일이 하나도 없어. 자기가 먹을 풀과 물도 어디 있나 몰라서 목자가 데려다 주어야 해. 양은 고집이 세서 자기 가고 싶은 길로 가려고 해. 어떤 양은 좋은 풀을 두고도 아슬아슬한 비탈길에서 풀을 뜯기도 하고, 분별력이 없어 독초를 먹기도 하고, 위험한 낭떠러지 위인 줄도 모르고 풀 찾는다고 가서 죽을 뻔하기도 해. 아무 데나 돌아다니다가 발목을 삐거나 웅덩이나 계곡에 잘 떨어져. 그럼 목자가 가서 위험을 무릅쓰고 그 양을 찾아오는 거야.

양은 순해. 아이들이 장난치느라고 못살게 굴어도 물지도 않고 떠받거나 덤벼들 줄을 몰라. 잘 참기 때문에 까마귀가 머리를 쪼면 그냥 서서 쪼이다가 가만히 죽어. 양은 약해서 잡혀 먹힐 뿐, 다른 걸 잡아먹지도 못해. 날카로운 이빨과 발톱도 없고, 발굽도 없고, 보호색도 없어. 뿔도 조그맣게 나는 둥 마는 둥 솟아난 게 전부야.

양은 겁쟁이야. 소심하고 민감해서 토끼 한 마리만 봐도 놀라 우루루 도망갈 정도인데 그 큰 덩치로 정신없이 도망가다가 멈추지 못해서 웅덩이에 빠져 죽기도 해. 몸집 때문에 민첩하지 못해 맹수가 나타나면 무서워서 도망도 못 가고 그 자리에 서서 오줌만 찔끔 찔끔 싸면서 "메에에--"하고 울기만 해.

양은 멍청해. 단순하고 기억력이 없고 방향감각도 없고 길눈이 어두워 한번 집을 나오면 못 찾아가 밤새 "음매 음매" 하고 울고만 있어. 양이 방황하는 습관을 가진 것은 눈이 나빠 3-4m 앞밖에 못 보기 때문이야. 조금만 움직이면 거의 360°를 볼 수 있는데도 고개를 박고 코밑의 풀만 보고 다니기 때문에 엉뚱한 곳으로 가다가 길을 잃어. 무리에서 이탈하고, 잘 다치고, 뱀에 물리기 일쑤고, 비를 피할 줄도 몰라. 어리석고 고집이 세서 양을 옮기려면 목자가 지팡이로 끌고 개들이 뒤에서 밀고 옆에서 챙겨주어야만 해.

양은 습관이 강해 계속 갔던 길로만 가서 양이 다닌 곳은 하얗게 길이 나. 아무리 좋은 풀밭도 양들이 지나가면 황무지가 돼. 항상 먹던 풀만 먹어 풀뿌리까지 먹어버리고 배설물이 땅을 산성화시키거든. 그래서 목자들은 풀밭을 회복시키려고 여러 곳을 번갈아 양을 이끌고 다녀. 양은 이빨이 약해 단단한 걸 못 먹어. 풀을 먹은 후에는 누워서 되새김질을 하는데 목자의 말을 안 듣고 비탈진 데 있는 양들은 누워서 쉬지 못하니까 되새김질을 안 해.

양은 적당한 시기에 털을 잘 깎아줘야 해. 털이 길게 자라 진흙과 똥과 가시와 부스러기들로 엉켜 있으면 체중을 감당 못해 잘 넘어지거든. 털깎기는 목자도 힘들어하고 양들도 아주 싫어하는데 깎고 나면 양과 목자는 완전히 해방감을 느낀대.

양은 염소랑 한 데서 키우기도 해. 양은 무리지어 있거나 옆으로 누워 있는 것을 좋아하는데 염소는 잠시도 안 서 있고 막 돌아다니거든. 양은 잘 따라다니니까 염소를 졸졸 따라다니면서 운동도 하고 풀을 골고루 뜯어먹어. 양들이 먹이를 먹으려고 한꺼번에 몰려들 때나, 날씨가 춥거나 밤이 되면 한데 모여 서로 몸을 비비며 조여드는데 염소는 그런 꼴을 못 봐주기 때문에 양무리들을 들이받아 흩어놓아 약한 양들이 치어 죽는 걸 막아줘.

양은 목자의 음성을 잘 알아들어. 갑자기 폭풍우가 몰아쳐 한 동굴에 두 무리의 양떼가 피신해 있다가 비가 그쳐 떠날 때도 서로 섞이지 않아. 각기 자기 목자의 음성을 듣고 졸졸 따라가기 때문이지. 질내로 낯선 목소리는 안 따라가.

🍃 목자

목자의 가장 큰 임무는 양들에게 좋은 풀을 찾아 먹이는 거야. 목자가 신선한 풀밭으로 인도하면 양들은 너무 좋아서 이리 뛰고 저리 뛰어. 침착하던 늙은 양들도 기뻐서 어쩔 줄을 모르고 깡충깡충 뛰며 야단법석을 떨어. 목자는 양들이 먹을 풀을 찾아 찜해두고 독초를 살펴 뽑아놓고 내일의 양식을 완벽히 준비해둬. 그런데 팔레스타인에는 푸른 풀밭이 드물어서 좋은 풀을 찾아 헤매다보면 한동안 집에 못 오기도 해. 목자들은 여름철이면 양을 높고 먼 산간 목장으로 이끌어가. 양들은 걸음이 느려서 천천히 이동하는데 늦여름쯤에 산간 목장에 도달하고 겨울에 되돌아와. 이 여행에는 독풀, 맹수, 폭풍우, 산사태, 시내의 범람 등

많은 위험이 따라. 이렇게 어려움을 함께 겪으며 몇 달씩 같이 지내다 보면 목자와 양은 서로에 대해 잘 알게 되고 정이 담뿍 들게 된단다.

목자가 양을 데리고 다니는 코스 중 하나가 골짜기야. 어두워 길도 잘 안 보이고 좁아서 발 한번 잘못 디디면 죽어. 하지만 목자가 데려가고 싶어 하는 정상에 가려면 반드시 거기를 통과해야 해. 힘든 코스긴 하지만 골짜기에서는 흘러내리는 시원한 물을 마실 수도 있고 골짜기의 풀도 뜯어먹을 수 있어. 그러면서 양들이 쑥쑥 자란단다. 골짜기를 지나면서 양은 목자를 더 의지하게 되고 더 친밀해져. 목자는 골짜기를 건넌 양떼에게 산정상의 맛있는 풀을 뜯게 해주지.

목자의 두 번째 임무는 양에게 물을 먹이는 거야. 목자는 물이 오염되어 있지는 않은지, 물가에 위험요인은 없는지를 살핀 후에 양들을 물가로 데리고 가는데 양들이 졸졸졸 흐르며 움직이는 냇물에는 무서워서 입을 못 대. 목자가 냇물의 한쪽을 돌로 죽 막아 고이게 해놓아도 겁내고 안 먹어. 목자가 먼저 먹는 시늉을 해야 그제야 먹어. 또 양털은 물을 흡수하기 때문에 털이 물에 젖으면 양이 무게를 감당하지 못해서 양에게 물을 먹일 때 털이 젖지 않도록 조심해야 해. 그 외에도 목자는 아침 일찍 양들을 깨워 맑은 이슬이 맺힌 풀을 뜯기기도 하고, 평소 보아둔 우물에서 물을 떠다 어린양부터 차례로 먹이기도 해.

목자의 세 번째 임무는 양을 지키는 거야. 모든 위험으로부터 양들을 보호해야 하지. 새벽에 일찍 일어나 먼저 양떼를 점검하고 수시로 보살피며 밤에는 잠도 제대로 못 자고 지키기도 해. 때로 힘없는 양은 힘센 양들에게 시달리고 좋은 자리를 빼앗기기도 해서 양들이 골고루 편히 쉬도록 항상 양들 사이를 살핀단다.

목자는 양의 상처를 치료해줘. 양에겐 털이 많아서 여름철에 파리나 진드기 같은 해충이 많이 서식하는데 그게 양들을 거의 미치게 만들어. 특히 코파리들이 양의 촉촉하고 끈끈한 코점막에 알을 낳으려고 기회를 노리면서 귀찮게 굴어. 코파리는 크고 벌처럼 쏘기도 하는데 그게 알을 낳으면 유충이 콧구멍을 통해 양의 머리속에 들어가 살 속에 잠복하고 심한 통증을 주고 악성염증을 일으켜 몸살을 앓게 돼. 그러면 양은 고통 때문에 발을 구르기도 하고 머리를 흔들면서 아무 데나 박기도 하고, 털이 다 뽑히고 살갗이 터지기까지 몸을 나무등걸에 비벼대기도 하고, 떼굴떼굴 구르기도 하다가 기진맥진해서 눈이 멀게 되거나 심지어 죽기도 해.

목자가 양을 평평한 바위에 눕힌 후 올리브 오일을 코에 붓고 머리와 몸에 발라주면 양들이 조용해진단다. 또 두 양이 서로 머리를 맞대고 비벼댈 때 머리부분에 옴병이 전염되는데 그때도 머리에 기름을 발라줘. 양들은 서로 머리로 받으면서 싸우는데 양의 머리와 몸에 오일을 흠뻑 발라주면 미끄러우니까 안 싸우고 누워서 편안히 쉬게 돼.

목자는 양들 하나하나를 각각의 특성까지도 잘 알고 있어. 비실대는 양, 거센 양, 항상 딴 길로 빠져나가 애 먹이는 양들의 습성을 다 파악하고 있지. 목자는 양들의 이름을 불러주고 그 양들로 자기의 기쁨을 삼고 양을 위해 살지. 그래서 목자는 100마리 중에 한 마리 잃어버렸다고 해서 "그까짓 한 마리쯤이야" 하지 않고 반드시 찾아오고야 만단다.

하루에도 몇 번씩 목자는 양을 헤아려. 한 마리라도 안 보이면 하늘에 매와 독수리가 떠 있나 하고 살피고는 쏜살같이 뛰어가. 양은 몸이 뭉글고 다리가 짧아서 나뒹굴기를 잘하거든. 중심을 잃고 넘어져 나자빠진 양은 네 발로 허공을 치면서 살려 달라고 울부짖고 몸부림쳐 보지만 그럴수록 사정은 더 나빠져. 양이 버둥대는 동안 되새김질하는 위에 가스가 차올라 온몸에 퍼지면서 사지가 마비돼 뙤약볕에서는 서너 시간 만에 죽게 돼.

그런 양은 매, 독수리, 들개, 여우, 늑대들의 표적이 되기 때문에 목자의 눈에 뜨이지 않는 곳에서 혼자 발버둥치는 양은 미칠 듯한 불안과 공포에 떨게 돼. 어두워지면 매와 독수리가 쏜살같이 내려와 맨 먼저 양의 눈을 파먹어. 목자가 한시바삐 그 양을 찾아 일으켜 세우고, 다리를 문질러 피순환을 시켜줘야 살아날 수 있어. 목자가 그렇게 몸집이 큰 양을 힘들게 어깨에 메고 돌아오는 이유는 양이 지치기도 했지만 목자가 그 양을 사랑하기 때문에 잃었다가 되찾은 기쁨이 크기 때문이야.

 **말씀 곁에서**

1. 어려운 단어가 있었나요?

소생 거의 죽어 가다가 다시 살아남. **비슷한 말** 회생.

의(義) 사람으로서 지키고 행하여야 할 바른 도리.

음침하다 분위기가 어두컴컴하고 스산하다. **비슷한 말** 음산하다, 을씨년스럽다.

2. 독서퀴즈

❶ **여호와는 누구의 목자인가요?**

나(1절), 우리, 모든 사람의 목자가 아니라 나의 목자, 그러니까 바로 너의 목자야.

❷ **여호와가 목자인 양에게는 어떤 마음이 생기나요?**

부족한 것이 아무것도 없다(1절). 더 갖고 싶은 게 없이 만족스럽게 된다는 말이야.

❸ **목자의 인도로 푸른 풀밭에서 마음껏 풀을 뜯고 쉴 만한 물가에서 목을 축인 양은 어떻게 되나요?** 영혼이 다시 살아난다(2절).

❹ **여호와는 우리를 어떤 길로 인도하시나요?**

의의 길― 즉 바른 도리, 하나님은 우리를 절대로 방종의 길로 죄의 길로 인도하시지 않아(3절).

❺ **시인은 왜 두렵지 않다고 고백하나요?**

주께서 나와 함께하시기 때문에(4절).

❻ **목자가 양을 돌볼 때 사용하는 도구들은 무엇인가요?**

주의 지팡이와 막대기(4절).

❼ **의의 길로 인도하신 다음에 주님이 원수의 앞에서 하는 일이 무언가요?**

상(잔치)을 베풀어 주신다(5절).

❽ **이 모든 것을 경험한 시인은 마지막에 뭐라고 결심하나요?**

내가 여호와의 집에 영원히 거하겠습니다(6절).

❾ **그렇게 결심한 이유는 무엇인가요?**

내 평생에 선하심과 인자하심이 반드시 나를 따를 것이기 때문에(6절).

❿ **6절의 시에 '여호와'나 '주님'이라는 말이 몇 번 나오고, '나'라는 말이 몇 번 나오나요?**

주님 10번, 나 13번. 그만큼 나와 하나님과의 관계가 중요하다는 말이야.

3. 내용을 간추려보세요.

발단 양들과 목자가 살았어요.

전개 양은 목자의 인도를 따라 푸른 풀밭과 쉴 만한 물가에서 참 안식을 얻어요.

위기 양에게 무서운 위험이 닥쳐왔어요.

절정 예수님이 목자가 되어 지팡이와 막대기로 구해주셨어요.

결말 다시 살아난 양이 감사해서 목자와 함께 영원히 살겠다고 말해요.

 양은 목자가 푸른 풀밭과 쉴 만한 물가로 인도해주고, 음산한 골짜기를 지날 때도 보살펴 주니까 걱정할 게 없다.

4. 제목을 정해보세요.

목자 없인 못 살아, 어린양의 신앙고백, 목자의 품에 안긴 양, 내게 부족함 없으리, 축복의 잔이 넘치는 사람, 내 영혼을 소생시키시는 하나님, 주의 지팡이와 막대기

5. 질문을 만들어보세요.

- 시인은 왜 하나님과 우리 관계를 목자와 양 관계에 비유했을까?
- 목자는 양을 기르기 위해 어떤 수고를 얼마나 하나?
- 왜 양의 머리에 기름을 부을까?
- 양이 받게 된 잔칫상에는 어떤 것들이 차려져 있을까?

3단계   말씀 속에서

1. 〈시편〉 23편은 누가 썼나요? 그는 1절에서 어떤 고백을 하고 있나요?

이 시는 숱한 시련을 지나온 다윗이 말년에 자기 생을 돌아보며 하나님의 은혜와 축복에 감사하며 썼어. 다윗은 목동 출신이라 누구보다도 양에 대해 잘 알아. 그는 이스라엘의 왕으로서 엄청난 부와 권세와 능력을 가졌고 뭐든 마음대로 할 수 있었지만 "여호와는 나의 목자이십니다. 저는 하나님이 보호하시고 이끌어주시지 않으면 아무것도 할 수 없는 한 마리 양에 불과합니다"라고 고백했단다.

다윗은 자기가 왕이라서 좋은 환경에서 모든 것을 갖고 누리고 있기 때문에 부족한 게 없다고 말하지 않았어. 여호와가 나의 목자라서 부족함이 없다는 거야. "여호와는 나의 목자"라는 말은 '여호와는 내게 헌신된 분'이라는 뜻이야. 하나님이 내게 헌신됐다면 부족함이 없을 것은 당연한 일이겠지? 한 나라의 왕의 고백도 이렇다면 우리는 더 겸손하게 주님의 목자되심을 자랑해야 하겠지? 그 누가 우리를 주님보다 더 잘 돌보아줄 수 있겠어?

2. "양이 누웠다"는 말은 무엇을 의미하나요?

양이 목자에게 양식을 공급받고 보호받는 최고 편안한 상태를 가리켜. 양은 누워서 되새김질을 하는 동물이라 누워야 해. 그런데 양은 조금만 무서워도 절대로 눕지 않아. 해충 때문에 괴롭거나 배가 고플 때, 바람이 억세게 불거나 짐승소리가 들릴 때, 양들끼리의 다툼과 갈등으로 긴장해 있을 때 양은 서성거리고 울어. '누웠다'는 것은 이 모든 두려움과 긴장과 괴로움과 배고픔으로부터 자유로워진 상태를 의미해. 양들이 염려하지 않도록 해주는 것은 목자뿐이야. 목자가 함께 있는 것만큼 양들을 안심시키는 것은 없어.

3. 목자는 양을 위해 무슨 일들을 하나요?

- **푸른 풀밭과 쉴 만한 물가로 인도한다.** 목자는 양에게 꼴을 먹이고 물을 마시우고 쉼을 얻게 해. 양은 몸의 70%가 물이라서 수분이 부족하지 않게 해주어야 해.

- **영혼을 소생시키고 회복시킨다.** 양이 슬그머니 옆길로 새고 싶은 죄의 본성이 발동해 한눈팔고 꾀부리고 철조망 너머에 있는 풀에 탐심을 품어. 목자의 인도만 따르면 아무 문제가 없는데 혼자 돌아다니다가 뒤집혀. 목자는 이런 양을 찾아내 주물러서 새 기운을 불어넣지.

- **자기 이름을 위하여 의의 길로 인도하신다.** 하나님과 우리 사이는 떼려야 뗄 수 없는 관계로, 우리에게 하나님의 이름이 걸려 있다는 말이야. 〈로마서〉 3장에서 의, 의의 길은 곧 예수님이라고 말씀하고 있어. 예수님은 "내가 곧 길이다"라고 말씀하셨지. 예수님은 우리에게 의의 길이 되어주셔.

4. "사망의 음침한 골짜기"가 의미하는 것이 무엇일까요?

골짜기는 깜깜해서 길이 없는 것 같아도 목자의 눈에는 길이 보여서 어둠 속에서도 신실하게 양을 인도해. 목자는 피리를 불거나 노래를 하거나 막대기로 바위를 탁탁 두들기기도 하는데 그 소리가 양들에게 안도감을 주고 다른 짐승들에게는 위협이 돼.

골짜기는 목자가 양에게 고원의 초장을 경험시키려고 정상으로 이끌 때 꼭 통과해야 하는 길이야. 양들은 "너무 길어. 끝이 안 보여. 다른 좋은 길 두고 왜 하필이면 이런 험한 골짜기로 인도해 우릴 괴롭히는 거야?" 하고 목자를 원망하기도 해. 하지만 목자는 묵묵히 그런 양떼들을 이끌어 신속하게 그 골짜기를 통과시켜. 목자가 일부러 음침한 골짜기에 양떼를 오래 머물게 할 이유가 없거든.

골짜기는 영어로 'shadow'(그림자)야. 아무리 골짜기가 깊고 깜깜해도 목자 되신 주님과 함께 가면 사망의 그림자(질병, 고난, 괴로움, 절망 등)를 넉넉히 이길 수 있어.

5. 목자가 양을 돌볼 때 사용하는 도구는 무엇인가요?

- **지팡이(rod)** 한 쪽이 갈고리 모양으로 꼬부라져 있어. 지팡이는 목자에게는 힘과 도움이 되고 양들에게는 안위와 위로가 되지. 양들을 한데 모아 친밀한 관계를 유지시킬 때, 새끼 양을 어미 곁으로 옮길 때, 양이 위험한 곳에 갈 때, 수풀을 헤칠 때, 가시덤불에 걸리거나 구덩이에 빠진 양을 구할 때, 수줍고 겁 많은 양을 목자에게로 이끌 때, 양을 새 길이나 좁은 길로 인도할 때 사용해. 지팡이는 목자의 신분을 나타내주고, 목자가 양에게 갖는 관심과 동정, 오래 참음과 친절을 나타내. 지팡이 끝을 양 옆구리에 가만히 대기만 해도 특별한 애정표현이 된단다.

- **막대기(staff)** 막대기는 끝에 날카로운 금속을 달아 맹수의 공격을 막아내거나 때려잡거나 적을 위협해 감히 덤벼들지 못하게 할 때, 양 숫자를 셀 때 사용해. 양의 질병이나 상처를 찾아 치료하기 위해 양의 털을 가르마 탈 때, 양이 길을 벗어나려고 하거나 동료들과 신경전을 벌일 때 양을 때려 정신차리고 제 길을 가게 할 때도 써. 이는 선한 목자 예수께서 마귀를 물리칠 때 사용하신 말씀 막대기를 의미해. 성경 66권을 "정경"(cannon: 막대기, 잣대, 척도)이라고 해. 양들이 목자의 손에 들린 막대기를 보고 안심하듯 성도들도 주님의 막대기인 말씀을 통해 큰 능력과 위로를 경험한단다.

6. 주께서 원수의 눈앞에서 상을 베풀어 주신다는 말이 무슨 뜻인가요?

잘해서 상장을 준다는 말이 아니야. 양에게 큰 '테이블(table), 식탁, 고원'을 베풀어 잔치를 벌여주신다는 말이야. 주님은 무성하게 풀이 자란 고원의 방목장에서 골짜기를 통과한 양들의 필요와 목마름을 채워주시고, 머리에 기름을 발라 골짜기를 지나며 받은 상처들을 치료해주셔.

인생의 골짜기를 지날 때 마귀의 공격으로 우리 몸과 마음은 상처투성이가 돼. 그때 그 원수 앞에서 주님은 보란 듯이 우리에게 후히 잘 차려진 큰 상을 베풀어주셔. "사망의 골짜기를 잘 통과했구나" 하는 정도가 아니라 모든 사람 앞에서 "이는 내가 사랑하고 기뻐하는 나의 백성이다" 하고 확증해주신다는 말이야.

7. 잔이 넘친다는 말이 무슨 뜻일까요?

골짜기를 우리 힘으로 통과한 게 아니야. 목자가 하게 해주신 거지. 우리가 받을 만한 자격이 있어서 상이 차려진 게 아니야. 주님께서 우리의 죄를 가려주셔서 구원의 영광을 맛보게 된 거야. 골짜기를 지나면서 힘들다고 원망했는데 그런 형편없는 우리에게 주님이 후히 상을 차려주시고 생을 부요하고 존귀케 하실 때 그것을 정당하게 받아먹지 못하고 "주님, 이러한 선대가 어찌 나 같은 자에게 합당하겠습니까?" 하는 거야.

"잔이 넘친다"라는 말은 '분에 넘친다'라는 뜻인데 다른 의미도 있어. 종종 밤에 들판에서 양을 지킬 때 목자는 추위를 이기려고 물병에 술을 약간 타서 갖고 다니는데, 양들이 오한이 날 때면 양에게도 그걸 먹여. 양은 목자의 품에 안겨 그가 따라주는 물 한 잔 받아 마실 때 제일 행복해. 그 행복함을 나타낸 표현이 "잔이 넘친다"라는 거야.

8. 내가 여호와의 집에 영원히 거할 수 있는 이유는 무엇일까요?

골짜기를 통과한 성도에게는 이전과 비교할 수 없는 확신과 소망이 생겨. 하나님의 선하심과 인자하심이 반드시 나를 따를 것을 확신하며 믿음의 길을 걸어가게 되지. 또 상 받는 영원한 집에 대한 사모함이 생겨. 하나님은 우리 각인을 향한 계획을 반드시 이루시고 신실하게 책임지시기 때문에 우리의 생은 궁극적으로 영원한 해피엔딩이 돼.

9. 목자가 없는 양은 어떤 어려움들을 겪게 될까요?

갑자기 내린 폭우로 인해 사납게 넘쳐흐르는 강, 산사태, 눈사태, 굴러 내리는 바위, 독풀, 맹수, 독사, 진눈깨비와 우박, 눈을 동반한 무서운 폭풍, 어두움, 곤충, 해충, 들장미나 가시덤불, 구덩이, 굶주림, 목마름, 외로움, 불안, 질병, 길 잃고 헤매며 방황하는 것 등이야. 양은 연약하고 미련하고 자기를 방어할 수 없고 자기 생을 꾸려갈 수 없기 때문에 양의 복지는 전적으로 목자에게 달려 있어. 목자와 함께 있을 때 양은 가장 행복하고 평안해.

 **4단계** **지금 여기에서**

1. 우리는 현실에 만족하기보다는 불평을 많이 하지요. 시인과 나를 비교해보세요. 나는 지금 무엇이 부족하게 느껴지나요?

2. 나와 양의 비슷한 점은 무엇인가요?

3. 시인은 주께서 나와 함께하시기 때문에 두렵지 않다고 말하고 있어요. 나는 어떻게

두려움을 이기나요?

4. 주님의 은혜로 영혼이 소생한 경험이 있나요? 예수님이 나의 목자라는 것을 느낀 적이 있나요?

5. 주님은 우리를 의의 길로 인도하시죠. 만약 우리가 죄의 길로 가려고 고집을 부리면 목자이신 주님은 우리를 어떻게 대하실까요?

6. 나는 목자 예수님의 도우심을 받는 양으로 살고 싶은가요? 목자 없이 세상에서 자기의 힘으로 살아가는 호랑이와 사자로 살고 싶은가요?

7. 어떻게 하면 목자의 사랑을 받는 양이 될 수 있을까요?

양답게 목자이신 주님을 의지하고, 주님께 내 삶의 결정권을 드리고, 주님이 하라는 대로 순순히 따르며 주님과 항상 함께할 때 더 사랑받겠지? 하지만 목자는 양이 어떻든 사랑하신 단다. 양이 목자의 요구조건을 충족시켜야만 사랑하는 게 아니라, 양이 사랑받을 만한 예쁜 짓 하기 전에 목자가 먼저 자기 몸을 바쳐 양을 사랑하지. 주님께서는 우리가 다 잘못 행하기 쉽고 각기 제 길로 가기 쉬운 양이어서 의의 길이 되시는 주님을 잘 따를 만한 실력이 못 된 다는 것을 너무나도 잘 아신단다. 그래서 우리가 부족해도 사랑하시는 거야.

8. (A) 죽음의 골짜기에서 목자의 구원을 경험한 양의 삶은 그 이전에 비해 어떻게 달라질까요?

골짜기를 분기점으로 해 삶에 찬미가 더욱 넘치게 돼. 골짜기 코스를 지나며 양들은 목자 가 가까이에서 함께하고 있다는 것을 느끼고 목자의 선하심에 대해 눈이 열리게 되지. 주님 의 목자 되심을 아는 감각이 남달라져서 차원이 다른 신앙고백을 쏟아놓게 된단다. 혹독한 고난 속에서 신앙이 부쩍 자라는 거야.

또 인생의 골짜기를 지나본 사람들만이 비슷한 처지의 사람들을 위로하고 격려하며 용 기를 북돋을 수 있어. 과거의 경험을 통해 하나님께서 고난 중에 함께하신다는 사실을 확신 하는 사람은 이제 동료에게 위로와 격려의 근원이 되는 거야. 또 이후에 어떤 위기를 만나 더라도 그때를 기억하며 확신과 소망 속에서 잘 극복할 수 있게 된단다.

9. 이 이야기를 통해 내 생각에 어떤 변화가 온 것이 있나요?

- 나는 그동안 내게 닥친 어려움을 주님의 도움을 받아 내가 극복한다고 생각했었는데 내가 아니라 오직 주님의 힘으로 극복한다는 것을 알게 되었다.
- 사망의 음침한 골짜기가 상을 베푸시는 축복의 길목으로 가는 골짜기임을 알게 되었다.
- 세상에서 힘을 길러 호랑이와 사자처럼 살려고 할 게 아니라 철저히 양으로 살아야겠다. 내가 양일 때만 주님이 나의 목자가 될 수 있기 때문이다.

10. (A) 지금 내가 목자 삼은 것이 무엇입니까?

모든 형태의 삶에 목자가 있어. 어떤 목자를 만나느냐가 양의 일생을 좌우해. 사람들은 좋은 학교, 외모, 지식, 기술, 직업, 돈, 힘, 재능 등의 스펙 등을 자신을 구해주고 보호해주고 인도해줄 목자로 삼고 살아가. 부모, 친구, 배우자, 성공, 일, 문화예술 취미활동, TV, 영화, 컴퓨터, 인터넷, 스마트폰을 목자로 삼기도 해. 심지어는 마약, 성, 도박, 게임, 술 등에 의존하기도 해. 자기를 목자로 삼는 이도 있어. 하지만 성경은 오직 주님만이 우리에게 참된 구원과 영원한 안식을 주시는 참 목자라고 말씀하셔.

 **이렇게 해보세요**

- 인상 깊은 장면을 상상해 그림으로 나타내 보고, 느낀 점을 곁들여 쓰기
- 양과 목자를 주제로 하여 짧은 동화 쓰기
- 〈시편〉 23편을 엄마와 함께 암송하거나 노트에 쓰기
- 〈시편〉 23편과 관련된 복음성가 및 찬송가 부르거나 들어보기
- 다윗처럼 목자 예수님을 찬송하는 시 써보기
- 양과 나를 비교해보고 밴 다이어그램으로 표현하기, 어떤 양이 되고 싶은지도 쓰기
- 양 일보에서 양 기자가 목자 예수님을 자랑하는 광고 기사 쓰기
- 미니북 만들기

✚ 편지를 쓰려면

편지는 ① 받는 대상 부르기 ② 계절인사 ③ 상대방의 안부 묻기 ④ 자기 안부 전하기 ⑤ 용건 또는 사연 말하기 ⑥ 작별 인사 ⑦ 날짜와 서명 순서로 씁니다.

✚ 편지형식으로 독후감을 쓰려면

① 대상인물을 선택하세요. 대상으로는 예수님, 작가, 등장인물 중의 한 사람, 나 자신, 또 다른 사람 중에 하나를 정할 수 있어요.

② 인물의 행동에 대한 자기의 생각을 정리하세요.

③ 대상인물에게 하고 싶은 말을 친구에게 하듯이 쓰세요.

④ 용건 부분에서는 성경을 공부하면서 깨달은 것을 쓰세요. 왜냐하면 이 편지는 진짜 그 대상에게 보내는 게 아니라 편지형식을 띤 독후감이기 때문이에요.

✚ 동화를 쓰려면

엄마랑 같이 생각을 모아서 동화를 써보세요. 이야기 구성의 3요소는 인물, 사건, 배경이에요. 먼저 등장인물 양의 이름을 지어보세요. 사고치는 양이든 불쌍한 양이든 착한 양이든 힘센 양이든 뭔가 매력적이고 개성 있고 독특한 캐릭터를 설정해야 합니다. 이 양이 얼굴이나 모습이 어떻게 생겼고, 어떤 차림을 하고 다니며, 무엇을 좋아하고 싫어하며, 무슨 말을 하는지, 말투가 어떤지, 주로 어떻게 행동하는지가 양의 캐릭터를 나타내 줘요. 이때 주인공 양과 대립되는 어떤 인물이 나오면 긴장감을 주기 때문에 훨씬 재미가 있어요.

그다음에 어떤 재미난 스토리가 있어야 해요. 발단-전개-위기-절정-결말의 플롯이 있으면 좋겠지만 아이들에게는 어려우니까요. 양이 무언가 말썽을 피워 큰 위기에 처하게 되는데 나중에는 목자의 도움으로 그 사건이 해결되는 이야기로 써보게 하세요. 그 과정에서 양이 목자의 사랑을 느끼고 목자의 말을 안 들은 걸 뉘우치는 정도면 무난하겠어요. 혹은 환상적인 판타지 요소를 집어넣는다면 더 기발하고 창의적인 동화가 나올 수도 있습니다.

배경은 시대적, 지리적, 사회적, 심리적, 사상적 배경 등 다양한데 시간과 공간 정도만 고려해보세요. 언제 어디서 있었던 이야기인지만 밝혀주면 됩니다. 그래야 현실감을 느끼니까요. 환상적인 이야기도 현실에 바탕을 두어야 해요. 문장은 간결하게 쓰고요. 문장 표현은 반복되는 단어나 구절이 있어 운율이 있으면 좋아요. 짧더라도 한 편을 완성하면 아이에게 큰 자부심이 생길 것 같네요.

그림 활동

최휘빈(초1)

한건희(초6)

김주애(초2)

???

초4 정경배

저의 목자되신 예수님 안녕하세요? 전 아직 예수님을 향한 믿음이 항상 뜨겁게 타오르지는 않는 순한 양이에요. 앞으로 늑대 같은 종교들이 많을 텐데 목자이신 예수님께서 쫓아주시고 바른 길로 인도해주세요. 예수님. 항상 예수님을 바라보는 뜨거운 믿음 주시고 지켜보아주세요. 다른 건 못 지키겠지만 새해 약속 중 '새벽기도 다섯 번 가기'는 꼭 하려고 해요. 그럼 안녕히 계세요.

🔍 첨삭 지도

예수님께 편지를 썼군요. 그런데 편지글 형식의 독후감이니까 본문의 내용을 좀 언급하면 더 좋아질 것 같아요. 독자는 아무것도 모르거든요.

목자되신 예수님께

저의 목자되신 예수님 안녕하세요?

날씨가 너무 추워서 어서 봄이 오면 좋겠어요. 전 대은초 4학년 정경배라고 해요. 아직 어리고 순한 양이에요. 그래서 그런지 예수님을 향한 믿음이 항상 뜨겁게 타오르지는 않는 것 같아요. 하지만 오늘 성경공부를 하면서 예수님이 항상 우리를 지켜주시고 보호해주신다는 것을 배웠어요. 예수님이 늘 곁에 계신다니 마음이 든든해요.

다윗은 왕인데도 자기의 권력과 힘을 의지하지 않고 하나님을 목자로 삼았는데, 저는 더욱 하나님을 의지하고 살아야 되겠다고 생각했어요. 앞으로 저처럼 순한 양을 잡아먹으려는 늑대 같은 사람들이나 문화나 종교들이 많을 텐데 목자이신 예수님께서 쫓아주시고 바른 길로 인도해주세요.

예수님. 항상 예수님을 바라보는 뜨거운 믿음을 주세요. 다른 건 못 지키겠지만 새해 약속 중 '새벽기도 다섯 번 가기'는 꼭 하려고 해요. 그럼 안녕히 계세요.

예수님의 순한 양 경배 올림

03
가인과 아벨

창세기 4:1-15

지도 포인트

1 예배의 기원과 그 중요성을 알려주세요.
2 가인과 아벨의 삶, 가인과 아벨의 제사의 차이점을 비교하여 대조하세요.
3 자녀의 예배와 삶이 누구에게 더 가까운지를 살피고, 하나님이 받으실 만한 예배를 드리게 해주세요.

 1단계   **그때 거기에서**

상상의 날개를 펴고 그때 그 사건의 현장으로 들어가봅시다.

I

하나님은 천지를 창조하신 후 맨 마지막으로 아담과 하와를 만드시고 그들에게 하나님이 주신 모든 것을 다스리며 살라고 하셨어. 하지만 동산 가운데에 둔 선악과만은 먹지 말라고 하셨지. 하나님 대신 맡아서 다스리다 보면 자기 걸로 착각하게 되니까 그걸 볼 때마다 주인이 누군지를 기억하라는 뜻이었어. 그런데 사람 마음이 먹지 말라면 더 먹고 싶잖아? 하와는 날마다 그 나무 아래서 서성거렸어. '딱 한 입만 먹어보았으면….'

그때 마귀가 뱀의 모양을 하고 찾아왔어.

"하나님이 저걸 왜 못 먹게 하셨는지 아니? 하나님처럼 될까 봐 그런 거야."

"하나님은 따먹으면 죽을 거라고 하셨는데?"

"절대로 안 죽어. 먹으면 하나님처럼 선악을 알게 돼."

그 말을 듣고 하와는 '내 인생의 주인은 나야. 나도 내 스스로 선악의 판단을 하면서 하나님처럼 살 거야' 하고 마침내 그 열매를 따먹고 남편에게도 주었어. 이렇게 해서 죄가 세상에 들어오게 되었단다.

그들은 두려움과 수치심에 싸여 하나님을 피하게 되었어. 여자는 아기 낳는 고통을 겪고, 남자는 땀 흘려 수고해야 겨우 먹고살 수 있게 되고, 원래 영원히 살도록 지어진 인간이 죽는 존재가 되었어. 죄 지은 상태에서 생명나무 실과마저 따먹으면 고통받으며 영원히 살게 될까 봐 하나님은 그들을 에덴에서 쫓아내셨단다.

하지만 하나님은 죄 짓고 쫓겨난 인간에게 여전히 관심을 가지시고 관계를 맺기 원하셨어. 하나님은 아담에게 농사짓는 법을 가르쳐주셨어. 아담은 땀 흘려 경작해 곡식을 거두면서 하나님의 은혜에 감사했시.

얼마 후 하나님이 아기노 수셨어. 전에 한 번도 본 적이 없는 이 세상의 처음 아기였지. 낳느라고 고생을 많이 했지만 낳고 나니 얼마나 기뻤는지 몰라. 볼수록 아담을 쏙 빼닮아 너무 신기하고 사랑스러웠어. 하와는 "하나님이 도와주셔서 얻은 아들이에요" 하고 감사기도를 드렸단다. 하나님은 하와에게 아기 키우는 법도 일일이 가르쳐 주셨어. 이어서 동생도 태어났어. 에덴동산에서 쫓겨나 옛날을 그리워하며 고통스럽게 살아가던 아담 부부는 재롱 피우는 아이들을 바라보며 큰 기쁨과 행복과 위안을 느꼈단다.

아담과 하와는 아이들에게 하나님과 함께 지내던 에덴이 얼마나 좋고 아름다운 곳이었는지를 말해주었지. 하나님의 공의와 은혜에 대해서도 가르쳐주고 죄를 지은 인간이 하나님을 만나기 위해서는 짐승을 잡아 제사를 드려야 한다고 가르쳐주었어. 에덴에서는 아무 때나 하나님 앞에 들어가 얼굴을 보며 직접 만나 이야기를 나눌 수 있었지만 죄를 지어 쫓겨난 후에는 하나님이 가르쳐주신 대로 제사의 절차를 통해 제물을 가지고 들어가는 수밖에 없었거든.

Ⅱ

형 가인은 농사를 지었고 동생 아벨은 양을 길렀어. 가인은 힘이 세서 농사를 잘 지었지만 욕심이 많아서 곡식과 열매들을 잔뜩 쌓아두고 살았어. 아벨은 힘이 약해 양을 치면서 밤낮으로 하늘을 바라보며 하나님을 묵상했단다.

한 절기가 끝난 후, 가인은 땅의 소산으로, 아벨은 양의 첫 새끼와 기름으로 제사를 드렸어. 그런데 하나님이 가인의 것은 쳐다보지도 않으시고 아벨의 것만 받으셨어. 아벨이 제사를 드릴 때 하늘에서 불이 내려와 아벨의 제물을 확 태우고 다시 하늘로 올라가지 않겠니? 그런데 가인의 제물은 그대로 남아 있는 거야. 기뻐하는 아벨을 보고 가인은 영적인 열등감과 깊은 소외감을 느꼈어. 동생이 밉기도 하고, 자존심도 상하고 하나님에게도 섭섭했어. 그 상처가 분노로 변해 얼굴이 붉으락푸르락해졌지. '왜 하나님이 내 제사는 안 받으시고 저 형편없는 녀석의 제사만 받으시지? 내가 형인데 당연히 내 제사를 받으셔야지. 동생 것만 받아? 흥, 내가 아벨보다 못한 게 뭐가 있어? 저 놈만 없었더라면 내 제사가 성공했을 텐데….'

앙심을 품고 벼르던 가인은 아벨을 들로 불러냈어. 영적이고 경건하던 아벨은 "형, 그렇게 세상적으로 살지 말고 믿음으로 살아. 몸이 약해서 농사를 못 짓는 사람들에게 쌓아둔 곡식들 좀 나눠주고…. 그럼 다음 번 제사는 하나님이 꼭 받아주실 거야."

"이게 건방지게 감히 형한테 충고를 해? 네가 나보다 잘난 게 뭐가 있냐? 너만 사라지면 다 해결된다."

가인은 사나운 맹수처럼 덤벼들었어. 아벨은 저항 한번 못 하고 그대로 쓰러졌단다. 더 이상 숨도 쉬지 않고 점점 뻣뻣하게 굳어져가는 아벨의 시체를 보는 순간 가인은 당황했어. 동물이 서로 싸우다가 죽는 것은 보았지만 사람이 죽은 것은 처음 보았거든. 마음에 가득하던 분노는 두려움으로 바뀌었어. 가인은 누가 볼세라 서둘러 아벨을 땅에 묻어버렸어. '이게 다 하나님 때문에 생긴 일이야.' 가인은 하나님을 원망하면서 터덜터덜 집으로 돌아왔어.

아벨이 며칠째 안 보이자 아담과 하와는 "아벨! 아벨!" 하고 찾아 헤매었어.

그때 "엄마 아빠, 형이 저를 죽였어요. 너무 억울해요" 하고 하소연하는 소리가 땅에서 들려왔단다.

"아벨! 이제 다시 너를 볼 수 없다니! 네가 어떻게 먼저 죽는단 말이냐!"

아담과 하와는 땅바닥에 주저앉아 목 놓아 울었어. 형제간의 불화, 한 맺힌 죽음, 자식과의 이별이 주는 고통을 처음으로 겪으면서 이들의 가슴은 천 갈래 만 갈래로 찢어졌어. '우리의 죄로 인해 이렇게 큰 슬픔과 고통을 겪게 되는구나.' 아담과 하와는 하나님의 말씀을 안 들었던 것을 뼈저리게 후회했어.

죄는 아담네 가정에 엄청난 불행과 고통을 가져다주었어.

"당신이 애를 잘못 키워서 그래! 그저 가인만 떠받들어 키워서 이렇게 된 거라고!"

"당신이 애를 위해 한 게 뭐가 있어요? 당신이 평소 애들한테 관심을 갖지 않아 이렇게 된 거예요!"

"뭐라고? 선악과 따먹고 내게 주고, 애 이름까지 맘대로 지은 건 누군데! 뭐든지 당신 마음대로 해놓고 이제 와서 왜 나한테 책임을 뒤집어 씌워?"

아담부부는 가인 때문에 서로 상대방 탓을 하며 싸움을 더 많이 하고 사이가 나빠졌단다.

Ⅲ

이 일 후에 하나님께서 가인을 찾아와 짐짓 물으셨어.

"네 동생이 어디 있느냐?"

"몰라요. 내가 아우 지키는 사람이에요?"

"그래, 형이 동생 안 지키면 누가 지키란 말이냐? 촌수는 괜히 있는 줄 아니?

부모 다음으로 형제가 가까운 건 네가 그만큼 책임이 크다는 말이야"

"양을 잘 지키는 자가 왜 자기는 못 지켰어요? 양 지키는 사람의 제물만 좋아하시는 하나님이 직접 지키시죠!"

"네 삶과 제물이 바르다면 내가 왜 안 받겠니? 네가 뭔 짓을 한 거니? 네 아우의 핏소리가 땅에서 소리친다!"

"이게 다 아벨의 제사만 받아주신 하나님 때문에 벌어진 일이라고요!"

하나님이 찾아오셨을 때 회개를 했으면 좋았을 텐데 가인은 자기 잘못을 인정하지 않고 하나님에게 맞서서 반항하고 불손하게 빈정거리고 내 책임이 아니라고 부득부득 우겼어. 그길로 가인은 여호와 앞을 떠나 불신의 길로 갔어. 이 죄는 점점 더 커져 사회로 퍼져나가. 이 다음 장인 창세기 5장을 보면 살인이 더 많이 일어나. 지금은 더 많은 살인이 저질러지고 있지?

 **2단계** **말씀 곁에서**

1. 어려운 단어가 있었나요?

소산 소산물, ① 어떤 지역에서 생산되는 물건. ② 어떤 행위나 상황 따위에 의한 결과로 나타나는 현상. **유의어** 산출물, 결과, 산물

유리(流離) 일정한 집과 직업이 없이 이곳저곳으로 떠돌아다니다.
　　　　　　유의어 유랑(流浪), 방랑, 부랑, 방황

2. 독서퀴즈

❶ **아담과 하와의 두 아들의 이름은 무엇인가요?** 가인, 아벨(1~2절).

❷ **가인의 직업은?** 농업, 농사짓는 자(2절).

❸ **아벨의 직업은?** 목축업, 양 치는 자(2절).

❹ **OX문제 – 가인의 제물은 곡식단이었고 아벨의 제물은 양이었다.**
　　X 땅의 소산(3절). X 양의 첫 새끼와 기름(4절).

❺ **두 형제가 제사를 드렸는데 하나님의 반응은 어떠했나요?**
　　가인의 것은 받지 않으시고 아벨의 것만 받으셨다(4~5절).

❻ 하나님이 자기의 제물을 받지 않으시자 가인은 어떤 반응을 보였나요?

분해서 안색이 변했다(5절).

❼ 사람이 선을 행하지 않으면 무엇이 문에 엎드려 있나요? 죄(7절).

❽ OX문제 – 가인은 아벨을 돌로 쳐 죽였다.

X(8절). 도구가 손인지 돌인지 막대기인지 무엇인지 모른다.

❾ 아벨의 무엇이 땅에서 하나님께 억울함을 호소했나요? 핏소리(10절).

❿ 하나님은 가인을 죽이는 자는 벌을 몇 배나 받을 것이라고 하셨나요? 7배(15절).

3. 내용을 간추려보세요.

발단 아담과 하와가 가인과 아벨을 낳는다.

전개 가인은 땅의 소산으로, 아벨은 양의 첫 새끼와 기름을 제물로 제사를 드린다.

위기 하나님이 아벨의 제사만 받으시자 가인이 분노한다.

절정 가인이 동생 아벨을 쳐 죽인다.

결말 하나님이 가인에게 벌을 주시고, 죽음을 면하도록 은혜를 베푸신다.

> **★더 줄여보세요** 아담과 하와의 아들 가인과 아벨이 하나님께 제사를 드렸는데 하나님이 아벨의 제사만 받자 가인이 화가 나서 아벨을 쳐 죽였다.

4. 제목을 정해보세요.

하나님이 기뻐 받으시는 예배, 내 속에 있는 가인, 거부당한 가인의 제사, 두 형제의 예배, 열납된 예물, 가인의 길 아벨의 길, 죄가 깨뜨린 가정

5. 질문을 만들어보세요.

• 노아 홍수 때까지는 인류에게 고기 먹는 것을 허락하지 않았을 때인데 아벨은 어떤 용도로 양을 쳤을까?

• 사람은 언제부터 왜 제사를 지내게 되었을까?

• 왜 가인의 제사를 안 받아주셨을까?

• 하나님이 제사를 받고 안 받고를 가인과 아벨이 어떻게 구별했을까?

• 성경을 보면 당시에 아담과 하와, 가인과 아벨 네 식구뿐인데 가인은 왜 만나는 사람들이 자기를 죽일까 봐 걱정했을까?

1. 하와가 자녀를 낳은 것은 어떤 의미가 있을까요?

하나님께서는 하와가 선악과를 따 먹었어도 금방 죽게 하지 않으시고 생명을 낳는 은혜를 주셨어. 범죄 이전에 주셨던 '생육·번성'의 복을 거두시지 않았다는 말이야. 아담은 에덴에서 쫓겨난 지 100년쯤 후에 가인과 아벨을 낳고, 130세에 셋을 낳았어. 죽은 아벨 대신 믿음의 계보를 이을 경건한 자손으로 하나님이 셋을 허락하셨단다. 아담은 930세를 살면서 그 외에도 자녀를 많이 낳았어. 성경이 인명사전이 아니기 때문에 기록되지 않은 아들들이 더 있었고, 남자 중심의 사회라 딸의 이름은 기록하지 않았어. 아담이 산 930년은 고려시대 조선시대 합친 기간이니 꽤 오래 산 것 같지만, 죄를 안 지었으면 영원히 살 사람이 겨우 1000년밖에 못 산 셈이야.

2. 가인과 아벨의 이름에 담긴 의미는 무엇인가요?

가인은 '얻음'이라는 뜻이야. 인간이 죄를 지은 후 하나님께서는 "여자의 후손이 뱀의 머리를 상하게 해 구원을 얻을 것"이라고 약속하셨어. 그래서 하와는 '혹시 이 아들이 에덴을 빼앗기게 만든 원수 마귀의 머리를 깰 그 구원자가 아닐까?' 하고 기대했어. 하와는 가인에게 모든 소망을 두고 맏아들의 특권을 누리게 해주었지. 가인은 프라이드를 갖고 우쭐대는 아들로 자랐어. 그렇게 기대와 사랑을 한 몸에 받았건만 구원자가 아닌 살인자가 되어 부모에게 크나큰 실망을 안겨주고 가정에 엄청난 불행과 고통과 슬픔을 가져다주었어.

아벨은 '비었다', '한숨', '먼지', '티끌', '허무', '연약하다'는 뜻이야. 하찮은, 못 가진 인생을 의미해. 태어날 때부터 세상적인 축복을 못 받은 것 같아. 아벨은 이름처럼 인생의 덧없음과 허무함을 잘 알았기에 하나님을 의지하면서 믿음으로 살았단다.

3. 왜 하나님이 아벨의 제사만 받으셨을까요? 가인과 아벨의 제사를 비교해 그 이유를 짐작해봅시다.

항목	가인의 제사	아벨의 제사
제물	땅의 소산을 드렸다. 제물을 수식하는 말이 없다. '땅의 소산의 첫 열매, 첫 소산, 최상의 것, 최선의 것, 잘 익은 좋은 곡식의 첫 열매'를 골라서 드렸다는 말이 없다.	양의 첫 새끼와 기름을 드렸다. 제물이 구체적으로 표현되어 있다. 첫 것은 최고의 것으로 간주되며, 나머지 것까지도 다 하나님의 것임을 인정하는 것이다. 기름은 하나님께만 드리기를 원하는 가장 귀한 것이다. "기름을 드렸다"는 말은 가장 맛있는 부위를 드렸다는 히브리 문학적 표현이다.

태도	아벨처럼 구별하는 과정이 없고 아무거나 드렸고, 자기 것의 일부를 드렸다. 제사에 정성이 없고 형식적이다. 예물 드리는 자세가 무엄하다. 인격적으로 예배의 자세를 갖추지 못했다. 드리기 전에 이미 하나님과의 관계에서 문제가 있었다.	오래전부터 최상의 것을 드리기로 마음먹고 정성 다해 준비해서 자기의 전부를 드렸다. "모든 좋은 것을 내려주시고 누리게 하시는 선하신 하나님께 어찌 좋은 것을 돌려드리지 않겠는가?" 이러한 하나님에 대한 인정과 은혜에 대한 감동이 있었다.
믿음	형식은 있으나 믿음이 없는 껍데기 제사였다. 가인은 겉으로 보기에는 표가 안 났지만 하나님 보시기에는 하나님이 기뻐하시고 기대하시는 중심이 없었다. 마음중심에 하나님이 아닌 자기가 들어 있다. 자기 기준에 따라 제사를 열심히 드리면 하나님의 호의를 얻을 수 있으리라고 생각했다.	믿음으로 더 나은 제사를 드려 하나님께 의롭다 인정을 받았다(히 11:4). 자기가 죄인임을 인정하고, 죄 중에 멸망하지 않도록 하나님께 나아갈 길을 열어주신 은총을 의지하고 감사하면서, 자신의 죄를 덮어줄 대속의 제물을 가지고 나아갔다. 그는 하나님의 긍휼과 은혜 없이는 자신이 예배의 자리에 갈 수 없다는 것을 알고, 상한 심령으로 하나님께 나아갔다.
삶	그의 제물에 평소의 삶이 그대로 드러난다. 삶에 선한 것이 없고 세속적이다. 하나님은 "네가 선을 행한다면 어찌 낯을 들지 못하느냐?"라고 말씀하셨다. "네가 선을 행한다면"이라는 말은 "바르게 제물을 드리다"라는 말과 어근이 같다. "믿음으로 제사를 바로 드린다면"이라는 말이다.	'아벨과 그의 제물'로 사람을 앞세운 걸로 보아 하나님은 제물보다 드리는 사람과 그의 삶에 더 주목하시고, 제물만이 아닌 그의 인격과 삶을 받으신다. 내적 중심과 태도는 반드시 행위를 통해서 드러난다. 그는 하나님을 최우선순위에 두었고, 믿음으로 살았다. 예배를 중요하게 생각했으며 주님의 나라와 의를 먼저 구했다.
반응	자신의 제사가 당연히 받아질 거라고 여겼는데 안 받으시자 부당하다고 하나님에게 화를 내고 아벨을 미워한다. 제사가 열납되지 않자 자신의 죄악된 실체를 드러낸다.	하나님과의 교통의 순간에 자신의 제사를 기쁘게 받으신 것을 알고 마음에 감격이 있다.
방법	자기 생각대로 제사를 드렸다. 모든 제물이 피가 있어야 하는 것은 아니다. 감사제는 곡식소제를 드릴 수도 있다. 그러나 속죄제는 죄의 엄중함을 깨우치시려고 짐승의 피를 요구하셨다.	하나님이 원하시는 방식대로 제사를 드렸다. 〈창세기〉 3장에 하나님이 아담과 하와에게 가죽옷을 지어 입히셨을 때 이미 사람의 죄로 인해 죄 없는 짐승이 피 흘리고 죽은 예표가 나온다. 아벨은 죄를 대속하신 예수 그리스도를 상징하는 양의 첫 새끼와 기름을 제물로 드렸다.
수준	주목할 만하지 못했다.	하나님의 마음에 딱 들어 주목을 끌었다.
교훈	죄는 자라난다. 가인이 예배 한 번 잘못 드린 후 더 큰 살인죄를 저지르고 하나님 앞을 떠나갔던 것처럼 회개를 제때 못하면 더 큰 죄를 짓게 된다.	아벨은 우리에게 진정한 헌신, 예배, 감사의 정신을 가르친다. 하나님이 아벨의 제사만 받으신 것은 하나님께 바른 예배를 드림으로써 하나님과의 관계를 지켜나가기를 원하신다는 것을 보여준다.

4. 가인과 아벨은 인류의 두 유형을 상징합니다. 두 사람의 삶은 어떤 차이가 있나요?

항목	가인	아벨
대표성	세속적인 불신앙자	하나님 나라 백성
후예들	세상의 강자, 세상의 힘, 세속의 영광, 저주의 계보	세상의 약자, 경건, 양심의 소리, 거룩하고 경건한 계보
직업	농사하는 자	양 치는 자
믿음	형식적인 종교인. 세속적 종교를 대표함. 믿음이 아닌 마음의 타락한 죄성을 따라 살았다.	진정한 예배자 믿음으로 살았다.
가치관	인본주의, 다원주의 물질에 의지해 살며 물질에 따라 반역함(유1:11). 자기중심적, 자기를 의지하는 사람	신본주의 하나님 중심, 하나님을 의지하는 사람
종말 때	심판	구원
기록	첫 번째 살인자	첫 번째 순교자
성경의 평가	악인(요일 3:12)	의인(마 23장), 선지자(눅 11장), 믿음으로 더 나은 예배를 드린 사람(히 11:4).
서열	장남으로서 부모의 기대와 사랑을 많이 받고 자라 특권의식이 있고 은혜를 당연시한다. 형의 권위와 자존심을 지키려 한다.	차남으로서 어려서부터 장남만큼 큰 기대와 주목을 받지 못하고 자란다.
성격	하나님이 직접 찾아오셔서 경고등을 켜주셨건만 자신의 뜻대로 밀고 나간다. 독불장군, 교만, 고집, 거만함, 반항적, 성냄, 적개심, 앙심 품음, 사악함, 난폭함, 교활함, 잔인, 불평이 많음, 동생에 대한 책임 회피	겸손, 연약함 중에 신뢰, 정직, 믿음, 하나님에게 좋은 것을 드림, 헌신하다가 죽음을 당함.
관심	살인 후 두려움에 자기를 보호할 성을 쌓고 살았다.(창 5:2) – 자신의 안전보장에 모든 관심이 있다.	하나님의 말씀에 관심을 두고 그의 삶과 말로 하나님의 진리를 대변하는 삶을 살았다.
선택	십자가의 길을 거부, 박해자 성도를 미워하고 박해하며 분노의 감정을 갖는다.	십자가의 길 선택, 고난받는 자. 성도의 존재 자체가 자신의 영적 실체를 그대로 드러내주기 때문에 불신자의 미움과 핍박을 받는다.
인상	얼굴(얼의 꼴)이 사납다. 분노가 안색에 나타난다.	마음의 선한 경향을 갖고 살았다.

방향	하향적 인간–죄를 짓고 하나님을 대적하고 미워하는 마음으로 가득 차 불쾌해하면서 하나님을 향해 항의의 표시로 땅을 향해 고개를 푹 숙이고 다니는 유형이다.	상향적 인간– 하나님을 사모하며 하나님에게 초점을 맞추고 하늘 향해 얼굴을 들고 적극적 선을 행하는 인간유형이다.

5. 가인의 생각과 행동 중에서 잘못된 것은 무엇인가요?

- **모든 잘못과 원인과 책임을 상대방에게서만 찾는다.** 제사를 안 받으시면 "내 제사에 무슨 문제가 있나?" 돌아보고 하나님 앞에 다시 시작하면 되는 거야. "하나님은 정확하셔. 내가 땡땡이친 것을 다 알고 계시네. 죄송해요. 다음엔 바르게 제사 드릴게요" 이래야 맞지. 동생한테도 배울 건 배워야 해. 근데 가인은 아무 잘못이 없는 아벨에게 자기 불행과 실패의 책임을 묻고 있어.

- **상대방이 죽어 없어지면 문제가 해결된다고 생각한다.** 아벨을 죽이면 하나님이 가인의 제사를 받으실까? 질투의 대상이 사라지면 행복해질까? 그런다고 문제가 해결되는 건 아니야. 그런데 가인은 '미운 너만 죽이면 된다'라고 생각한 거야. 분노의 감정이 치솟았을 때는 생각이 잘못되기 쉬워.

- **동생이 잘 믿는 것을 기뻐하지 않고 핍박한다.** 하나님이 기쁘게 받으신 제사가 가인에게는 미움과 분노의 대상이 되었어. 가인도 겉으로는 하나님을 믿는 것처럼 보였는데 예배 후에 믿음 좋고 의로운 동생을 죽여 그의 내저인 실체를 드러냈어.

6. 하나님이 가인에게 주신 형벌과 은혜에 대해 생각해봅시다.

아벨을 죽인 후 가인의 마음에 큰 고통이 찾아왔어. "내 죄벌이 무거워 견딜 수가 없어요." 자기 죄가 얼마나 큰지를 잊고 죄벌만 무겁대. 죄질을 보면 사형도 시원찮은데 하나님께서는 가인에게 긍휼을 베푸시고 회개와 구원의 기회를 주셨어. 하나님은 가인이 큰 죄를 지은 후에도 가인과의 관계를 끊지 않으시고 찾아가 말씀하셨어. 동생을 죽여 놓고도 남들이 자기를 죽일까 두려워하는 가인에게 하나님은 죽음을 면할 수 있는 표도 주셨어. 이 표는 예수 그리스도의 구원을 예표해. 어떤 죄인도 주님께로 오면 그 보혈로 깨끗함을 받고 심판을 받지 않게 된단다. 살인자 가인에게도 은혜를 주셨다면 세상의 그 누구에겐들 은혜를 베풀어 주시지 않겠니.

가인은 "땅에서 피하며 유리하는 자가 되리라" 하는 저주를 받아. 가인은 죄를 용서받지 못한 채 평생 그에게 내려진 형벌을 지고, 쫓아오는 사람이 없어도 불안하고 두려워서 도망다니며 살아야만 했어. 더 크고 무서운 벌은 하나님의 낯을 뵙지 못하게 된 거야. 인간의 불행은 하나님을 떠난 데서 시작돼. 예배를 통해 하나님을 뵙는 게 가장 큰 복이란다.

7. (A) 가인을 향한 하나님의 질문과 요구는 무엇인가요?

　　하나님은 악에 빠져 있는 가인에게 정확히 경고하셨어. "너 왜 얼굴을 못 드니? 그 이유는 네가 잘 알지 않니? 네가 옳게 행하면 내가 왜 네 제사를 안 받겠니? 죄가 문 앞에 엎드려 있으니 정신 차리고 죄를 떠나라!" 하나님이 가인에게 원하시는 것은 하나님 앞에서 자기를 돌아보고 올바른 예배를 드리라는 거였어. 네 행위, 네 제사와 제물 자체가 선하지 않다는 거야.

 **4단계　지금 여기에서**

1. 내가 섭섭함과 분노를 경험한 때는 언제였나요?

2. 내 탓을 해야 할 순간에 남의 탓을 해서 나의 잘못을 합리화하고 그에게 책임을 전가해 나를 보호하고자 한 때가 있었나요?

3. 내 안에 들어 있는 가인의 모습을 찾아봅시다.

- 문제가 닥치면 나를 돌아보기보다는 하나님과 사람을 원망하고 책임을 전가한다.
- 부모님에게 대든다. 친형제자매와도 경쟁하고 비교하며 미워한다. 장남으로서의 권위 의식과 우월의식을 갖고 행동하며 동생을 무시하고 얕본다.
- 별 기대도 감사의 마음도 없이 습관적, 형식적인 예배를 드린다. 헌금을 정성껏 미리 준비해두지 않는다. 엄마가 준 헌금을 안 내고 내가 쓴다.
- 다른 사람이 잘되면 시기 질투한다. 남의 성공을 기뻐하고 축하하기 어렵다.
- 누가 나의 잘못을 지적해도 절대로 인정하지 않는다.
- 나를 괴롭히는 사람이 내 눈앞에서 사라지거나 죽어 없어지면 좋겠다고 생각한다.
- 화를 참지 못하고 분노를 마음에 쌓아둔다.
- 돌봐야 할 공동체 내의 형제에게 무관심하다.
- 하나님의 말씀을 순하게 듣지 않고 하나님한테 따진다. 주체적으로 살겠다고 하나님을 떠나 인본주의적 태도를 갖는다.

4. 분노나 질투의 감정을 어떻게 조절하고 풀어야 할까요?

- 하나님 앞에 바로 서서 하나님과의 관계로 풀어야 할 때에 사람을 원망하고 사람과의 관계로 풀려고 하면 안 된다. 거절당했을 때 가인은 자신의 경건을 재점검하고 풀어야 했다.

- 분노의 원인을 다른 사람이 아닌 자기 안에서 찾고 '제가 뭐가 잘못된 거죠?'라고 물어 하나님 앞에서 해소하라. 분노의 감정을 하나님께 기도로 쏟지 않으면 사람에게 쏟게 된다. 야곱이 얍복 나루에서 형 에서의 분노를 해결시켜 달라고 기도했을 때 하나님은 에서가 아니라 야곱의 내면을 다루어 해결하셨다.

- 어떤 상황이든 하나님의 주권적인 섭리로 받아들이면 사람에 대한 원망이 사라진다.

- 분노의 영에 사로잡히지 말고 성령으로 충만하라.

- 화내기로 결정하는 것은 나다. 마귀의 특별초대에 응하지 말고, 심호흡을 하고 감정을 가라앉힌 후 '지금 내가 화내는 게 정당하고 적절한가? 화를 내면 문제가 해결될까?' 스스로에게 질문하라.

- 분노를 며칠씩, 몇 년씩 쌓아놓지 말라. 분노 자체보다 분노를 유지하는 게 죄다. 성경에 해가 지도록 분을 품지 말라고 하셨으니 주님이 분노 해소를 위해 주신 시간은 딱 하루뿐이다. 쌓아 두면 병이 되고 한 순간에 폭발한다.

- 질투에 사로잡히면 상대방에게 초점을 맞추고 거기에 몰입한다. 상대방 무너지기를 기다리니까 자신의 성장이 멈춘다. 일상적인 삶을 빼앗기고 신뢰, 관계, 사랑을 다 잃어버린다. 초점을 하나님께로 맞추라.

- 다른 사람과 비교하지 말고 미래지향적으로 나를 보라.

- 공동체 의식을 가져라. 주변인이 적이 되면 적대감이 들고 화가 난다. 그가 잘 되면 결국 내게 좋다. 그가 어려워지면 내 책임이다.

- 정죄와 분노는 교만의 소산이다. 한 마디로 분노는 "네가 감히 나를 그렇게 대우하다니" 하는 교만한 마음의 표현이다. 낮고 깨지고 상한 마음, 가난하고 겸손한 마음으로 하나님께 나아온 아벨의 마음을 가져라.

5. 성경은 우리가 화내면 안 되는 이유를 뭐라고 하나요?

- 사람이 성내는 것이 하나님의 의를 이루지 못함이라 (약 1:20)

- 가인같이 하지 말라 그는 악한 자에게 속하여 그 아우를 죽였으니 (요일 3:12)

- 그 형제를 미워하는 자마다 살인하는 자니 살인하는 자마다 영생이 그 속에 거하지 아

니하는 것을 너희가 아는 바라(요일 3:15)

- 분을 내어도 죄를 짓지 말며 해가 지도록 분을 품지 말고 마귀에게 틈을 주지 말라(엡 4:26-27)
- 사람마다 듣기는 속히 하고 말하기를 더디 하며 성내기도 더디 하라 사람의 성 내는 것 이 하나님의 의를 이루지 못함이니라(약 1:19-20)
- 노하기를 더디 하는 자는 용사보다 낫고 자기의 마음을 다스리는 자는 성을 빼앗는 자 보다 나으니라(잠 16:32)
- 노하기를 더디 하는 것이 사람의 슬기요 허물을 용서하는 것이 자기의 영광이니라 (잠 19:11)
- 어리석은 자는 자기의 노를 다 드러내어도 지혜로운 자는 그것을 억제하느니라 (잠 29:11)

6. 아벨의 제사처럼 드릴 수 있는 나의 가장 귀한 것은 무엇인가요?

7. 하나님이 받으실 만한 진정한 예배는 어떤 것일까요?

하나님이 받으시는 예배가 따로 있어. 우리는 교회에 가서 설교를 듣고 오는 것을 예배 라고 생각하는데 사실 예배는 드리는 거란다. 하나님께 우리가 뭘 드려야 하나님이 기쁘게 받으실까? 성경을 보면 변화된 삶의 열매를 드리는 예배를 원하셔. 이걸 "삶으로 드리는 예 배"라고 해. 주일만이 아니라 우리의 모든 날 모든 순간이 다 삶으로 드리는 예배의 시간이 란다. 하나님은 다른 데 신경 쓰지 않고 온 마음과 정성과 사랑을 다해서 주님만 생각하면 서 드리는 예배를 기뻐하시지. 자신의 연약함과 죄인됨을 알고 상한 마음으로 나아와 은혜 를 구하는 기도를 기쁘게 받으시고, "한 주간 동안 하나님이 제게 이런 이런 은혜들을 베푸 셨어요" 하고 하나님을 인정해드리고, 감사하면서 찬송드리는 것을 기쁘게 받으신단다.

8. '가인 콤플렉스'란 무엇일까요?

당연히 첫째로서 누려야 할 것을 동생에게 빼앗길 때 나타나게 되는 분노의 감정, 또한 내가 잘못했을지라도 그 책임의 원인을 다른 사람에게 돌리는 것을 말한다.

9. (A) 가인과 아벨 이야기는 오늘날 우리사회와 어떤 점에서 닮아 있나요?

- 사람들은 가인처럼 화가 나 있다. 개인, 가정, 교회, 사회, 직장 등에서 분노가 곳곳을 지

배한다. 노사분쟁, 정치대립, 부모 자식 형제간의 다툼, 소송, 살인사건이 일어나며, 사회에 대한 분노를 이기지 못해 방화하거나 불특정다수를 죽이는 '묻지마 살인'도 발생한다. 그런 것을 대중매체가 학습시켜 사회가 점점 난폭해진다.

- 경쟁 지향적인 한국사회는 시기와 질투를 부추긴다. 학교 다닐 때는 성적 하나로, 졸업 후에는 소유와 물질의 양으로 나머지 사람을 좌절하게 만든다.

- 죄를 저지르고도 "사회부적응의 정신적 문제가 있어서, 유전적으로 두뇌에 문제가 있어서, 환경이 열악해서, 부모를 잘못 만나, 어렸을 때의 상처 때문에, 친구 때문에, 술김에" 등등 핑계를 대고 죄의 형량을 가볍게 하고 책임을 회피하고 면제받으려고 한다.

- 가인에게 "네 아우 아벨이 어디 있느냐?"고 물으신 하나님은 오늘날 우리에게도 "네 동생이 어디 있느냐?"고 물으신다. 우리의 가정과 교회와 학교와 사회에서 우리가 돌볼 동생이 많이 있다. 그런데 우리는 "나하고 무슨 상관이 있어요? 내가 동생 지키는 자 예요?"라고 말하면서 '돌봐야 할 내 동생'에 대한 책임을 회피한다. 주님을 사랑한다면서도 주님이 당신과 동일시하신 '지극히 작은 자 하나'에게는 무관심하다. 소외당하고 약하고 혹독한 처지에 놓여 억울하게 죽어가는 우리의 아벨들의 핏소리를 사람은 못 들어도 하나님은 예민하게 들으신다.

- 오늘도 가인은 아벨을 죽이고 있다. 이스라엘과 아랍, 남과 북 다 형제들이다. 한 피, 같은 언어, 같은 문화권에서 전쟁하고, 아벨은 가인에게 희생당한다.

5단계 이렇게 해보세요

- 인상 깊은 장면을 상상해 그림으로 나타내고, 그림 설명 곁들이기
- 예배란 _____이다.
  빈칸 창의적으로 채우기. 왜 그런지 설명하기. 예) 예배는 연애다. 왜냐하면…… 때문이다.
- "하나님이 기뻐 받으시는 예배 vs 하나님이 싫어하시고 거절하시는 예배"에 대해 쓰기
- 나는 언제, 왜, 분노하며 어떻게 푸는지 자신의 내면을 들여다보며 분노에 대해 글쓰기
- 가인의 생각이 잘못된 부분들을 적어보고 왜 그 생각이 잘못되었는지 써보기
- 내게 있는 가인의 요소들, 내가 구비하고 싶은 아벨의 요소들을 적어보기
- 아담네 식구들과 우리 식구들을 비교해보기, 아담 가정과 우리 가정을 비교해보고, 가장 바람직한 가정에 대한 견해를 쓰기

• 모의재판하기 – 가인 살인죄로 기소하기

✚글감 찾기를 위한 키워드

초점	내용 및 제목
하나님	경고하시는 하나님, 선한 삶을 요구하시는 하나님, 찾아가시는 하나님, 억울한 핏소리를 들으시는 하나님, 표를 주시는 하나님, 하나님의 질문, 형벌과 은혜
제사	가인의 제사 vs 아벨의 제사, 하나님이 기뻐 받으시는 예배 vs 하나님이 싫어하고 거절하시는 예배, 삶으로 드리는 예배, 믿음으로 드리는 제사
인물	두 형제, 가인의 저주, 내게 있는 가인의 요소, 가인의 변명, 가인의 두려움, 하나님이 낯을 떠난 가인, 가인의 생각의 오류, 아벨의 순교
죄	죄의 뿌리, 죄의 결과, 책임전가 합리화, 억울한 핏소리, 죄의 확산
가정	아담네 식구들 소개, 죄가 붕괴시킨 아담네 가정, 무너진 기대
감정	우리가 다스려야 할 것 –분노, 시기, 질투
사회	이 시대의 '동생', 깨어진 가정, 사회적 분노

✚모의재판 형식의 글을 쓰려면

1. 재판장의 개정선언 및 인정심문-피고인의 신원과 기소사실의 확인

2. 검사의 발언-검사의 기소요지 설명

3. 변호사의 변론

4. 검사측의 증인심문 및 변호사의 반대심문-피고인의 잘못을 설명할 증인을 선택하여 검사가 심문, 변호사가 반대심문

5. 변호사측의 증인심문 및 검사의 반대심문-피고인을 변론해 줄 증인을 채택하여 변호사가 심문, 검사가 반대심문

6. 검사의 최종논고-사건에 대한 검사의 마지막 정리 주장

7. 변호사의 최종변론-사건에 대한 변호사의 마지막 정리 주장

8. 피고인의 최후진술-사건에 대한 피고인의 최종변론

9. 재판장이 유죄 또는 무죄를 판결함.

> 갈현초등학교 김진석
> 아벨과 가인이 제사를 지냈다.
> 그런데 아벨의 제사만 받
> 았다. 그래서 가인이 화가나
> 서 아벨을 죽였다.

→ 김진석 (초1)

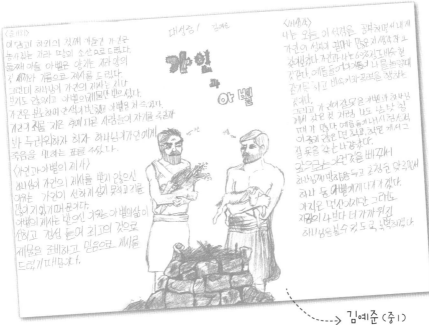

→ 김예준 (중1)

가인과 아벨의 재판

초4 김다은

서기 재판부가 입장할 때는 모두 자리에서 일어나시기 바랍니다. (잠시 후) 모두 자리에 앉아
주십시오.

판사 지금부터 ❶기원전 ××××년 ○○월 △△일 에덴동산 밖의 법원재판을 시작하겠습니다.
사건번호 2135 1234호 피고인은 가인.

판사 피고는 생년월일, 나이, 주소와 직업을 또박또박 말하세요.

피고 ××××년 ○○월 △△일 생 ○○살 농부입니다.

판사 검사 측, 기소요지를 말씀하세요.

검사 (일어서서 자료를 들고 전체를 향해) ❷ 원고는 에덴동산 밖의 양치기입니다. 형 가인보다
힘이 약하지만 하나님을 잘 믿는 헌신적인 사람이지요.
원고는 ❸ 피고의 소문을 들어보니 피고는 불량한 사람입니다. 원고에게 질투가 나자 결
국은 원고를 살해하셨기 때문에 피고를 살인죄로 고소합니다.

판사 지금부터 피고인 심문에 들어가겠습니다.

검사 (자료를 들고 앞으로 걸어 나와 피고를 향해) 피고는 ❹ 원고를 평소에도 많이 때렸었나요?

피고 그렇게 많이는 아니고…….

검사 혹시 원고가 피고한테 피해를 주고, 맞을 짓을 했나요?

피고 네. 원고가 저에게 ❺ 잘난 척을 해댔습니다.

검사 (판사를 보며) 이상입니다.

판사 피고 측 변호인, 반대 심문 시작하세요.

변호인 원고는 양치는 일을 잘한다면서요? 그럼 피고와 있을 때는 보통 무엇을 하나요?

원고 요즘 어떻게 하고 있는지 대화를 나눕니다.

변호인 그럼 피고가 말한 대로 잘난 척을 하였나요?

원고 네.

변호인 ❻ 피고는 그래서인지 원고를 폭력할 수밖에 없었던 것입니다.

변호인 (판사를 바라보며) 이상입니다.

판사 증인을 채택하겠습니다. 검사 측, 증인 신청하겠습니까?

검사 아니요.

판사 변호인은 신청할 증인 있습니까?

변호인 아니요. 없습니다.

판사 그러면 검사, 최후변론하십시오.

검사 (자리에서 일어나) 원고는 착실하게 하나님 말씀대로 신앙생활과 양치는 일을 하죠. 그 런데 그런 ❼ 원고는 피고가 자꾸 때려서 생활을 하기가 어려웠습니다. 그리고 이미 일어 났던 몇 번의 폭력으로 원고는 피고와 가까이 있는 것도 무서운 게 사실입니다. 동생이 형 에게 맞고 살인당하는 것을 본 적이 있습니까? 존경하는 판사님, 맞을까봐 떨고 있는 원 고를 위해 현명한 판결 내려주시길 부탁드립니다.

판사 피고 측 변호인, 최후변론 하십시오.

변호인 원고와 피고가 처음 만났을 때, ❽ 원고는 처음부터 피고에게 잘난 척을 하였습니다. 피고 의 성격을 몰랐기 때문이죠. 하지만 피고 입장은요? ❾ 자기보다 어린데 형에게 잘난 척 하는 동생이 너무나도 가시 같았을 것입니다. 그래서 원고를 죽일 수밖에 없었을 것입니 다. 존경하는 판사님, 피고 측 입장도 생각해주시기 바랍니다.

판사 잘 들었습니다. ❿ 잠시 휴정했다가 판결을 내리도록 하겠습니다.

〈휴정 후〉

판사 재판을 이어서 하겠습니다. 옛 속담에 "가는 말이 고와야 오는 말이 곱다"는 말도 있습니 다. ⓫ 아벨이 형에게 잘난 척만 하지 않았더라면 이 사건은 일어나지 않았을 것입니다. 하지만 피고도 형으로서 동생을 지켜주지는 못할망정 동생을 죽이는 살인자가 되었습니 다. 즉 원고와 피고, ⓬ 양쪽 다 잘못이 큽니다. 그래서 결정한 오늘의 판결은,

1. 피고는 무기징역으로,

2. ⓭ 원고는 형에게 아는 척을 하지 않도록

3. 가장 중요한 것은 형제가 사랑하는 마음을 갖는 것입니다. 이상 세 가지입니다.

⓮ 재판을 마치겠습니다.

모의재판 형식에 따라 잘 썼습니다. 어려운 형식의 글인데 정말 대단하네요. 재판 자체가 고도의 토론이죠. 이게 죄인지 아닌지 얼마나 큰 죄인지 판결해야 하니까요. 이런 글은 타당한 근거를 제시하는 게 가장 중요해요. 기소나 판결 즉 양형기준이라는 게 있는데 그렇게 구형한 근거를 제시해야 합니다.

❶ 사건번호'는 연도와 사건의 번호를 의미하므로 1번이 되겠지요.

❷ 원고 아벨은 이미 죽었기 때문에 검사가 대신 그 죄를 고발하는 것이니까요. 원고를 피해자로 하고 피고를 피의자로 하는 게 좋겠어요.

❸ 모든 재판은 객관적이고 명확한 증거에 의해 진행되므로 "소문을 들어보니" 같은 표현보다는 피고가 원고를 죽였다는 명백한 물증을 제시하는 것이 좋겠습니다. 증인을 활용해보세요.

❹ 검사의 신문에서 원고를 평소에도 많이 때렸느냐고 물었는데 포인트는 때린 것이 아니라 살해한 것이니 "죽인 게 사실이냐? 피고인은 그 사실에 대해 인정하느냐?" 하고 사실 여부를 물어야 합니다.

❺❼❽❾⓫⓬ 원고가 맞을 짓을 했기 때문에 때리고 죽였다고 죄를 정당화하는데 사실 잘난 척한 것은 죽음을 당할 만큼 큰 잘못이 아니지요. 그리고 성경을 보면 아벨은 결코 잘난 척을 한 적이 없습니다.

❿ 변호사와 검사에게 최종변론의 기회를 주었다면 피고에게도 변론의 기회를 주는 것이 균형이 잡힐 것 같습니다.

⓭ 원고는 죽어서 자리에 없습니다.

⓮ 구형할 때 정상참작, 형법 몇 조에 근거하여 등의 문장을 사용해보세요.

가인과 아벨의 재판

서기   판사가 입장하겠습니다. 모두 자리에서 일어나시기 바랍니다. (잠시 후) 모두 자리에 앉아주십시오.

판사   지금부터 XXXX년 ○○월 △△일 에덴동산 밖의 법원에서 형사재판을 시작하겠습니다. 사건번호 00001호.

판사   피고 가인은 생년월일, 나이, 주소와 직업을 또박또박 말하세요.

피고   XXXX년 ○○월 △△일생 00살입니다. 주소는 에덴동산 밖의 놋 땅이고, 직업은 농부입니다.

판사   검사측, 기소요지를 설명하세요.

검사   (일어서서 자료를 들고 전체를 향해) 에덴동산 밖의 양치기였던 아벨은 하나님을 잘 믿는 헌신적인 사람이었습니다. 그런데 불행하게도 형제가 하나님께 제사를 드린 후에 아벨이 가인에게 맞아 죽고 말았습니다. 살해이유는 함께 제사를 드릴 때 자신의 잘못은 생각하지 않고 하나님께서 아벨의 제사만 받으셨다고 질투했기 때문입니다. 피고 가인을 살인죄로 고소합니다.

판사   지금부터 피고인 심문에 들어가겠습니다. 지금 검사가 한 말이 맞습니까? 피고는 동생 아벨을 죽였습니까? 피고는 그 사실에 대해 인정합니까?"

피고   아니요, 제가 죽이지 않았습니다.

검사   거짓말하지 마십시오! 밭을 지날 때마다 밭에서 억울하다는 아벨의 원한 맺힌 소리가 납니다. 그리고 범죄장면의 목격자도 있습니다. 판사님, 피고 가인이 아벨을 죽였다는 것을 증명하기 위해 증인을 신청하겠습니다.

판사   증인 채택하겠습니다. 검사 측, 증인 신청하세요.

검사   네, 판사님. 에덴동산 밖의 옆 동네에 사는 OOO를 목격자로 신청합니다.

판사   변호인은 신청할 증인 있습니까?

변호인   아니요, 없습니다.

판사 목격자를 검찰 측 증인으로 인정합니다. 증인 나오세요. (증인 000는 앞으로 나와 증인석으로 간다.)

판사 증인, 목격자이지요?

증인 예, 그렇습니다.

판사 생년월일과 직업, 사는 곳을 말씀 하세요.

증인 놋 땅에 살고, 직업은 농부, 00년생입니다.

판사 증인은 자신이 경험한 것을 사실대로 말하면 됩니다. 증인 선서하시오.

증인 (일어서서 선서를 낭독한다.) 선서! 양심에 따라 숨김과 보탬이 없이 사실 그대로를 말하고 만일 거짓이 있으면 위증의 벌을 받기로 맹세합니다.

판사 증인, 방금 거짓말을 하지 않기로 선서했습니다. 선서한 바와 같이 질문에 따라 아시는 대로 답변하시기 바랍니다. (검사를 바라보며) 자, 그럼 증인심문을 시작하겠습니다. 검사, 시작하세요.

검사 증인은 피고와 원고와 어떤 관계입니까?

증인 저희는 이웃입니다. 가인의 밭 바로 옆에 있는 밭에서 제가 농사를 짓다보니까 자주 만나는 편입니다.

검사 피고가 원고 아벨을 죽이는 장면을 보셨지요? 그 장면을 상세히 증언해주시기 바랍니다.

증인 네. 며칠 전 두 형제가 같이 제사를 하나님께 드렸습니다. 그런데 하늘에서 불이 내려와 아벨의 제물을 사르고는 그 연기가 하늘로 올라가지 뭡니까? 하지만 가인의 제물에는 아무 일도 일어나지 않았죠. 그러자 가인의 얼굴이 붉으락푸르락해졌어요. 분을 못 이긴 가인이 아벨을 치자 아벨은 저항도 못하고 힘없이 땅에 쓰러졌어요. 가인은 죄를 감추려고 아벨을 땅에 묻고 있었어요. 가인이 저를 보면 증거를 없애려고 저까지 죽일까봐 납작 엎드려 숨어 있었습니다.

검사 이상입니다. (증인은 자리로 돌아간다.)

판사 검사는 피고인에게 어떤 벌을 주어야 적당할지 최종의견을 말하시오.

검사 아벨은 착실하게 하나님 말씀대로 살았습니다. 그런데 피고에게 살해당했습니다. 동생이 형에게 살해당하는 것을 본 적이 있습니까? 있을 수 없는 일입니다. 피고는 인류역사상 최초로 사람을 죽였습니다. 그것도 동생을 보호해야 할 형이 의도적으로 죽였으므로 이 악을 그냥 넘어갈 수는 없습니다. 존경하는 판사님, 앞으로 이런 일이 또 일어나는 것을 미연에 방지하기 위해 사형에 준하는 벌을 내려주시기를 요구합니다.

판사 피고 측 변호인, 최후변론 하십시오.

변호인 피고는 제사를 드릴 때 하나님께서 제물을 받지 않으시자 순간 마음이 몹시 상했습니다. 그 일은 우발적인 사고였을 뿐 절대로 계획적인 범행은 아니었습니다. 존경하는 판사님, 가인이 사형을 당하면 형제가 다 죽게 됩니다. 피고 측 가정의 입장을 생각해주시기 바랍니다.

판사 피고인, 마지막으로 할 말 있으면 해보세요.

피고 저도 제 하나밖에 없는 동생을 죽이고 나서 후회를 정말 많이 했습니다. 정말 제 부모님을 뵐 면목도 없습니다. 뼈저리게 반성하고 있습니다. 죄송합니다.

판사 잘 들었습니다. 증인의 증언과 피고의 진술에 의하면 피고가 동생을 죽인 사실이 인정됩니다. 하나님이 제물을 안 받으신 것은 피고 측에도 이유가 있을 것입니다. 그것을 잘 살피고 고쳐야 올바른 문제해결이 되는데, 자기가 잘못했으면서 성내고 오히려 보호해줘야 할 동생을 죽였습니다. 피고의 질투심으로 인해 의로운 아벨이 죽고 만 것입니다.

이 사건은 피고의 잘못이 큽니다. 가족은 서로 돕고 사랑하라고 하나님이 주신 것임을 잊어서는 안 됩니다. 그래서 우리 재판부는 다음과 같이 유죄로 판결합니다. 살인범은 형법 OOO조에 근거해 사형이나 무기징역, 5년 이상의 형을 받게 되어 있습니다. 하지만 피고는 초범이고, 아직 나이가 어리며, 우발적이라는 점, 또 충분히 뉘우치고 있다는 점을 참작해 형법 제 OOO조에 근거하여 징역 O년에 집행유예를 선언합니다. 이 판결에 불만이 있으면 1주일 안에 항소할 수 있습니다. 이상으로 재판을 마치겠습니다.

04

아버지 집으로
돌아온 아들

누가복음 15:11-24

지도 포인트

1 비유의 의미를 가르쳐주고, 세 명의 등장인물 각각의 관점에서 보게 해주세요.
2 등장인물들의 특성을 살펴보고, 내게 큰아들, 둘째 아들의 속성이 있나 찾아보게 해주세요.
3 자기의 옳다 하는 바로 다른 사람을 비판하고 정죄하지 않도록 공감 능력을 키워주세요.

 **1단계** 그때 거기에서

1. 탕자이야기를 둘째 아들 입장에서 재구성한 것입니다.
  둘째 아들이라고 상상하면서 들어보세요.

I

우리 아버지는 무지무지하게 재산이 많아. 큰 양떼목장이랑 큰 농장도 갖고
계셔. 우리집에는 하인만 해도 수백 명이야. 아버지는 권위적이고 위엄이 있으
시지. "뭐는 해라, 뭐는 하지 마라" 하고 잔소리를 꽤 하시지만 아주 사랑이 많고
인자하셔.

형은 가문의 명예를 지켜가는 장손으로 대를 이어 가세를 확장하려는 꿈이

있어. 그래서 부지런하고 착실하게 일해. 일찍부터 율법을 공부해 아는 것도 많고 똑똑해서 칭찬을 많이 받아. 계획적이고 철두철미하고 규율을 잘 지키는 범생이야. 소심하고 원칙주의자라 냉정하고 깐깐해. 논리적이고 비판적이라 또박또박 잘 따져. 표정은 항상 엄숙하지. 나는 형이 웃는 걸 한 번도 못 봤어. 형은 나한테 아버지같이 굴어. 위엄을 부리고 사사건건 무시하고 나만 보면 혼을 내. 나보고 집안 망신시킨다며 부끄러워하고 나를 벌레 취급해. 나는 형하고 다정하게 논 적이 한 번도 없어.

나는 기분파야. 좀 충동적이지. 그래서 실수도 많지만 겁이 없고, 통이 크고, 배짱도 두둑해. 자잘하고 구질구질하고 시시한 건 싫어해. 브랜드 아니면 쳐다도 안 봐. 친구랑 놀러다니고 먹고 노는 거 좋아하고, 일하는 거, 공부하는 건 싫어해. 간섭받고 어디에 매이는 거 딱 질색이야. 나는 형처럼 아버지 앞이라고 해서 눈치보고 하기 싫은 것도 꾹 참고 하지는 않아. 아버지가 하래도 하기 싫으면 과감하게 안 해. 고분고분한 거 내 스타일 아니야. 난 뭐든지 내 맘대로 다 하고 누구한테고 할 말은 다 해. 다른 사람들에게 "개성이 강하다", "버릇없다"는 말을 종종 듣지.

하루는 친구가 놀러왔어. 입에 침이 마르노록 외국물 먹고 온 걸 자랑하더라고. "천당이 따로 없더라. 야, 너도 한번 나가 봐. 말이 필요가 없어." 그 말을 듣자 갑자기 내가 우리에 갇힌 염소같이 느껴져 숨이 턱턱 막혀 오는 거야. 사는 게 따분하던 차에 다른 나라 사람들은 어떻게 살까 궁금하기도 하고, 아버지의 집을 떠나 한번 내 힘으로 보란 듯이 성공하고 싶었어. 사나이의 가슴엔 야망이란 게 있잖아. 나도 바깥세상에 나가서 사나이답게 이런 저런 경험도 하고 내 스스로의 힘으로 무언가를 이루며 내 마음대로 살아보고 싶었어. 게다가 날마다 시간을 정해서 성경 읽고 하루 세 번씩 기도하라고 잔소리하시는 아버지의 간섭도 싫고, 형이 항상 날 무시하고 야단치고 잘난척하는 것도 싫었어.

'도시로 나가면 자유롭고 행복하고 신나겠지? 사업을 벌이면 큰돈을 벌 수 있을 거야.' 나는 집을 떠나고 싶어 거의 미칠 지경이 되었어. 무슨 좋은 수가 없을까 밤낮 골똘히 생각하다가 꾀를 냈어. 유산을 미리 달라고 조르기로 말이야. 사실 아버지가 안 주시면 돈을 훔쳐서라도 나가려고 했어. 언제 줘도 줄 거니까 기왕이면 지금 당장 내놓으라며 떼를 썼더니 아버지가 말없이 내주시더라고.

이제 내 몫의 유산을 받아 독립했으니 하루라도 거기 머무를 이유가 없었어.

"돈만 있으면 만사 오케이지."

휘파람을 불면서 콧노래를 흥얼거리며 그길로 뒤도 안 돌아보고 집을 나섰어. 다시는 집에 안 돌아올 것처럼 미련 없이 아주 시원한 기분으로 말이야.

Ⅱ

나는 꿈에 부푼 채 먼 나라로 떠났어. 가능하면 아버지 집에서 멀리 떨어진 곳으로 가고 싶었어. 친구가 말해준 그 환락의 도시로 가서 맛있는 것 실컷 먹고, 클럽에 가서 예쁜 여자들이랑 놀고 자고 춤도 추고 술도 마시고, 친구들이랑 도박도 하고 놀았지. 최고급 차도 뽑았어. 세월 가는 줄 몰랐지.

그런데 생각보다 빨리 돈이 떨어져버렸어. 엎친 데 덮친 격으로 투기꾼들의 꼬임에 빠져 투자한 돈마저 다 날려버리고 나는 하루아침에 빈털터리가 되었어. 늘 곁에서 북적이던 친구들도 썰물처럼 빠져나가고 여자들도 문을 안 열어주더군. 돈에만 달라붙는 불나방 같은 것들! 값비싼 보석도 사주고 옷도 사주고 내가 저희를 위해 쓴 돈이 얼만데 하고 생각하니 너무나도 분했어.

먹고살 길도 막연하고 갈 곳도 없어 노숙자가 되었어. 게다가 그 나라에 큰 흉년까지 들자 실업자들이 넘쳐났어. 하는 수 없이 아무도 안 하려는 돼지 기르는 일을 하게 됐어. 전에는 일꾼들을 부리던 내가 이제는 돼지취급 받으면서 부림을 당하는 종이 된 거야. 서러워 눈물 나더라고…. 나한테서는 늘 돼지냄새가 났고 내 신세는 돼지랑 별반 다를 게 없었어. 하도 배가 고파 돼지처럼 쥐엄열매라도 먹으려고 했지만 그마저도 주는 사람이 없었어. '이게 바닥을 치는 거구나' 하고 뼈저리게 느꼈어. 더 잘살아보려고 집을 나왔는데 현실은 텅 빈 주머니, 텅 빈 위장, 텅 빈 마음뿐이었지. 이 세상에 나처럼 불쌍하고 외롭고 힘든 사람이 누가 또 있을까 싶었어.

나는 심한 우울증에 빠져 먹고 싶지도 않고 말도 하기 싫고 숨도 쉬기 싫었어. '부잣집 아들이던 내 꼴이 이게 뭐냐. 차라리 죽는 게 낫겠다' 하고는 잠이 들었는데 이상한 꿈을 꾸었어. 꿈에 내가 죽어 누워 있는데, 나에게 외국 가보라고 충동질한 그 친구랑, 같이 술 마시고 놀던 친구들이랑, 같이 놀던 여자들이 죽 둘러서서 나를 바라보고 서 있더라고. 그런데 그것들이 갑자기 다 시꺼먼 마귀로 변하더니 죽은 나를 보면서 낄낄 대고 박수를 치면서 웃고 있는 거야. 그래서 '속았구나. 나를 이 지경으로 만든 게 마귀구나. 내가 죽으면 저것들만 좋아하겠지' 하고 분해서 벌떡 일어났어.

그때 정신이 들면서 아버지 생각이 퍼뜩 났어. 이미 내 삶에서 지워버렸고 나와 관계가 끊어졌는데, 내 삶에서 아버지가 차지한 자리가 조금도 없었는데 갑자기 생각이 난 거야. 나를 떠나보내실 때의 쓸쓸한 얼굴, 슬픈 눈빛이 생생하게 떠올랐어. 나를 보내면서 힘없이 손을 휘저으시던 아버지…. 아, 아버지 간섭이 사랑이라는 것을 내가 왜 몰랐던가. 그래도 아버지 집에 있을 때가 좋았어. 거기서는 모든 것이 늘 풍족했었지. 품꾼들도 밥을 배불리 먹었어. 지금쯤 고향집에서는 아침을 먹고 있겠지? 아, 신선한 빵 냄새, 구수한 양고기 냄새…. 그래, 눈 딱 감고 돌아가자. 부끄럽지만 죽는 것보다야 낫지 않겠어? 그런데 막상 돌아가려니 도저히 발걸음이 안 떨어지는 거야.

마귀가 와서 속삭였어.

"아버지가 너를 받아 줄 것 같니? 아버지의 가슴에 못을 박고 떠난 너 같은 죄인을? 재산을 다 탕진했으니 근 벌을 받을걸. 운 좋게 품꾼이 된다고 쳐. 하인들이 널 어떻게 대하겠니? 품꾼 대접 받는 거 견딜 수 있겠어? 그러잖아도 너 같은 동생 창피하다며 외면하던 네 형은 네가 빈손으로 돌아가면 염치없고 뻔뻔하다고 널 구박하고 내쫓을 거야."

들고 보니 정말 그럴 것 같더라고. 돌아섰다가 또 다시 돌이키고, 돌아서 몇 걸음 갔다가 다시 돌이키고…. 하지만 마귀에게 또 속고 싶지는 않았어. '그래도 아

버지는 날 받아주실 거야.'

Ⅲ

저 멀리서 집이 보였어. 안도감이 밀려오는 한편 겁도 났어. 아, 아버지를 무슨 면목으로 뵈나. 반겨주시지 않으면 어쩌나 하고 말이야. 그런데 그때 나는 아버지가 나를 보고 한 걸음에 내달아 뛰어오시는 모습을 보았어. 좋은 옷에 기름진 얼굴로 당당하게 떠난 내가 누더기 옷에 비쩍 마른 처참한 몰골로 돌아왔는데 어떻게 나를 알아보셨을까? 나중에 들어보니 내가 떠난 날부터 매일 그렇게 문 밖에서 기다리셨대. 밤에도 대문을 닫아걸지 못하게 하셨대. 나는 집 나간 후 아버지 생각을 전혀 안 하고 살았었는데 아버지는 날마다 나를 생각하셨던 거야….

아버지는 고개도 못 들고 쭈뼛거리며 엉거주춤 서 있는 내 목을 꽉 끌어안고는 수없이 내게 입을 맞추셨어.

"제가 하늘과 아버지께 죄를 얻었어요. 용서해주세요."

"이미 용서했단다."

"저는 아들 자격이 없어요. 품꾼의 하나로 써주세요."

"네 마음 다 안다. 내 아들아. 쓸데없는 소리 마라."

아버지는 종들에게 큰소리로 명하셨어.

"빨리 빨리 목욕을 시키고, 제일 좋은 옷을 입히고, 새 신을 신겨라. 송아지도 제일 살진 놈으로 잡아라. 마을 사람들 다 불러라. 귀향 축하파티를 열자."

초상집 같던 집이 한 순간에 잔치 분위기가 되었어. 아버지는 냄새나고 너절한 누더기 옷 대신 제일 좋은 새옷을 입혀주시고, 맨발로 종살이하던 내 발에 신을 신기시고, 손가락에 반지를 끼워주셨어. 품꾼도 감지덕지한데 말이야. 집을 나갔어도 망했어도 나는 여전히 아버지의 존귀한 아들이었던 거야. 아, 그날의 감격은 평생 잊지 못할 거야.

비록 인생수업료를 많이 내기는 했지만 그래도 후회는 없어. 내가 아버지 집에 있을 때 비로소 모든 부요와 존귀를 누릴 수 있다는 것, 내 최고의 자산, 최고의 자유, 최고의 행복은 아버지라는 것을 깨달았거든. 이제부터 아버지를 더욱 사랑할 거야.

Ⅳ

온 동네가 떠들썩하게 잔치를 벌인 그날도 형은 저녁 늦게까지 밭에서 일하고 돌아왔어. 그런데 집안 분위기를 보고 종을 불러서 자초지종을 물었지.

"당신의 동생이 돌아와서 아버지가 기뻐서 잔치를 벌였습니다."

그 말에 형이 화가 나 집에 들어오지 않으려 하자 아버지가 나가셔서 달래셨어.

"애야, 어서 들어와 같이 즐기자. 죽은 줄로만 알았던 네 동생이 돌아왔구나."

하지만 형은 문 밖에 선 채로 아버지에게 날선 목소리로 대들면서 따졌어.

"제가 지금까지 아버지를 위해 종처럼 얼마나 열심히 일했는지 모르세요? 제가 아버지 말을 안 들은 적이 한번이라도 있었나요? 그런데 제게는 친구들이랑 즐기라고 염소새끼 한 마리 내주신 적 없으면서 저렇게 아버지의 재산을 창기와 함께 다 써버린 방탕한 아들이 돌아왔다고 송아지 잔치를 벌이시는 게 말이 돼요?"

그러잖아도 낯을 들 수가 없고, 몸 둘 바를 모르던 나는 마치 바늘방석에 앉은 것 같았어. 하지만 아버지는 그렇게 사납게 대드는 형에게 부드럽게 말씀하셨지.

"애. 내 재산이 다 네 것이 아니냐? 이 애는 네 동생이야. 잃었다가 다시 찾았고 죽었다가 다시 살아왔는데 잔치를 벌이는 게 마땅하지 않겠니?"

2. 이 이야기를 들은 사람들은 누구였나요?

이 이야기를 들은 사람은 바리새인, 서기관 등 정통 유대인이었어. 예수님께서는 누구나 차별 없이 만나셨지만 병자, 세리, 창녀, 죄인, 이방인 등 사회에서 별볼일없다고 여기는 사람들을 더 많이 만나셨단다. 예수님께서 그들과 함께 식사도 하고 교제하며 그들을 동등하게 대우하시자 바리새인은 영 못마땅해하며 수군댔어.

"예수 설교 몇 번 들어보니 새롭다 싶어 괜찮은 선지자인 줄 알았는데 어떻게 저런 따라지 인생과 함께 먹고 마시고 어울려? 이제 보니 형편없는 사람이구면."

예수님께서는 선민사상에 젖어 그들을 멸시하던 유대인에게 아버지의 본심을 알라고 이 이야기를 하신 거야. 바리새인과 서기관은 이 이야기를 들으면서 결말에 큰 관심을 가졌어. 당시 유대인의 율법에 따르면 둘째 아들은 아버지에게 매를 맞아야 해. 그런데 예수님의 이야기 결말은 청중들의 상상과 상식을 여지없이 깨뜨렸어. 아버지는 작은아들의 악한 청을 순순히 들어주었고 아예 큰아들까지 재산을 각각 나누어 주었어. 그들은 큰 충격을 받았어.

바리새인, 서기관은 이게 자기들 들으라고 하는 이야기인 줄 대번에 알았어. 자기들끼리는 형제의식이 있었지만 세리, 창녀, 죄인과는 형제의식이 전혀 없었거든. 심지어 개, 돼지로 여기고 버러지만도 못하게 여겼어. 맏아들처럼 반응한 거지. 그런데 주님은 그들을 "네 동생"이라고 말씀하시는 거야.

이 비유의 핵심적 의미는 "이 세상의 모든 사람은 하나님께 다 똑같이 중요하다. 하나님은 두 그룹을 다 품으신다. 죄인이 회개하고 하나님의 품에 돌아오는 것을 하나님이 원하시고 기뻐하시니 그것을 함께 기뻐하자"라는 것이야. 그러나 바리새인과 서기관은 하나님의 자비로운 마음에 공감하지 못했고, 주님께서 이 땅에 오심으로 하나님의 나라가 새롭게 임했다는 것을 깨닫지 못했어. 그들은 '나는 죄가 없고 의로우니까 구원받을 만하고, 아들 자격이 있으니 당연히 복을 받아야 해. 저들은 죄가 많으니까 당연히 벌을 받아야 하고, 아들 자격이 없으니 복을 받을 수 없어' 하고 생각했어. 율법정신으로는 복음의 은혜를 이해할 수 없단다.

 **2단계** **말씀 곁에서**

1. 어려운 단어가 있었나요?

분깃 유산을 한 몫 나누어줌. 또는 그 몫.

궁핍(窮乏) 몹시 가난함. '가난'으로 순화.

허랑방탕(虛浪放蕩) 언행이 허황하고 착실하지 못하며 주색에 빠져 행실이 추저분하다.

2. 독서퀴즈

❶ 둘째 아들은 아버지에게 뭐라고 졸랐나요?
아버지 재산 중에서 내게 돌아올 내 분깃을 내게 주소서(12절).

❷ 둘째 아들은 어떻게 해서 돈을 다 쓰게 되었나요? 허랑방탕하여(13절).

❸ 돈을 다 없앤 후 둘째 아들이 무슨 일을 하게 되었나요? 돼지를 치게 되었다(15절).

❹ 배가 고파서 무엇으로라도 배를 채우려고 했지만 주는 자가 없었나요? 돼지가 먹는 쥐엄열매(16절).

❺ 크게 뉘우친 둘째 아들은 아버지에게 가서 자기를 어떻게 대우해 달라고 했나요?
품꾼의 하나(19절).

❻ 아버지와 둘째 아들 중 누가 서로를 먼저 알아보았나요? 아버지가 아들을(20절).

❼ 아버지가 아들에게 맨 처음 한 행동은 무엇인가요? 목을 안고 입을 맞추었다(20절).

❽ 아들이 아버지 집에 와서 도로 받게 된 것은 무엇 무엇인가요? 좋은 옷, 가락지, 신(22절).

❾ 형은 이 잔치에 어떤 반응을 보였나요? 노하여 들어가지 않았다(28절).

❿ 형은 아버지에게 동생을 내 동생이라고 하지 않고 뭐라고 불렀나요?
아버지의 살림을 창기와 함께 먹어버린 이 아들(30절).

3. 내용을 간추려보세요.

발단 어떤 사람에게 아들 둘이 있었다.

전개 둘째 아들이 아버지에게 자기 몫의 유산을 미리 달라고 했다.

위기 돈을 갖고 타국으로 가서 허랑방탕한 삶을 살며 돈을 탕진한다.

절정 돼지를 치는 신분으로 전락하며 돼지먹이로 배를 채우려고 할 정도로 궁핍해진다.

결말 돌이켜 회개하고 아버지의 집으로 돌아와 모든 것이 회복된다.

★더 줄여보세요 둘째 아들이 자기 몫의 유산을 미리 받아 타국으로 가서 허랑방탕하게 살다가 극심한 궁핍에 처하자 회개하고 아버지의 집으로 돌아와 모든 것이 회복된다.

4. 제목을 정해보세요.

어떤 두 아들, 아버지의 끝없는 사랑, 다시 아버지 집으로, 집 밖의 탕자 vs 집안의 탕자, 회복의 삶, 죽었다가 살아나고 잃었다가 얻은 아들, 새로운 삶의 시작, 우리가 함께 기뻐하자.

5. 질문을 만들어보세요.

- 돈을 탕진할 것을 다 알면서 아버지는 왜 재산을 나누어 주었을까?
- 둘째 아들이 집을 나갈 때 기분이 어땠을까?
- 아버지는 왜 "죽었다가 살아온 아들"이라고 말했을까?
- 아버지가 죽지도 않았는데 재산을 미리 나눠 줄 수도 있는 건가?
- 큰아들과 둘째 아들은 누구를 의미할까?

3단계 말씀 속에서

1. 아버지는 둘째 아들이 부당하게 유산을 요구하는데도 왜 나눠주었을까요?

아버지는 아들이 언젠가는 거지꼴로 돌아올 것을 알았어. 아직 돈 가치도 모르고 관리능력도 없는데다가 세상을 사랑했으니 말이야. 그런데도 아버지가 순순히 내준 이유는 그 길만이 자식을 얻는 길이었기 때문이야. 재산을 다 없애도 좋으니 제발 아들다운 아들만 되어 돌아와 달라는 것이었지. 아버지에게는 아들이 돈보다 더 중요했거든.

아버지는 강압적으로 아들을 다루지 않고 실패를 통해 스스로 깨닫기를 원했어. 아버지는 아들이 강한 연단을 받아야만 고집스러운 자아가 깨어지고 변화되고 영적으로 성장할 것을 알았어. 예상대로 그는 혹독한 훈련을 거친 다음에 비로소 아버지가 자기 삶에 가장 중요하다는 것, 아버지를 떠나 스스로의 힘으로 행복해지려 했던 것이 큰 잘못이라는 사실을 깨달았어.

2. 둘째 아들은 왜 아버지의 집을 떠나 멀리 가려고 생각했을까요?

아들이 아버지에게 한 요구에서 강조된 단어가 뭐지? "내게 돌아올 분깃을 내게 주소서." '나'가 반복되고 있어. 둘째 아들은 삶의 중심이 자기에게 있어. 내 인생 내가 내 마음대로 살고 싶다는 거지. 작은아들이 추구하는 것은 돈, 자유, 세상의 안위와 향락, 세상의 인정과 성공이었어. 그러니 아버지의 훈계와 명령과 간섭이 부담스럽고 싫었겠지.

먼 나라로 떠난 것은 가능한 한 아버지에게서 벗어나 자기 마음대로 살아보겠다는 거야. 먼 나라는 지리적으로 먼 나라라기보다는 마음에 하나님 두기를 싫어하는 나라를 말해. 이 방땅으로 간 것은 신앙을 버리고 불신앙의 길로 들어서는 것을 뜻해. 그건 자유를 누리는 것 같지만 방종의 길에 들어서는 거야.

3. 둘째 아들은 아버지의 집을 떠났을 때 어떤 결과를 맞게 되었나요?

그는 아버지와 함께 있을 때는 부족함을 몰랐지만 아버지의 집을 떠난 후부터 방탕, 낭비, 핍절이 시작되었어. 결국 돈도 친구도 다 사라지고 외로운 신세가 되었어. 굶어죽을 지경이 되자 하는 수 없이 돼지를 치게 되었어.

유대 법문에 "돼지 치는 자는 저주가 있으리라" 하는 말이 있어. 돼지를 치면 안식일도 율법도 지키지 못해. 유대인은 돼지를 부정한 짐승, 사탄의 동물로 여겨 돼지를 치지도 않고 먹지도 않고 냄새도 안 맡으려고 하는데 유대인이 제일 싫어하는 돼지를 매일 바라보고 시중을 들어야 하는 자리로 전락했단 말이지. 뼈대 있는 가문, 품위와 교양이 있고 율법을 잘 지키는 정결한 가정의 아들이 천민이 된 거야.

아버지 집에서 나온 지 불과 얼마 되지 않아 그의 음식수준은 돼지먹이 수준으로 변했어. "돼지먹이조차 먹지 못했다"라는 말은 완전한 파탄을 의미해. 유대인의 민족적 권위와 관습, 그 자랑스럽던 선민권까지도 다 포기하고 결국 돈도 몸도 신분도 체통도 인격도 다 버린 거야. 하나님의 사랑을 거부하고 세상 것을 추구한 사람이 어떻게 되는지 알겠지?

4. 둘째 아들은 언제 집에 돌아올 생각을 했나요?

굶주려 죽을 지경이 되자 비로소 "스스로 돌이켜" 제정신으로 돌아왔어. 술집에서, 세상의 쾌락 속에 있을 때, 남들의 인정을 받고 성공할 때는 아버지 생각이 안 나. "스스로 돌이켜"라는 말은 회개의 의미가 아니야. 나락에 떨어진 자기의 비참한 꼴을 보게 되었다는 말이야. 그는 막다른 골목에 가서야 비로소 "자기 자신에게로 돌아와" 자기가 어떤 사람인지를 깨닫는 지적인 회개를 하게 된 거야.

5. 둘째 아들이 집을 나갔다 옴으로 해서 잃은 것과 얻은 것은 무엇인가요?

잃은 것	재물을 잃고, 인생을 허랑방탕하게 보냄으로 귀한 시간을 낭비했다.
	아버지의 재산을 미리 받은 자식, 집을 나갔다 온 아들이라는 낙인이 찍힌다.
	가정과 명예와 평안과 안락함, 기쁨과 행복과 감사와 소망을 잃었다.
얻은 것	아버지와 집의 소중함을 절실히 깨달았다. 아버지를 떠나 스스로의 힘으로 행복해지려 했으나 아버지 집에 있을 때 가장 행복하다는 것을 깨달았다.
	돈을 믿고 살아가던 그는 돈은 날아가기 쉬워 의지할 대상이 못 된다는 것을 깨달았다. 돈에 따라 인심이 어떻게 변하는지를 체험했고, 돈이 행복을 주는 것이 아니라는 것을 알았다.
	아버지를 떠났을 때 종의 신분으로 전락했으나 돌아옴과 동시에 모든 것을 되찾았다. 좋은 옷은 영광과 신분을 의미한다. 명예가 회복되었다는 사인이다. 가락지는 권세를 상징한다. 신발은 아들의 신분이 종이 아닌 주인임을 나타낸다.
	아버지를 떠났을 때는 궁핍해졌으나 돌아왔을 때는 아버지의 모든 소유를 같이 누리게 되어 부요해졌다.

6. 등장인물의 성격을 분석해보세요.

✚ 아버지

행동	성격 심리 및 의미
유산문제로 아들과 말다툼을 벌이지도 않고, 강제로 붙잡지 않았으며 달라는 대로 다 주었다.	돈에 관심이 없고, 아들의 구원, 가정의 화목, 생명의 가치에 더 주목한다. 아들이 스스로 깨닫고 돌아오기를 바란다.
집을 나간 아들을 기다리다가 거리가 먼데도 먼저 보고 달려간다.	아들이 어서 세상의 허망함을 깨닫고 돌아오기를 기다리는, 변치 않는 사랑을 가졌다. 그 아들로 인해 가정의 단란함도 깨지고 기쁨도 잃어버렸지만 끝까지 기대를 버리지 않고 언젠가는 돌아올 것을 믿으며 날마다 기다렸다. 아들이 돌아와서 용서한 게 아니라 이미 용서하고 기다린 것이다.
행여 아들이 동네 사람들의 눈에 띄어 돌로 맞을까 보호하기 위해 달려나가 감싸 안는다.	율법(신 21:18)에 따르면 마땅히 돌에 맞아 죽을 방탕하고 불효한 아들이었지만 그 돌을 대신 맞으려는 희생의 마음을 가졌다.
더럽고 냄새나는 아들을 끌어안고 수도 없이 입 맞추었다. 측은히 여겨 용서하고, 사랑으로 환영하며 그 모습 그대로 맞아주었다.	율법으로 죄를 따지지 않고, 잘못을 추궁하지 않고, 질문도 비난도 책망도 채찍도 아무런 조건도 없었으며, 모든 것을 회복시키고 모든 필요를 채워주었다. 과거를 상관하지 않고 미래를 보고 앞으로는 좋은 아들이 될 것을 기대한다.

아들이 집을 나갈 때보다 돌아오자 더 큰 사랑을 베풀고, 자격 없는 자에게 자격을 주고 사랑한다.	새 미래로 가는 아들을 축복하는 잔치를 베풀어 아들로서의 권위와 권리를 공적으로 선포함으로 명예를 회복시키고 상한 몸과 마음을 다 치유해주었다.
성공해서 돌아온 것도 아닌데 거지 아들을 자랑하고 행복해한다.	아들이 아버지를 믿어주고 인정하고 돌아왔을 때 아버지가 영광을 받고 아버지로서의 명예를 회복했다.
분노하여 문 밖에서 들어오지 않는 맏아들을 달랜다.	아들들에게 엄하게 훈계할 이유가 충분히 있었으나 아버지는 방탕한 아들도 조건 없이 맞아주었고 큰아들의 분노를 다독이면서 맏이의 성실함, 기득권을 다 인정해주었다. 맏아들이 문 밖에서 아버지와 동생을 싸잡아 비난할 때 동생이 혈육임을 강조하며 큰아들의 변화를 기대한다.

✦큰아들

행동	성격 심리 및 의미
동생이 돌아왔으면 형으로서 마땅히 아버지 다음으로 크게 기뻐해야 하건만 이 사람만 잔치분위기를 누리지 못하고 노기가 잔뜩 서려 있다. 아버지가 달래며 들어가자고 권해도 듣지 않는다.	공동체의식이 부족하다. 가정공동체의 중요일원이면서도 집안의 문제를 해결하고자 애쓴 적이 없고, 아버지의 고통에 동참하고 위로한 적이 없다. 고생을 안 해보고 이성적 사고가 더 우세해 공동체 내의 연약한 지체에 대한 공감능력이 떨어진다. 같이 즐기자는 아버지의 요청에도 불구하고 공동체의 기쁨에 동참하지 못한다.
장남이면서도 집안이 어떻게 돌아가고 있는지를 몰라 집에 돌아와 종에게 거듭 영문을 묻는다.	아버지와 소통이 잘 안 된다. 평소에 동생일에 관심을 보였더라면 종을 보내 기쁜 소식을 제일 먼저 전했을 것이다 아버지와 평소에 서로 싶고 따뜻한 대화를 못 나누는 것이다. 아버지와의 관계가 심각한 상태다.
"내가 아버지를 섬겨 명을 어김이 없었다"라고 말한다.	아들이면서도 아버지를 엄한 '명령'을 내리는 무서운 상전으로 인식하고 머슴처럼 그 '명'에 순종하는 관계로 살았다. 아버지의 말을 어기지는 않았으나 종처럼 사랑 없이 의무감에서 마지못해서 따랐다. '종'이라는 의식에 묶여 아버지가 이미 준 것도 자기 것으로 못 쓰고, 아버지와의 관계를 누리며 살지 못한다.
동네가 떠들썩하게 잔치가 벌어진 날도 밭에서 일만 한다. "내가 아버지를 위해 오랫동안 노예처럼 일했는데" 라면서 공로를 강조하고 합당한 보상이 없다고 서운해하며 대가를 요구한다.	보상 욕구, 인정 욕구가 크다. 열심히 일하면 아버지가 좋아하실 거라고 오해하고 인정받기 위해서 죽어라고 일만 했다. 아버지의 은혜를 기뻐하지 못하고 아들로서의 자유와 특권을 누리지 못하고 품꾼의 정신으로 일했다. 자식이 부모를 섬긴 것이 공로가 되고 꼭 보상을 받아야 할 일인가?

교만하여 스스로를 의롭게 여기고 "내가 여러 해 아버지를 섬겨 명을 어김이 없거늘" 하고 말한다. "아버지의 재산을 창기와 함께 먹어버린 이 아들"이라고 동생을 부르며 아버지 앞에서 동생을 욕한다. 아버지에게 처사가 불공평하다고 망령되게 대든다.	아버지의 명을 어긴 적이 없다고 항변하지만 그는 5계명을 어겼다. 아버지가 늘 동생을 기다리는 것을 보면서도 동생을 찾아본다거나 대신 기다린다거나 아버지를 위로한 적이 없다. "아버지의 재산을 축낸 놈!"이라며 아버지 앞에서 동생을 욕하고 불화하는 것도 불효다. 아버지에게 대든 것도 불효다. 그는 "동생을 네가 책임지고 돌보고 사랑해줘", "같이 기뻐하자"라는 아버지의 가장 큰 명령을 어겼다.
아버지에게 동생만큼 인정받지 못하고 무시당했다고 느끼고 스스로 상처받고 분노하고 아버지에게 거칠게 항의한다.	겉으로는 순종 잘하고 착하고 성실한 아들로 보이나 동생이 돌아온 순간 진면모가 드러난다. 아버지는 차별대우를 한 게 아니라 형편 따라 아들들을 달리 사랑한 것뿐이다. 그간 아버지 집에서 맏이로서 대우받고 살았는데, 아버지를 염소새끼 한 마리도 아까워하는 졸렬한 사람으로 매도하고 아버지께 감사할 줄 모른다.
"얘, 너는 항상 나와 함께 있으니 내 것이 다 네 것이다"라는 아버지의 말을 이해하지 못했다.	아버지의 많은 재산이 다 자기 건데 동생에게 준 한 마리의 송아지만 본다. 그 좋은 아버지를 몰라보고 거부하고 아버지로부터 분리되었다. 그러면서도 자기의 잘못을 몰라 회개도 못해 아버지를 되찾기가 동생보다 더 어렵다.
동생을 동생으로 인정하지 않는다. 그러나 아버지는 "내 아들"이 아니라 "네 동생"이라고 말했다.	냉혹하고 인간성이 결여된 사람이다. 옳든 그르든 가족이다. 방탕하게 지냈다 해도 형은 동생을 사랑하고 보호하는 위치가 아닌가? 아버지가 용서하고 아들로 회복시켜 주셨다면 당연히 동생으로 받아주어야 한다. 자기는 아버지에게 대우해 달라면서 동생은 대우하기를 거부한다.
동생의 지난날을 잘 모르면서 단정적으로 추측하고는 "창기와 함께 재산을 먹어버린 아들"로 매도한다.	시점이 과거에 머물러 있다. 탕자로 낙인을 찍은 채 지금 동생이 얼마나 변화되었는지는 관심이 없고 고정관념으로 미래가 닫혀 있다. 그의 눈은 비판과 정죄의 눈, 참소의 눈이다. 잘못만 보이고 은혜는 안 보인다.
동생을 비난하는 기준도 "아버지의 살림을 먹어 버린", 즉 물질이 기준이다. 아버지의 사랑을 단순히 물질로만 계산하고 "동생은 살찐 송아지로 대우하고 내게는 염소새끼 한 마리 준 적 있느냐?"라고 항의한다.	가치관이 전도되어 있다. 물질은 잃었어도 동생이 돌아와 얼마나 다행인가. 그런데 가치기준이 재산에 있기 때문에 동생의 지위가 회복되면 또다시 재산을 나누게 되어 손해보지 않을까 걱정한다. '아버지를 위해' 일했다고 항변했지만 재산을 더 많이 물려받기 위한 욕심으로 일한 본심을 드러낸 것이다. 부자간이 물질적 보상을 구하는 이해관계가 되었다.
맏아들의 말에 '나'라는 단어가 네 번이나 나온다. 형이라면 아버지처럼 "죽었다가 다시 산 동생, 잃었다가 다시 찾은 동생"으로 생각해야 맞다. 그런데 그 순간에도 "왜 나에게는 잔치 안 해주나?" 하고 나 중심으로 생각한다.	극단적인 이기주의자다. 나 중심으로 생각하니까 나는 잘못이 없게 느껴지고, 내 재산이 줄어들까 봐 동생도 반갑지 않다. 그는 동생 입장을 전혀 생각하지 않는다. 얼마나 배가 고플까, 얼마나 고생을 했을까. 반갑고 보고 싶고 궁금해서 달려 들어가야 정상이다. 나 중심에서 벗어나 동생과 아버지의 마음을 조금만 생각하고 공감했더라면 그 기쁨이 곧 자기의 기쁨이 될 수 있었을 것이다. 자기중심성으로 인해 그는 맏아들 노릇, 형 노릇을 제대로 하지 못했다.

✚ 둘째 아들

행동	성격심리 및 의미
유산은 아버지가 줄 때까지 기다려야 하는 것인데 아버지가 살아 계신데도 감히 아버지에게 자기 몫을 미리 달라며 떼를 써서 빼앗다시피 받아낸다.	너무나도 건방지고 당당하고 무례하다. 자기의 권리를 잘 찾는다. 자기중심적이며 자기애가 강하다.
세상이 주는 기쁨과 자유와 풍요를 갈구하면서 아버지 집을 나간다.	그는 축복을 찾아 떠났지만 저주를 받았고, 행복을 찾아갔지만 불행해졌고, 풍요를 찾아갔지만 궁핍해졌고, 자유를 찾아 갔지만 부자유한 사슬에 얽매이고 말았다. 그러고 나서야 그는 자신이 찾고 있던 것들이 다 아버지 집에 있다는 것을 깨닫는다.
유대인으로서 돼지를 치고, 돼지먹이조차 구할 수 없이 굶주리는 상황까지 내려간다.	혹독한 연단을 통해 비로소 영적으로 크게 각성하고 아버지와 아버지의 집의 중요성을 깨닫는다.
처음에는 "하나님 아버지. 돈 주세요"라고 했다가 나중에는 "저는 하늘과 아버지께 죄를 얻은 죄인입니다"로 기도가 바뀐다.	겸손히 낮아져 아들로서의 무자격함과 자기의 죄를 인정했다.
재산을 다 탕진했지만 집에 돌아가면 먹을 수 있고 아버지가 자기의 죄지은 모습 그대로 받아주실 거라고 믿고 돌아온다.	믿음이 있다. 아버지가 자기를 용서해준 사실을 믿음으로 받아들인다. 아들은 잘난 것도 일한 것도 없다. 오직 아버지의 의를 힘입어 당당히 아들이 된 것이다.
아무런 자격이 없지만 돌아와서는 좋은 옷, 가락지, 신, 풍류, 송아지 잔치를 대접받는다.	무자격하지만 하나님이 누리라고 주신 것들을 은혜로 잘 받는다. 아버지가 다시 주시는데도 "아닙니다. 저는 죽을 죄인입니다"라고 한다면 이는 아버지의 사랑을 믿음으로 받아들이지 않는 율법적인 태도다.

7. 큰아들은 동생과 아버지를 판단했어요. 우리는 왜 판단해서는 안 되나요?

판단은 하나님의 몫이기 때문이야. 하나님 보시기에는 다 죽어 마땅한 죄인인데 자기도 죄인이면서 누구를 비판할 수가 있겠어. 똥 묻은 개가 겨 묻은 개 나무라는 격이지. 사람은 선악을 바르게 판단할 수도 없거니와 판단에서 그치지 않고 정죄하고 심판까지 해버리는 게 문제야. 그런 것들은 오직 하나님의 몫이야.

남을 판단하게 된 근원에는 사탄이 있고 선악과가 있어. 인간이 선악과를 따먹은 것은 내가 하나님의 자리에서 선악을 판단하는 주체가 되어 내 기준을 갖고 판단하며 살겠다는 거야. 죄가 들어와 타락한 후 인간은 자신이 선악을 알기 때문에 타인을 판단할 수 있다고 생각했지만 그건 착각이야. 인간의 이성은 죄로 인해 타락해 있기 때문에 그 누구도 온전히 판단할 수 없어. 남을 판단하면 큰아들처럼 율법주의자가 돼. 율법주의자는 절대로 자기의 죄를 못 보고 자기를 선하고 의롭다고 판단해. 자기의로 남을 판단하면 우리는 하나님보다 사탄 쪽에 더 가까이 가 있는 거야.

4단계 지금 여기에서

1. 부모의 간섭은 사랑의 증거인데 잔소리로 느껴질 때는 언제인가요?

2. 나는 집을 나가고 싶은 적이 있었나요? 언제, 왜 그런 생각이 들었나요?

3. 둘째 아들처럼 내 마음대로 하고 나서 큰 어려움을 당한 후에야 비로소 잘못을 깨달은 적이 있나요?

4. 둘째 아들은 어려울 때 누구를 가장 먼저 떠올렸을까요? 내가 어려울 때 도움을 찾는 순서를 말해보세요.

5. 나에게 하나님 아버지의 사랑보다 더 중요하다고 생각하는 것이 있나요?

6. 큰아들은 아버지의 마음과 동생의 처지에 공감하지 못했어요. IQ보다는 EQ가 더 중요해요. 나는 다른 사람에게 공감을 잘하는 편인가요?

7. 나는 언제 큰아들처럼 분노하게 되나요?

8. 내 안에 있는 큰아들의 모습을 찾아봅시다.
   • 동생과 나를 비교하고, 부모님이 동생을 더 예뻐한다고 원망 불평한다.
   • 남이 잘하는 부분을 격려하고 칭찬하기보다는 부족한 부분과 더 성장해야 할 부분을 지적한다.
   • 내 잣대로 판단하고 정죄한다.
   • 보상 욕구가 있다. 만약 원하는 대가가 주어지지 않으면 실망한다.
   • 부모님과 선생님의 인정과 칭찬을 받고 싶어 하는 마음이 강하다.

- 고생을 안 해보고 나 중심적이라 다른 사람의 처지와 마음을 잘 모른다. 나 외의 공동체의 일에 관심이 적다.
- 내가 아주 잘하고 있다고 생각한다.
- 관계보다 일을 중시한다. 내가 일을 잘하고 교회를 위해 봉사를 많이 하면 하나님이 나를 기뻐하시고 특별하게 인정하고 사랑하고 대우하실 거라고 착각한다.

9. 내 안에 들어 있는 둘째 아들의 모습을 찾아봅시다.

- 부모님의 사랑을 간섭이나 잔소리로 받는다.
- 종종 하나님이 혹은 부모님이 제한하는 경계선 밖으로 넘어가기를 원한다.
- 자아(자기애, 고집)가 강하다. 나를 드러내기를 좋아한다.
- 일하거나 공부하는 것을 싫어하고 노는 것을 좋아한다.
- 평소에는 "하나님, 제 생각대로 할 테니 가만히 좀 계세요"라고 하다가 더 이상 어찌할 수 없게 되었을 때 "하나님, 도와주세요"를 외친다.
- 나 같은 죄인이 복음 안에서 엄청난 죄의 빚을 탕감 받고 하나님의 자녀로 완전하게 받아들여진 사실에 감사한다.

10. (A) 오늘날의 맏아들이나 둘째 아들과 같은 사람은 누구일까요?

- **맏아들** 도덕적 율법적 완벽주의자, 자기가 옳다고 생각하고 다른 사람을 정죄하고 주님의 긍휼을 나누지 못하는 독선적인 기존 신자, 교회직분도 있고 착실하게 봉사하고 외적인 행위로 스스로 만족하지만 내면은 하나님과 상관이 없는 위선적인 사람 등
- **둘째 아들** 하나님을 떠나 사는 보편적인 죄인들, 불신앙과 죄악 속에서 살던 우리, 오늘날의 전과자, 걸인, 노숙자, 사기도박꾼, 사채업자, 동성애자, 성매매자, 성폭행범, 마약이나 알코올 등 여러 유형의 중독자 등

✝ **5단계** **이렇게 해보세요**

- 가장 인상 깊은 장면을 상상해 그림으로 나타내보고 그림설명 곁들여 쓰기
- 엄마를 포함해 세 명이 되면 한 사람씩 맡아서 역할극하기

- 가장 바람직한 아들의 모습은 어떤 것일까? 두 아들에게 하고 싶은 말 편지쓰기
- 아버지가 둘째 아들이 망했다는 소식을 전해 들었다고 가정하고 둘째 아들이 돌아오기를 촉구하는 편지를 쓰면서 하나님의 마음 이해하기
- 세 명의 입장 중 하나를 선택한 다음, 그 입장에서 둘째 아들이 돌아온 날의 일기쓰기
- 새사람이 된 둘째 아들의 입장에서 신앙 간증문 쓰기
- 동일한 줄거리를 아버지, 큰아들, 둘째 아들의 관점에서 시점을 바꿔 쓰고 비교해보기
- 가족신문을 만들어 아버지, 큰아들, 둘째 아들을 소개하기
- 집 나간 둘째 아들을 찾는 광고지 만들기
- 가출한다면 돈은 어떻게 구해서 며칠간 어디로 가서 무엇을 하고 싶은지 가출계획서 작성해보기
- 10년 후 이 가정은 어떻게 되었을까 뒷이야기 이어쓰기

✚글감 찾기를 위한 키워드

초점	내용 및 제목
큰아들	자기의(義), 인정과 보상욕구, 원망불평, 아들이지만 종으로 산 사람, 가치관이 전도된 사람, 겉과 속이 다른 사람, 교만한 사람, 공감할 줄 모르는 사람, 아버지의 심정을 모르는 사람, 일 중심의 사람
둘째 아들	자기애에 사로잡힌 방탕한 아들, 아버지를 떠난 아들, 회개한 아들
아들	집 밖의 탕자 vs 집 안의 탕자 두 아들 비교하기, 가장 바람직한 아들상은?
아버지	아버지께로 돌아가는 삶, 아버지의 사랑, 끝까지 기다리는 사랑, 우리를 향하신 아버지의 소원, 죄인을 사랑하시는 하나님, 두 아들을 다 사랑하시는 하나님
집	아버지의 집에서의 풍요함과 집 나갔을 때의 가난한 삶 비교하기
공동체의식	우리가 함께 기뻐하자
분노	큰아들의 분노는 정당한가? 나는 언제 분노하는가?
변화	둘째 아들의 변화, 둘째 아들의 가출 전과 후 비교하기, 회복의 삶, 새로운 삶

✛신문을 만들려면

신문을 샘플로 보여주세요. 신문 구성에 맞게 내용을 정해주시고, 신문처럼 단 구분선이나 기사 박스표시 해주시고요. 기사 맨 밑에는 기자 ㅇㅇㅇ 이름을 써줍니다. 1면만 해도 좋고, 2면까지 하면 더 좋아요. 가족이 연합해서 한 꼭지씩 맡아서 해보세요. 직접 써도 되고 컴퓨터로 써서 출력해 붙여도 됩니다. 컬러펜을 사용해 예쁘게 꾸며주세요.

〈1면〉

1. 맨 위 가운데에 신문이름 쓰기, 한 줄 긋고 아래에 발행인 학교 학년 이름, 발행일 쓰기
2. 상단 톱기사(6하 원칙에 맞게 본문의 이야기를 요약, 기사의 제목은 굵은 고딕으로)
3. 사진 그리기(잔치장면이라든가 톱기사를 뒷받침하는 사진)
4. 가족 소개하기(아버지, 큰아들, 둘째 아들 소개하기)
5. 하단 광고(집 나간 둘째 아들을 찾는 광고, 이런 내용의 영화광고 등)

〈2면〉

6. 만화(이야기의 내용을 4단만화로, 혹은 한 컷 만평으로)
7. 작은 아들 인터뷰 기사
8. 칼럼이나 사설(큰아들이나 둘째 아들의 잘잘못을 따져보기)

이나연(초3)과
나연이 엄마 심미나

권지훈(중1)

전예슬(초3)

글 활동
처음글

돌아온 탕자 2

중1 정다빈

형은 아버지의 말씀을 듣고 동생을 용서했지만 아버지의 그 깊은 뜻을 이해하지 못했다. 세월이 흐르고 형과 동생은 아버지를 떠나 각자 독립하고 결혼을 한다. 이제 어엿한 가장이 되어 자식들을 낳고 잘살고 있었는데…. 형이 살고 있는 지방에 전쟁이 터졌다. 전쟁으로 사방이 폐허가 되었다. 형은 동생이 사는 곳으로 피난을 떠날 수 있었지만 피난을 가는 배에 오를 때, 승선 인원 초과로 아내와 자식들을 먼저 떠나보내야 했다. 나중에 동생이 사는 곳에 도착한 형은 가족들이 동생네 집으로 무사히 도착하지 못했음을 알고 절망한다. 전쟁의 포탄 속에서 살았는지 죽었는지 생사를 알 수 없는 상태였다. 동생의 위로를 받으며 생사를 알 수 없는 가족을 걱정하며 전쟁이 끝나기를 기다리는 형….

전쟁이 끝나고 시간이 지나면서 죽은 줄만 알았던 자식들을 기적처럼 하나 둘 만날 수 있었다. 그런데 끝내 어린 막내가 돌아오지 못했다. 어디선가 눈 깜짝할 사이에 잡았던 손을 놓쳤던 것이다. 큰 애가 그린 막내 얼굴을 들고 거리로, 시장으로 막내를 찾아 형과 형의 가족들은 온 지방과 나라를 돌아다녔다. 그 어디서도 막내를 찾을 수 없었던 형은 씻을 때도 밥을 먹을 때도 심지어는 잠을 잘때도 돌아오지 못한 막내 생각뿐이었다. 형은 끝까지 막내를 포기할 수 없었다. 그렇게 이 동네 저 동네를 찾아헤매던 어느 날, 죽은 줄만 알았던 막내를 만나게 되었다. 그때 형은 확실히 알게 되었다. 돌아온 동생에 대해해주셨던 아버지 말씀의 의미를….

🔍 첨삭 지도

뒷이야기를 이어서 썼군요. 전쟁이야기로 끌어갔네요. 창의성이 있습니다.
전 편의 캐릭터와 달리 형과 동생이 너무 쉽게 용서를 했네요. 그리고 두 사람의 갈등관계가 나중에 자기 막내아들로 인해 해소되는 것으로 나오는데, 형제간과 부자간은 다르기 때문에 관계를 동일시하면 개연성이 좀 떨어집니다.
사건의 진행 속도가 빨라서 마치 요약한 줄거리를 읽는 느낌이 드네요. 좀 더 심리나 상황을 자세히 묘사해보세요. 이런 이야기를 전개할 때는 인과관계가 가장 중요하고요. 등장인물의 캐릭터나 심리묘사도 중요합니다. 인물간의 갈등도 글에 흥미를 주는 요인입니다.

05
아나니아와 삽비라

사도행전 5:1-11

지도 포인트

1 교회가 거룩함과 경건함을 유지해야 하는 공동체임을 가르쳐주세요.
2 거짓말이 사람에게 하는 것이 아니라 하나님에게 하는 악한 것임을 알려주세요.
3 우리의 거짓됨과 사회에 만연한 거짓의 양태를 알고 정직한 삶을 살기로 결단합니다.

 1단계 **그때 거기에서**

상상의 날개를 펴고 그때 그 사건의 현장으로 들어가봅시다.

I

'교회'는 언제 어떻게 생겨났을까? 답은 성경의 〈사도행전〉 앞부분에 나와.

주님이 하나님 나라를 전파하시면서 권세 있는 말씀을 전하셨어. 오병이어로 5천 명씩 먹이시고, 여러 병자를 고치며 귀신을 내쫓고 많은 기적을 베푸시자 제자들은 기대가 컸어. "예수님이 우리나라를 로마의 속박에서 구해주고 왕이 되면 우리는 다 한 자리씩 차지하겠지?" 하고 생각했어. 그때만 해도 제자들은 예수님이 세상의 왕이 아닌 하나님 나라의 왕으로 오셨다는 것을 몰랐거든.

주님이 십자가에서 돌아가신 후 제자들은 그 기대가 무너져 깊은 허탈감에 빠졌어. "에이, 저렇게 맥없이 돌아가시다니, 우리가 사람을 잘못 봤군. 그간 허송세월했구나. 다시 물고기나 잡으러 가야겠다." 그러고는 갈릴리로 돌아갔어. 3년 동안 예수님의 가르침을 받고 예수님이 행하신 수많은 기적을 보고도 원점으로 돌아간 거야. 부활하신 예수님을 두 눈으로 확실히 보았지만 제자들은 도무지 믿을 수가 없었어. 두렵기만 했지. 예수님은 그 후 40일간 제자들에게 하나님 나라의 일을 말씀하신 후 하늘로 올라가시면서 "예루살렘을 떠나지 말고 아버지의 약속하신 것을 기다리라. 몇 날이 못 되어 성령으로 세례를 받으리라" 하고 약속하셨어.

　겟세마네 동산에서 예수님이 잡히시던 밤에, 그렇게 깨어 기도하라고 말씀하셨어도 졸며 자던 제자들이었지만 이번에는 약속의 말씀을 꼭 붙들고 마가의 다락방에서 10일 동안 오로지 기도만 했어. 모두 120명이 기도에 힘쓸 때 갑자기 하늘에서 바람소리가 나면서 불의 혀 같은 게 갈라져 각 사람의 머리 위에 하나씩 임하면서 자기들도 모르는 각 나라의 말로 기도하게 됐어. 그때 전 세계에 흩어져 살던 유대인이 오순절을 지키느라고 와 있었는데 그걸 보고 깜짝 놀랐어. "와, 신기한 일이네. 어떻게 저 사람들이 우리 지방의 말로 하나님의 큰일을 예언하지?" 제자들은 그때야 비로소 예수님이 살아계실 때 늘 말씀하시던 것들이 이해되고 믿어졌어.

　그때부터 제자들은 목숨 걸고 예수님의 죽음과 부활을 전하게 되었단다. 베드로도 전에는 계집종 앞에서조차 비겁하게 주님을 부인했는데, 이번에는 예수님에게 십자가형을 내렸던 산헤드린 공회원들이 예수의 복음을 전하지 말라고 서슬 퍼렇게 위협해도 "우리가 보고 들은 것을 전하지 않을 수 없다"라고 하면서 담대하게 전했어. 베드로가 "너희가 하나님의 아들 예수를 십자가에 죽였다" 하고 설교하면 사람들이 "아, 내 죄를 어찌할까" 하고 가슴을 치며 탄식했어. 베드로의 설교를 듣고 한번에 3,000명, 5,000명씩 회개하고 예수님을 믿었어. 베드로와 요한이 "은과 금은 내게 없거니와 예수의 이름으로 명하노니 일어나 걸으라!" 하고 외치니까 성전 미문에 있던 앉은뱅이가 벌떡 일어나기도 했지. 베드로가 병자들 곁을 지나가기만 해도 병이 나을 만큼 사도들은 권능을 많이 행했어. 또 예수님을 직접 보고 함께했던 사도들이니 얼마나 그 말씀에 권세가 있었겠어? 그래서 사람들이 자꾸 모이면서 교회공동체가 생겨나게 된 거야.

초대교회는 하나님의 말씀을 지극히 사랑하고, 날마다 마음을 같이하여 성전에 모여 예배하고, 성도들끼리 서로 사랑하고 섬기며, 하나님을 높이고 복음 전하는 것을 즐거워하는 교회였어. 그렇게 초대교회는 점점 든든히 세워지고 있었단다.

성도들도 성령이 충만해서 한마음 한뜻으로 물질도 음식도 서로 나누었어. 자기의 소유를 팔아 교회에 드리고 네것 내것 안 따지고 서로의 필요를 따라 도우며 살아갔어. 예수님 믿기 전에는 "다 내 거" 하고 살다가 믿고 나서는 "다 하나님 거"라는 것을 깨닫고 이웃을 사랑하는 마음이 생기니까 그렇게 할 수 있었던 거야. 이렇게 좋은 이야기만 나오니까 초대교회가 꼭 천사들만 모인 것 같고 천국 같지?

그때 사탄과의 영적 싸움이 시작됐어. 교회 밖으로는 핍박이 몰려와 사도들이 잡혀가고, 교회 안에서는 충격적인 사건이 일어났어. 바로 아나니아와 삽비라 부부 이야기야.

Ⅱ

초대교회에는 바나바라는 훌륭한 사람이 있었어. 성품이 착하고, 성령과 믿음이 충만했어. 그가 어려운 사람을 위해 쓰라고 밭을 팔아서 헌금을 했어. 바나바 말고도 자기 소유를 팔아서 내놓은 사람들이 많았는데 사유재산을 내놓고 공적으로 관리하면서 자기도 필요하면 갖다 쓰고 일부는 자기보다 더 필요한 사람들에게 흘러가게 한 것이야. 우리 같으면 소유를 팔아 헌금했다고 뽐낼 만도 한데 초대교회 성도들은 그걸 당연하게 생각했어. 곧 주님이 다시 오실 거라고 말씀하셨기 때문에 그렇게 할 수가 있었지.

그때나 지금이나 의지할 데 없고 가난한 사람들이 먼저 복음을 받아들이니까 구제해야 할 사람들이 많았어. 또 전 세계에 흩어져 있던 유대인이 오순절 절기를 지키러 예루살렘에 왔다가 사도의 설교를 듣고 회심하고 한동안 교회에 머물다 보니 돈이 필요했어. 사도들이 복음 전하러 다니는 데도 경비가 필요했지. 그리고 사도들의 설교에 3,000명, 5,000명씩 큰 무리가 교회로 갑자기 몰려오니까 그 새 신자들을 교육시키고 먹여야 하잖아. 그래서 바나바가 밭을 팔아서 헌금을 한 거야.

바나바의 사역과 헌금이 이들에게 얼마나 큰 힘이 되었는지 사람들은 그에게 '바나바'라는 별명을 붙여주었어. '위로의 아들'이라는 뜻이야.

"바나바 소식 들었죠? 정말 대단한 분이에요. 그 큰 재산을 아낌없이 내놓다니 말이에요."

"그렇고말고요. 우리 교회에 저런 존경할 만한 분이 계시다는 것은 정말 큰 축복이죠."

오나가나 성도들의 입에서는 바나바를 칭송하는 이야기뿐이었어. 그러잖아도 존경받던 바나바는 그 일로 교회에서 더 존경과 사랑을 받게 되었단디.

아나니아와 삽비라 부부는 그걸 보면서 **부럽**기도 하고 시기심이 났어. 아나니아가 머리를 싸매고 드러눕자 삽비라가 말했어.

"당신, 무슨 고민이 있어요?"

"바나바 때문에 그래. 재산으로 치자면 감히 제까짓 게 나랑 비교가 돼? 어림도 없지. 그런데 돈 많다고 누가 알아주는 것도 아니고 꼭 헌금을 해야만 알아주잖아."

"여보, 돈보다는 명예가 낫죠. 까짓것 이참에 작은 거 하나 팝시다. 그러면 당신도 바나바같이 될 거예요. 세상에 돈 갖고 안 되는 게 뭐가 있겠어요?"

"그럼 사람들이 나를 존경하고 나에게도 '바나바' 같은 별명을 붙여줄까?"

아나니아는 벌떡 일어나 부리나케 교회로 달려가 사도들과 성도들 앞에서 "저도 밭을 팔아서 다 드리겠습니다" 하고 큰소리를 쳤어. 그러고는 작은 땅을 하나 팔았지. 처음엔 다 바치려고 했어. 그런데 수북이 쌓인 돈다발을 바라보는 순간 아까운 생각이 들었어. 그때 사탄이 찾아와 속삭였어.

"피같이 아까운 땅을 판 걸 다 내려고? 좀 떼어놓아도 아무도 몰라. 일부만 내도 충분히 네 이름은 유명해져."

'맞아. 내가 얼마에 팔았는지를 지네들이 어떻게 알겠어? 꽁꽁 감추면 하나님인들 알겠냐고. 이정도 속이는 것쯤이야 뭐 별 거 아니겠지?'

아나니아가 아내에게 말했어.

"당신 입 꼭 다물고 있어. 들통 나면 '바나바는 다 바쳤는데 아나니아는 인색하다' 이런 말이 나돌 거란 말이야. 그럼 돈은 돈대로 잃고 사람들이 알아주지도 않으니까 억울해져. 그러니 다 바쳤다고 말하기로 해."

"어쩌면 우리는 생각까지 똑같담. 호호."

그 남편에 그 아내야. 아나니아는 일부를 땅속 깊이 숨겨놓고 나머지를 들고 교회에 갔어.

"제 밭을 판 전부입니다. 가난한 사람들을 돕는 데 써주십시오."

그걸 보던 사람들은 "어머나. 아나니아도? 정말 대단하세요" 하고 추켜세웠지. 아나니아는 '호호, 드디어 내 이름도 알아주는구나. 그럼 그렇지. 제깟 것들이 알리가 있나? 바나바처럼 되는 거 뭐 별 거 아니네' 생각하고 한 순간 흡족했지.

사실 아나니아가 땅을 얼마나 갖고 있는지 얼마에 팔았는지 그 누구도 몰랐어. 그런데 베드로는 성령이 충만하기 때문에 다 알았어. 그래서 아나니아에게 물었지.

"이게 땅 판 값 전부인가?"

"네. 전부입니다."

"팔기 전에도 네 것이고 판 후에도 네 마음대로 할 수 있는데 왜 거짓말을 하느냐? 네가 사람을 속인 게 아니라 성령을 속였다."

베드로가 영적 권세와 통찰력을 갖고 죄를 지적해내자 아나니아는 '헉! 어떻게 알았지?' 하고 큰 충격을 받아 그 자리에서 쓰러져 죽었어. 젊은이들이 아나니아의 시신을 메고 장사지내러 나갔어. 얼마 후 아내 삽비라가 들어왔어. 이번에도 베드로가 회개할 기회를 주려고 물었지.

"땅 판 값이 이것뿐이냐?"

"네. 이것뿐이에요."

삽비라는 천연덕스럽게 거짓말을 했어.

"왜 너희 부부가 짜고 성령을 속이느냐?"

삽비라도 그 자리에서 죽었어. 거짓말로 인해 부부가 교회에서 한날에 죽어버린 거야. 아나니아를 장사지내고 돌아온 젊은이들은 쉴 틈도 없이 또 삽비라의 시신을 메고 나갔단다. 온 교회와 그 일을 듣는 사람들이 다 크게 두려워했어.

 **2단계 말씀 곁에서**

1. 어려운 단어가 있었나요?

장사(葬事) 죽은 사람을 땅에 묻거나 화장하는 일

2. 독서퀴즈

❶ 등장인물 중 부부의 이름은 무엇인가요? 아나니아와 삽비라(1절).

❷ 그들은 무슨 일을 했나요?
소유를 팔아 그 값에서 얼마를 감추고 사도들의 발 앞에(발 아래에) 두었다(2절).

❸ 베드로의 말에 따르면 아나니아의 마음에는 무엇이 가득한가요? 사탄(3절).

❹ 아나니아는 누구를 속인 것인가요? 성령(3절).

❺ 아나니아는 사람에게 거짓말한 게 아니라 누구에게 거짓말을 한 것인가요? 하나님(4절).

❻ OX문제 – 땅이 그대로 있을 때는 물론, 땅을 팔아서 교회에 낸 후에도 여전히 자기의 소유라서 자기 마음대로 할 수 있었다. O(4절).

❼ 아나니아가 즉사한 후 몇 시간 만에 아내 삽비라가 들어왔나요? 3시간(7절).

❽ 삽비라는 "땅 판 값이 이것뿐이냐?"하고 베드로가 물었을 때 뭐라고 대답했나요?
이것뿐이라(8절).

❾ 그 누구도 싫어할 아나니아 부부의 장례를 치른 사람은 누구인가요? 젊은 사람들(6절, 10절).

❿ 거짓말로 인해 부부가 한날 죽은 이 사건으로 인해 초대교회에서는 어떤 일이 일어났나요?

온 교회와 이 일을 듣는 사람들이 다 크게 두려워했다(11절).

3. 내용을 간추려 보세요.

발단 아나니아와 삽비라가 땅을 판다.

전개 일부를 감추고는 전부라고 거짓말을 하고 교회에 낸다.

위기 베드로가 사실여부를 묻자 아나니아가 거짓말로 대답해 책망을 받고 쇼크로 죽는다.

절정 아나니아가 죽은 지 세 시간 만에 삽비라도 같은 이유로 죽어 장사지낸다.

결말 온 교회와 이 일을 듣는 사람들이 다 크게 두려워한다.

★더 줄여보세요 아나니아와 삽비라가 자기의 땅을 팔아 일부를 숨기고 전부라고 속여
교회에 냈는데 베드로가 알고 꾸짖자 죽었다.

4. 제목을 정해보세요.

탐욕의 종말, 아나니아가 죽은 진짜 이유, 성령을 속인 죄, 사탄이 마음에 가득한 자, 함께
도모한 악의 결과, 성결한 교회를 위한 하나님의 의지, 죄와 벌, 거짓된 헌금

5. 질문을 만들어보세요.

• 베드로는 그들의 말이 거짓말인 줄 어떻게 알았을까?

• 초대교회에서는 왜 땅을 팔아서 사도들의 발 앞에 두었을까?

• 왜 사람을 속인 게 성령을 속인 것이 되나?

• 좀 감추었어도 물질을 가져온 것만으로도 귀하지 않은가? 하나님이 둘 다 한꺼번에 죽인 것은 너무 심하지 않나?

 3단계 **말씀 속에서**

1. 아나니아와 삽비라의 문제는 무엇인가요?

남들은 다 파는데 자기들만 소유를 갖고 있어서? 아니야. 그들도 남들처럼 땅을 팔았어.

전부가 아닌 일부만 바쳐서? 아니야. 일부만 바쳐도 얼마나 귀한 일이니! 욕심으로 인해 부부가 함께 짜고 일부를 전부처럼 바친 그들의 거짓과 위선이 가장 큰 문제였어. 하나님은 정의로우셔. 죄에 상응하는 벌을 내리는 걸 정의라고 할 때, 죽음이라는 큰 형벌을 내리신 것을 보면 그들의 죄가 하나님 앞에서 그만큼 컸다는 걸 알 수 있어.

2. 아나니아와 삽비라는 왜 거짓말을 했을까요?

교회가 본받아야 할 사람으로 바나바를 지목해 칭찬하고 인정하고 높이는 것을 보고 자기들도 그렇게 되고 싶어 했어. 바나바는 밭을 팔아 헌금을 했기 때문이 아니라 오랫동안 믿음의 선한 행실이 쌓여 칭송을 받게 된 거거든. 근데 그들 부부는 그런 신앙과 인격의 경지에 이르지 못했는데도 바나바와 자기를 똑같은 선에서 견주고 자기들을 거짓으로 포장해 그 위치에 올라가려고 했어. 그들은 바나바가 누리는 명성과 사람들에게 받는 사랑과 인정을 가로채고 싶은 허영심 때문에 쉽게, 급히, 그릇된 방법을 찾아 그의 자리에 도달하려고 했던 거야.

3. 베드로의 책망을 보면 사탄은 어떤 존재인 것 같은가요?

- **욕망을 틈타 사람의 마음을 사로잡는다.** 베드로가 "어찌하여 사탄이 네 마음에 가득하여"라고 책망한 것으로 보아 아나니아가 거짓말하기 전에 먼저 마음이 사탄으로 가득 차 있었나는 것을 알 수 있어. 사람들의 인정과 존경, 명예욕에 사로잡혀 사탄에게 마음을 내준 거지. 그들은 욕망에 눈이 어두워 자기 생명을 사탄에게 빼앗기게 될 걸 몰랐어.

- **거짓말쟁이다** 아나니아에게 사탄이 틈 탄 것은 바나바처럼 되고 싶다는 욕심을 품었을 때였어. 그걸 알아차린 사탄이 아나니아에게 와서 "일부만 헌금해도 교회에서 네가 유명해지고 바나바처럼 사람들의 칭찬과 존경을 받게 될 거야"라고 속였어. 하지만 사탄의 말대로 되기는커녕 부부가 죽고 말았지.

- **교회를 대적한다** 이들 부부의 거짓말은 갓 태어난 교회공동체를 죄로 물들여 파괴하고자 하는 사탄의 악한 꾀였어. 사탄의 목적은 교회를 대적하고 성도와 하나님과의 사이를 갈라놓는 거야.

4. 아나니아와 삽비라의 죄의 본질은 무엇인가요?

- **심지 않은 데서 거두려고 했다.** 바나바가 부러우면 자기도 그만큼 수고해 씨를 뿌리고 땀 흘려 가꾸면 언젠가는 열매를 거두게 될 거 아냐? 그런데 그들은 조금만 수고하고 열

매는 바나바만큼 누리고 싶어 했어. 바나바의 명예를 훔치려 한 것과 같아. 또 바치기로 약속한 물질을 착복한 건 하나님 것을 훔친 것과 마찬가지야.

- **공명심, 물질욕, 명예욕에 사로잡혔다.** 대개 물질에 초탈한 사람이 존경을 받잖아? 그런데 그들은 물질욕을 그대로 갖고 있으면서도 존경까지 받으려고 했어. "탐심은 곧 우상숭배"(골 3:5)야. 이 말은 하나님보다 자기가 탐하는 그것에 마음을 쏟고 가장 큰 가치를 둔다는 말이야.

- **하나님에 대한 두려움이 없었다.** 그들은 어디에나 계시고 모든 것을 아시는 하나님을 믿지 않고 하나님도 속일 수 있다고 생각했어. 베드로가 회개의 기회를 주려고 물었는데도 천연덕스럽게 거짓말을 했어. 교회는 하나님의 성령이 항상 계시는 곳인데 그걸 몰랐던 거지.

- **교만했다.** 초대교회는 무식한 어부들이 목사님이 되어 있는 교회였어. 교인들도 대개 세상에서 낮고 천한 사람들이 많았어. 그런 사람들이 모여 있으니 우습게 보였겠지. 그래서 얕보고 쉽게 속아 넘어갈 줄 알고 거짓말을 했던 거야. 그런데 베드로는 그게 바로 사람이 아니라 성령을 속인 거라고 말했어.

- **헌금의 동기가 '자기'에게 있다.** 자기가 바나바처럼 높아지고 인정받는 게 그들이 헌금한 목적이야. 하나님께 드린다면서 왜 하나님이 아닌 사람에게 인정을 받으려고 해? 자기 이름을 내기 위한 수단으로 하나님을 이용한 거야.

5. 둘이 짜고 거짓말을 했다고 죽음에까지 이른 것은 너무 가혹하지 않나요?

기독교 역사에서 그 시기는 신약시대 교회의 기초를 놓고 조직을 갖춰 나가는 신생기였어. 그때는 하나님의 성령이 공동체에 강력하게 나타났어. 초대교회는 천국의 모형이야. 믿는 사람이 날마다 성전에 모여 사도의 가르침을 받고, 서로 교제하며 떡을 떼며 기쁨과 순전한 마음으로 음식을 먹고, 한마음 한뜻으로 재산과 소유를 팔아 각 사람의 필요를 따라 물질을 나누는 아름다운 정신을 구현하고 있었지. 그런데 그런 중요한 시점에서 아나니아 부부는 초대교회의 전통을 깨고 '우리 모두의 것'이 아닌 '내 것'을 따로 취해 가지려는 마음을 품었어. 그래서 일부를 감추고 전부라고 거짓말을 했던 거야. 그건 단순한 거짓말을 넘어 교회에 역사하시는 성령을 훼방하는 큰 죄가 되는 거야. 그것은 하나님이 세우시려는 교회를 무너뜨리려는 사탄의 악한 꾀였어. 아나니아는 교회공동체를 죄로 물들여 마침내 파괴시키려는 사탄의 도구가 되었던 거야.

하나님이 아나니아 부부를 죽인 것은 교회의 출발부터 뒤흔들려는 사탄의 흉계를 부수려는 것이었어. 죄가 드러나자마자 단호하게 처단하셔서 죄가 발붙이지 못하게 하신 거야.

초대교회에 성령이 충만하게 계시다는 표를 그렇게 생생하게 드러내신 거지. 하나님께서 그만큼 교회공동체가 경건하고 거룩하고 성결하게 보존되기를 원하셨다는 말이야. 그건 개인의 죄로 그치지 않아. 적은 이스트가 빵 반죽 전체에 퍼져 부풀게 하지? 복음을 증거하려면 성도와 교회가 성결해야 한다는 것이 이 사건이 주는 메시지야.

6. 이 모든 일의 결과 어떤 일이 일어났나요?

교회 안에서는 거짓과 위선이 없어지고 그 이야기를 듣는 사람이 다 크게 하나님을 두려워하게 되었어. 사람들은 '교회 우습게 볼 게 아니구나' 하고 생각했지. 하나님의 능력이 얼마나 큰지, 교회를 향한 뜻이 무엇인지를 신자들이 깨닫고 진정으로 하나님을 경외하게 되었어. 이렇게 영적으로 깨어있는 신자들과 영적 권위가 있는 사도들이 함께하던 초대교회에는 하나님의 은혜가 차고 넘쳤겠지? 실제로 이 사건 직후에 교회에 영적인 질서가 서고 놀라운 부흥이 일어났어. 성령님의 권세와 능력이 함께하심을 더욱 확신하게 되었고, 사도들이 복음을 전할 때에 더욱 크게 권위가 섰어. 〈사도행전〉 10장에 로마의 백부장이었던 고넬료가 베드로를 청해 그의 발 앞에 엎드려 절한 것을 보면 알 수 있어.

7. 이들 부부를 통해서 보는 거짓의 결과는 무엇인가요?

아나니아가 기대했던 것은 교회 내에서 자기의 이름을 내고 존경과 인정과 칭송을 받는 것이었어. 하지만 그가 얻은 것은 불명예와 죽음이었어.

'아나니아'(Ananiah)는 '하나냐'에서 온 말로 '여호와는 은혜로우시다'라는 뜻이고, '삽비라'(Sapphira)는 '사파이어' 보석에서 온 말로 '아름답다'라는 뜻이야. 이들은 하나님의 은혜를 사람들에게 나타내는 아름다운 삶을 살아야 했지만 자기의 이름을 나타내려는 헛된 욕망에 사로잡혀 이름값을 제대로 하지 못하고 죽었어. '아나니아'와 '삽비라'라는 고유명사는 '거짓말쟁이'를 상징하는 보통명사가 되어 후세에 길이길이 불명예스러운 이름으로 남게 되었어.

지금도 여전히 거짓의 대가는 죽음이라는 것을 알아야 해. 양심, 믿음, 신뢰, 평화, 신용, 자존감이 죽는 거야. 거짓의 사람을 하나님은 그분의 증인으로 쓰시지 않아.

8. 바나바의 헌금과 아나니아와 삽비라의 헌금은 어떤 차이가 있나요?

바나바의 중심에는 하나님만 계셨어. 그는 하나님과 이웃을 사랑하는 이타적인 자세로 순수한 마음으로 하나님께 드렸어. 그의 행위에는 자신과 자기 물질의 주인이 오직 하나님뿐임을 인정하는 신앙고백이 담겨 있어. 그런 신앙인격을 소유한 바나바가 존경을 받게 되는 것은 하나님이 그에게 합당한 명예를 입혀주신 거야.

반면 아나니아와 삽비라의 중심에는 자기 자신이 들어 있었어. 자기 이름을 드러내고 사람들의 인정과 칭송을 듣기 위해 돈을 교회에 갖다 낸 것이지. 돈을 주고 명예를 사려는, 철저히 이기적이고 계산적이며 조건적으로 행동한 거야. 그들에게는 자기 물질이 다 하나님이 주신 것이라는 신앙이 없었고, 하나님에게 드린다는 개념이 없었어. 하나님을 높이고 사랑하는 마음을 담아 드려야지 자기를 드러내고 높이기 위한 헌금은 아무리 많이 드려도 소용없어. 하나님이 받으시지 않아.

9. 아나니아와 삽비라 부부는 어떻게 했어야만 했나요? 그것을 생각의 토대로 하여 어떻게 하면 거짓말을 하지 않을 수 있을까 말해보세요.

- 그들은 많이 드린 것처럼 사람들에게 부풀려 보이기 위해 거짓말을 했어. 그들이 하나님만 의식했더라면 그러지 않았을 거야. 우리가 정직하려면 사람보다 하나님을 더 의식해야 해. 사람을 속일 수는 있어도 하나님을 속일 수는 없기 때문이야.

- 바른 말을 해주는 사람이 주변에 있어야 해. 둘 중 하나만이라도 정직했더라면 이런 비극은 안 일어났겠지. 하나님이 여자를 '돕는 배필'로 지으셨는데 삽비라는 함께 죄짓는 배필이 되었어. 그녀는 남편에게 바른말로 조언해야 했지만, "함께 꾀하여 주의 영을 시험"하려 했어. 두 사람이 합심하여 하나님을 속이는 일에 공범이 된 거야. 주님이 싫어하시는 나쁜 짓을 꾀할 게 아니라 주님이 기뻐하실 만한 것을 함께 도모하는 사람이 되어야 해.

- 그들은 사탄으로 충만해 거짓말을 했어. 성령으로 충만해야 하나님의 성품을 나타내는 말을 하게 돼. 성령이 충만하면 거짓말 대신 정직한 말을, 원망, 불평의 말 대신에 사랑과 감사의 말을, 비속한 말 대신 고상한 말을, 이웃을 비난하는 말 대신 격려와 칭찬의 말을 하게 돼. 나아가 복음을 전하는 말을 하게 되지.

- 회개의 기회가 주어졌을 때 놓치지 말아야 해. 베드로가 죄를 정확하게 지적할 때에 시인했더라면 죽지 않았을 거야. 그런데 그 부부는 성령의 음성을 묵살하고 끝까지 거짓을 말해 비극을 자초한 거야.

- 영적으로 어두워 교회를 파괴하고 자신들의 생명을 빼앗아가려는 사탄의 궤계를 분별하지 못했어. 편법을 쓰도록 유혹하는 사탄의 역사를 분별력을 가지고 물리쳤어야 해.

10. 등장인물들은 어떤 사람들인가요? 인물의 행동을 통해 성격을 분석해봅시다.

인물	행동	성격
바나바	밭을 팔아 전부 다 헌금한다.	하나님 중심의 사람이다.
		다른 이의 필요를 민감하게 볼 줄 안다. 이타적이다. 착하다.
		자신의 소유가 하나님께로부터 온 것임을 알고 인정한다.
	교회에서 존경받는다.	성령과 믿음이 충만하고, 행동하는 신앙으로 성도들에게 믿음의 본이 된다.
아나니아	밭을 팔아 일부를 감추고 헌금한다.	나중심의 이기적인 사람이다. 신앙행위의 동기가 자기에게 있다. 교회에서 자신이 명예를 얻고 존경을 받기 위해 헌금한다.
		탐심, 시기와 질투의 마음이 있다. 편법을 써서라도 바나바를 따라잡아 동등한 대접을 받으려고 했다.
		신앙행위의 동기가 사람에게 있어 사람에게 인정과 칭찬을 받고자 한다.
		돈을 사랑한다.
	전부라고 속인다.	무소부재하신 하나님을 믿지 않고 두려워하지 않는다. 하나님도 속일 수 있다고 생각한다.
		사도 및 초대교회 멤버들을 무시한다.
		사탄의 궤휼을 분별할 영적인 능력이 없다.
삽비라	남편에게 동조한다.	돕는 배필로서의 역할을 감당하지 못했다.
	전부라고 속인다.	하나님을 믿지 않고 두려워하지 않는다.
베드로	죄를 정확히 간파한다.	영적 통찰력이 있고 권세가 있다.
	부부에게 묻는다.	이들에게 회개의 기회를 주고자 한다.

 **4단계** 지금 여기에서

1. 대체로 거짓말은 누구에게 왜 어떤 상황에서 하게 되나요?

- 상황을 모면하기 위해 자기도 모르게 순간적으로, 책임과 처벌을 피하고 자기를 방어하기 위해서

- 체면, 위신 때문에 자기 명예를 지키기 위해
- 열등감 때문에 자신을 그럴듯하게 포장해 상대방의 인식을 바꾸려고, 자기를 과시하려는 허영심에서 과장하고 겉치레하려고
- 새로운 환경에서 자신을 소개할 때 호감을 갖게 하려고, 생존에 필요한 전략으로
- 거짓말로 얻어지는 이익을 취하려고
- 속이는 기쁨, 다른 사람을 통제하고 있다는 우월감과 자신감을 맛보고, 자신을 능력 있다고 생각하게 되므로
- 정당한 대가를 지불하지 않고 남이 애써 이룩한 업적을 내 것으로 취하려고

2. 나는 언제, 왜 거짓말을 하게 되나요? 내가 자주 하는 거짓말 목록을 만들어보세요.

3. 나는 얼마나 정직한가요? 거짓을 0 정직을 100으로 볼 때 나의 정직지수는 몇 점쯤 될까요?

다음 4가지 거짓말 점검 테스트 항목 중 나는 어디에 해당하나요?

① 나는 거짓말을 밥 먹듯 한다.
② 나는 종종 자주 거짓말을 하는 편이다.
③ 나는 거의 거짓말을 하지 않는다. 그러나 솔직히 어쩔 수 없는 경우에 한 경우도 있다.
④ 나는 거짓말을 결코 하지 않는다.

4. 거짓말을 하면 어떤 결과를 가져올까요?
- 거짓말을 덮기 위해 또 거짓말을 계속 해야 하고 결국 신용을 잃게 된다.
- 습관이 들어 도덕적 거리낌이 없이 계속 하게 된다.
- 거짓말이 성공해야 할 텐데 하는 초조감, 성공했을 때의 쾌감, 뻔뻔함, 하나님에 대한 두려움, 죄책감, 들통 날까 봐 염려 등의 부정적인 감정들을 경험하게 된다.
- 사회가 부패하게 된다. 불신풍조가 확산되고 사회구성원간에 연대감이 파괴된다.
- '너는 거짓말쟁이'라는 사탄의 정죄감, 남을 속였다는 죄책감에 시달리고 자기 스스로를 경멸하게 된다.
- 하나님과의 관계가 멀어지고 인간관계가 무너진다.
- 공동체뿐 아니라 자기 자신을 파괴한다. 거짓말을 일삼으면 자기가 자기에게 속는다. 나중에는 자기도 못 믿는 인생이 된다.

5. 내게 있는 아나니아와 삽비라의 요소를 찾아보세요.

- 교회에서 다른 사람과 나를 비교한다.
- 노력은 많이 안 하고 다른 사람들에게 인정받고 싶은 생각이 든다.
- 내가 한 일을 남들에게 부풀려서 자랑삼아 말한다.
- 헌금을 하면서 사람을 의식하고 한 적이 있다. 헌금을 아깝다고 생각한 적이 있다.
- 뻔한 거짓말을 한 적이 있다.
- 친구에게 바른 말을 하지 못하고 잘못된 길로 가도록 내버려 둔 적이 있다.
- 남들이 능력을 인정할 때 내가 가치가 있는 사람이라고 느끼므로 다른 사람의 비준을 받기 위해 애쓴다.
- 돈의 힘으로 뭘 해보려고 한 적이 있다.
- 무식한 친구들을 무시한 적이 있다.

6. 하나님을 믿는 사람은 왜 거짓말을 하면 안 되나요? 성경은 거짓에 대해 뭐라고 말하나요?

성경이 거짓을 심각한 범죄로 다루는 이유는 거짓이 하나님의 품성을 거스르는 죄기 때문이야. 하나님이 진실하시고 정직하시니까 우리도 정직해야 하나님 앞에 설 수 있어. 반면 마귀는 '거짓의 아비'야. 우리가 거짓말할 때는 사탄의 지배와 영향력 아래 있다는 말이야. 진실함으로 하나님의 자녀가 될래? 거짓으로 마귀의 자녀가 될래?

너희는 너희 아비 마귀에게서 났으니 너희 아비의 욕심대로 너희도 행하고자 하느니라 그는 처음부터 살인한 자요 진리가 그 속에 없으므로 진리에 서지 못하고 거짓을 말할 때마다 제 것으로 말하나니 이는 그가 거짓말쟁이요 거짓의 아비가 되었음이라 _ 요 8:44

주는 죄악을 기뻐하는 신이 아니시니 … 거짓말하는 자들을 멸망시키시리이다 _ 시 5:4-6

이는 하나님이 거짓말을 하실 수 없는 이 두 가지 변하지 못할 사실로 말미암아 _ 히 6:18

그의 모든 길이 정의롭고 진실하고 거짓이 없으신 하나님이시니 _ 신 32:4

하나님은 사람이 아니시니 거짓말을 하지 않으시고 _ 민 23:19

마음에 서로 해하기를 도모하지 말며 거짓맹세를 좋아하지 말라 이 모든 일은 내가 미워하는 것이니라 _ 슥 8:17

거짓증인은 벌을 면치 못할 것이요 거짓말을 내뱉는 자는 망할 것이니라 _ 잠 19:9

그런즉 거짓을 버리고 각각 그 이웃으로 더불어 참된 것을 말하라 이는 우리가 서로 지체가 됨이니라 _ 엡 4:25

7. 이들 부부의 장례를 누가 치렀나요?

누가 시킨 것도 아닌데, 아무도 손대고 싶어 하지 않고, 재수 없다고 여길 그들 부부의 시체를 교회의 청년들이 수습해 메고 나가 장사지냈어. 힘이 많이 들었을 텐데도 거듭 두 건의 장례식을 불평하지 않고 남에게 미루지 않고 치른 거야. 너도 거짓을 미워하며, 힘든 일을 자원해서 하는 멋진 기독청년으로 자라면 좋겠어.

8. 예배처소에서 부부가 비슷한 시각에 죽어나가는 장면을 보면서 성도들은 무슨 생각을 했을까요?

- '절대로 이 사람들처럼 살지는 말아야지' 하고 반면교사로 삼았겠지.
- 두 거짓말쟁이가 나란히 누워 있는 무덤이 우리에게 주는 교훈은 "하나님을 속인 자는 사탄에게 노략질 당하다가 허망하게 그 생이 끝난다"라는 거야.

9. 내가 죽으면 사람들이 어떤 말을 내 무덤 앞에 새겨주기를 원하나요? 사람들이 내 장례를 치르며 어떤 생각을 하게 될까요?

- 내 비문에는 "말씀을 사랑했던 하나님의 사람"이라는 말이 새겨졌으면 좋겠다.
- 장례식에 온 사람들이 내가 살았을 때 하나님과 사람 앞에 행한 일들을 생각하며 나의 죽음을 아쉬워하고 슬퍼할 수 있기를 바란다.

10. (A) 이 부부는 돈과 명예를 사랑해서 자기의 생명을 사탄에게 바치는 현대인의 표상이자 자화상입니다. 사회에 만연한 거짓을 찾아봅시다.

- 숙제를 인터넷에서 베껴 내는 것, 리포트를 표절해서 짜깁기해 내는 것, 시험 때 커닝하는 것, 사회지도층의 논문표절 및 중복게재, 과학자들의 실험결과 조작
- 학벌을 속여 취업, 결혼, 사회활동하는 것
- 체면과 명예를 중시하는 허영심 때문에 빚을 내서라도 호화결혼식을 하는 것
- 온갖 짝퉁 물건들, 흑색선전, 근거 없는 루머들
- 일본의 한국사 왜곡, 독도, 위안부에 관한 거짓말들
- 가짜 식품, 유해성분을 밝히지 않은 식품
- 포토샵 사진, 무수한 광고들, 보이스피싱, 스미싱

- 하나님을 배제한 학문들과 인간을 행복하게 해준다고 약속하는 사상들과 문화예술
- 이단, 사이비, 변질된 복음 등

 5단계 이렇게 해보세요

- 인상 깊은 장면을 상상해 그림으로 나타내 보고 그 그림의 의미를 곁들여 쓰기
- 아나니아와 삽비라에게 꼭 하고 싶은 말을 편지로 쓰기
- 내가 하루에 몇 번이나 거짓말을 하는지 세어보고 적기. 내가(혹은 나와 친구들이) 자주 하는 거짓말 목록을 적어보기
- 기독교 잡지와 신문에 Q&A로 이 본문이 다루어진다고 가정하고 사람들이 궁금해할 것들을 질문하고 거기에 적절한 답을 달아 제시하기
- 아나니아와 삽비라 모의재판하기
- 4월 1일은 거짓말을 하는 만우절이고 4월의 마지막 날 30일은 정직의 날이다. 정직의 날을 제정한 취지를 추론해보고 현대사회에 정직의 날의 필요성에 대해 글을 써보자.
- 거짓말 안 하기 도전 7일 프로젝트 진행하기
- 초대교회일보 만들기

✚글감 찾기를 위한 키워드

초점	내용 및 제목
인물	아나니아와 삽비라가 죽은 진짜 이유, 바나바의 헌금과 아나니아 삽비라의 헌금, 탁월한 종 베드로, 착한 바나바, 사탄이 미음에 가득한 자.
교회	교회의 능력, 거룩하고 성결한 교회, 초대교회 vs 오늘날의 교회
하나님	교회를 지키시는 하나님, 성결한 교회를 위한 하나님의 의지
거짓말	거짓의 죄, 성령을 속인 죄, 거짓말의 대가
죄	탐욕의 종말, 죄와 벌, 함께 꾀한 죄악의 결과, 탐심, 욕망이 불러오는 것
헌금	거짓된 헌금, 하나님께 드리는 헌금 vs 사람에게 하는 헌금
성령	네가 어찌하여 성령을 속이느냐?, 성령은 다 아신다

김태연(중3)

이다연(중3)

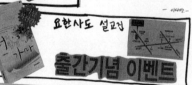

그림 활동

ㄱ 강채민(초2)

나는 다시 하리라

ㄴ 김주애(초2)

내가 잘 하는 거짓말 목록

1. pc방 갔다와서 안갔다고 하기
2. 문제집 안풀었는데 풀었다고 하기.
3. 숙제 있었는데 없었다고 하기
4. 돈 게임에 넣었는데 먹는데 썼다고 하기.
5. 잠자고 하고 안자고 핸드폰 하기.
6. 컴퓨터 하고 안했다고 하기.
7. 책 안 읽고 읽었다고 하기.
8. 학원 안가려고 꾀병부리기.
9. 집에 빨리 갈려고 학원에서 안한거 했다고 하기.
10. 하개실에서 숙제 안했는데 다른 곳에 먹기.
11. 학교에서 떠든건 앞에꺼 했는데 떠듦.
12. 인터넷에서 나이 속이기.
13. 학원에서 빨리 끝내려고 시계 시간 바꾼것.
14. 학원 쌤 방한테 평판 짓고 안했다고 한것.
15. 시험볼때 시험지 보고 한것.(학원에서)
16. 교회에서 핸드폰 안한다고 했는데 한것.
17. 놀고 학원숙제가 머리 핑계 대기.
18. 빵나 물에 떡을 크게로 안먹었다고 하기.
19. 전략놀음 게임하려고 축사 있다고 하기.
20. 국제 안했는데 다했다고 하기.

무기명

BiBLe TiMES

특별 인터뷰 <아나니아 부부>

ㄴ 이수철(중1)

진정한 헌금

초4 김다은

❶ 본문은 아나니아와 삽비라가 자기의 땅을 팔아 일부를 숨기고 전부라고 속여 교회에 냈는데 베드로가 알고 꾸짖자 죽었다는 이야기이다. ❷ _____

아나니아와 삽비라가 진정한 헌금을 드리지 않고 거짓된 헌금을 드린 것으로 보아 그들은 욕심이 많아 마음에 사탄마귀가 가득한 사람들인 것 같다. ❸ 사람을 속이는 것은 곧 하나님을 속이는 것이기 때문에 거짓말은 하나님 앞에 있어서 아주 심각한 죄이다.

헌금을 드리려면 진실되게 드려야 한다. 만약에 내가 아나니아와 삽비라였다면 "이것은 밭을 판 돈입니다. 하지만 얼마는 우리가 필요해서 일부만 내겠습니다"라고 하였을 것이다. ❹

❺ 나도 하나님이 두려운지도 모르고 아나니아와 삽비라처럼 내가 잘못한 것을 숨기고 싶을 때 거짓말을 했던 경험이 있었다. 나에게도 그들의 요소가 들어있는 것 같다. 그래서 이제부터라도 거짓말을 하지 않도록 노력하는 삶을 살아야 한다. 노력을 할 때 가장 중요한 것은 100명 중에 99명이 거짓말을 한다 할지라도 나 1명만큼은 정직하게 살아야 한다는 것이다.

세상에는 거짓이 가득 차 있다. ❻ _____ 기독교인도 예외는 아니다. 오늘 성경을 공부하면서 거짓말이 얼마나 큰 죄인지를 알게 되었다. 그래서 오늘부터 참된 그리스도인으로서 ❼ 일주일 동안은 절대로 거짓말을 하지 않기로 했다.

🔍 첨삭 지도

전체적으로 구조가 안정되게 잡혀있습니다. 자기 삶을 솔직하게 드러낸 점도 좋습니다.

❶ 이제 한 문장 요약을 잘하게 되었군요.

❷ 사실전달에만 그치지 말고 자신의 의견을 덧붙여 '사실+의견'의 구조로 서두를 쓰세요. 등장인물 분석은 독후감 중에 가운데 부분에 해당되니까 문단을 내려주세요.

❸ 제목과의 일관성을 늘 기억하세요.

❹ 가정해서 한 문장을 더 넣어보세요. 어떤 말이든 늘 성경본문과 연결하여 쓰는 것 잊지 마세요.

❺ 경험을 구체적으로 적어 더 생생하게 만드세요. 어떤 거짓말을 어떤 상황에서 했는데 그 과정에서 어떤 심리적 경험을 했고, 그 결과 어떻게 되었나요?

❻ 앞문장과 뒷문장이 자연스럽게 의미가 연결되도록 그 사이에 한 문장을 더 넣어주세요.

❼ 적절한 연결어미를 사용해야 합니다.

진정한 헌금

본문은 아나니아와 삽비라가 자기의 땅을 팔아 일부를 숨기고 전부라고 속여 교회에 냈는데 베드로가 알고 꾸짖자 죽었다는 이야기이다. 본문은 거짓이 하나님 앞에서 얼마나 큰 죄인지를 알려준다. 사람을 속이는 것은 곧 하나님을 속이는 것이기 때문에 거짓말은 하나님께 아주 심각한 죄이다.

아나니아와 삽비라가 정직하게 헌금을 드리지 않고 거짓된 헌금을 드린 것으로 보아 그들은 욕심이 많고, 그들의 마음에는 사탄이 가득한 것 같다. 아나니아와 삽비라는 바나바가 밭을 팔아 헌금을 드리자 교회에서 존경을 받는 것을 보고 자기들도 존경을 받고 싶어서 밭을 팔아 헌금을 드렸다. 하지만 진정한 헌금은 사람들에게 인정받기 위해서 드리는 게 아니라 하나님께 드리는 것이다.

헌금을 드리려면 하나님께 진실하게 드려야 한다. 만약에 내가 아나니아와 삽비라였다면 "이것은 밭을 판 돈입니다. 하지만 얼마는 우리가 필요해서 일부만 내겠습니다"라고 정직하게 말하였을 것이다. 만약 아나니아와 삽비라도 그렇게 말했더라면 죽지 않았을 것이다.

나도 하나님이 두려운 줄 모르고 아나니아와 삽비라처럼 잘못한 것을 숨기고 싶을 때 거짓말을 했던 경험이 있다. 부끄럽지만 나에게도 아나니아와 삽비라의 요소가 들어있다.

세상에는 거짓이 가득 차 있다. 사람들은 거짓말을 대수롭지 않게 생각한다. 기독교인도 예외는 아니다. 그래서 이제부터라도 거짓말을 하지 않도록 노력하는 삶을 살아야겠다고 다짐했다. 세상이 거짓으로 가득해서 비록 100명 중에 99명이 거짓말을 한다 할지라도 나 한 사람만이라도 정직하게 살아야겠다고 결심했다.

오늘 성경을 공부하면서 거짓말의 대가가 죽음이라면 거짓말이 하나님 앞에 얼마나 큰 죄일까를 깊이 생각했다. 그래서 오늘부터 참된 그리스도인으로서 일주일동안만이라도 절대로 거짓말을 하지 않기로 했다.

06
부자와 나사로
누가복음 16:19-31

지도 포인트

1 인간은 죽고 난 후에 천국과 지옥, 둘 중에 한 곳으로 가는 존재임을 알려주세요.
2 천국과 지옥이 어떤 곳이며 거기에 누가 들어가게 되는지 분명하게 알려주세요.
3 이 땅 사는 동안 천국에 들어갈 소망을 가지고 주님이 원하시는 삶을 살기로 함께 결단하세요.

 1단계 그때 거기에서

1. 상상의 날개를 펴고 그때 그 사건의 현장으로 들어가봅시다.

I

한 부자가 있었어. 그는 자줏빛 겉옷과 이집트산 고운 아마포 속옷을 입고 살았어. 겉옷은 물론 속옷까지도 외제 명품을 걸치고 사치하게 살았다는 말이야. "자색옷"은 염색한 옷인데 그때는 염료가 귀해서 색깔 옷이 무척 비쌌어. 노동자가 일 년쯤 일해야 한 벌 살 수 있을 정도였대. 고대 로마인들은 지중해 특산 달팽이에서 뽑은 액체를 효소 처리해 붉은 자주빛 염료를 만들었는데 12,000마리의 달팽이에서 겨우 1.4g 정도밖에 못 얻었대. 이 염료는 왕립공장에서만 만들어졌어. 다른 데서 몰래 만들다 들키면 사형당했대. 그래서 그 염료이름이 '로열퍼플'(왕가의 자주색)이야. 이름이 말해주듯이 이것으로 물들인 옷을 입는 사람은 왕이나 왕족, 왕의 허락을 받은 몇몇 사람뿐이었대.

성경에 보면 미디안 왕이 입었던 자색의복을 기드온이 가졌지. 예수님이 십자가 고난을 당하실 때 로마병사들이 "네가 유대인의 왕이냐?"라고 조롱하며 자색옷을 입혔어. 그리고 꿇어 절하면서 "유대인의 왕이여, 평안할지어다" 하더니 갈대로 머리를 치며 침을 뱉었지. 예수님이 하나님 나라의 왕인 것을 모르고 모독하고 수치를 주려고 왕을 상징하는 자색옷을 입혀 놓고 희롱한 거야. 우리나라 신라시대에도 자색옷은 진골만 입었어.

이렇게 옷이 사회적 신분을 드러내니 입은 옷만 봐도 이 부자가 어떤 사람인지는 대충 알겠지? 여기서 부자는 최고의 부와 권력과 명예를 지닌 특권층을 의미해. 오늘날로 말하면 정치·경제·사회·문화·예술의 어떤 분야의 최고전문가나 최고지도자, 세상에 영향력 있는 연예계의 톱스타나 스포츠계의 강자 등도 부자라 할 수 있겠지.

이 부자는 세상에서는 아주 유명하고 대단한 사람이었지만 그 이름은 성경에 안 나와. 그는 매일 자기를 위해 호화로운 파티를 열고 즐겼어. 세상에서 부러울 게 하나도 없었지. 얼굴은 늘 번드르르하게 기름졌고 살이 쪄서 배가 불룩하게 나왔어.

그 부자의 대문 앞에는 거지가 한 사람 버려져 있었어. 부자는 자기가 이웃사랑의 율법을 지키는 선한 사람이라는 것을 과시하려고 문간의 거지를 내쫓지 않았어. 하지만 돌봐주지는 않았어. 그는 부자의 식탁에서 떨어지는 부스러기로 겨우 배를 채웠어. 피부에는 부스럼이 나서 몸이 성한 데라곤 없었어. 더러운 들개들이 와서 그의 헌 데를 핥았지만 "저리 가!" 하고 내쫓을 힘조차 없었어.

그는 거지인데도 성경에 이름이 나와. '나사로'야. "하나님이 도우신다"라는 뜻이지. 나사로는 의지할 데가 없고, 약하고 병들었기 때문에 하나님만 의지하고 살았어. 사람들은 그를 보며 이렇게 빈정댔어. "하나님의 도우심을 받은 자라고? 하하. 하나님이 도우시기는커녕 버리신 것 같은데?"

그러다가 때가 되어 나사로가 죽었는데 그 순간 천사들이 그를 받들어 천국으로 인도했어. 나사로는 세상에서 살 때는 높은 지위도 없고, 집도 건강도 번듯한 직장도 돈도 연줄도 도와줄 친구도 부모형제도 아내도 자식도 없었어. 마을 사람들은 "에이, 더러워. 부정 탈라" 하고 툴툴거리면서 침을 퉤퉤 뱉으며 그 비쩍 마르고 병들었던 몸을 거적때기로 아무렇게나 둘둘 말아 성 바깥의 쓰레기 처리장인 게헨나 골짜기에 "휙!" 하고 던져버렸어.

때가 되자 부자도 죽었어. 몸에 좋다는 음식이랑 보약도 많이 먹고, 의원에게 최고의 치료를 받았지만 죽음을 막을 수는 없었어. 장례식을 아주 성대하게 거행했지. 빈소를 크게 차리고, 죽음을 애도하기 위해 소리 내어 울어주는 사람들도 고용하고, 애도음악을 연주할 사람도 돈 주고 불렀어. 값비싼 침향으로 시신을 썩지 않게 처리하고, 장례식장에 좋은 향을 피우고, 최고로 비싼 수의를 입히고, 최고급 나무로 관을 만들어 수많은 꽃으로 장식했어. 조문객을 위해 좋은 음식도 많이 장만했어. 높은 사람도 많이 오고 친척, 친구, 지인이 엄청나게 많이 왔어. 근조화환도 양쪽으로 쫙 늘어놓았지. 많은 사람의 애도 속에서 그는 넓은 묘실에 묻혔어. 그를 따르는 장례행렬은 길었고, 그의 무덤은 호화롭게 장식되었고, 그를 기리는 커다란 비석도 세워졌어.

Ⅱ

그런데 죽고 나서 이 두 사람은 처지가 확 바뀌었어. 나사로는 천국에서 평안히 안식을 누리게 되었고, 부자는 지옥에서 엄청난 고통 가운데 있게 되었어. 부자는 불꽃 가운데서 너무 뜨거워서 더운 날 개처럼 혓바닥을 축 늘어뜨리고 헥헥거리다가 천국에서 나사로가 주님과 함께 있는 것을 보았어.

천국은 너무나도 아름답고 평화롭고 모든 것이 풍부했어. 그걸 보고 부자는 "하나님, 저 나사로의 손가락 끝에 물 한 방울만 찍어서 제발 좀 제 혀를 서늘하게 해주세요" 하고 기도를 해. 그러나 주님은 "애, 너는 살았을 때 좋은 것을 다 받았으니까 거기서 괴로움을 받고, 나사로는 고난을 받았으니까 여기서 위로를 받는 거야. 그리고 거기와 여기 사이에는 큰 구렁텅이가 있어 서로 오고갈 수가 없다" 하시며 부자의 간절한 요청을 단박에 거절하셨어.

그러자 부자는 자기는 포기하고 이제 자기 형제를 위해 호소해.

"그럼 나사로를 내 집에 보내 이곳 상황을 알려주고 아직 죽지 않은 제 동생들 다섯이 여기에 오지 않게 해주세요."

"모세와 선지자들이 있으니 그들에게 직접 들으면 된다."

"아니에요. 하나님. 모르시는 말씀 그만 하세요. 저도 율법을 알고 있었는데 여기에 와 있잖아요? 나사로가 가서 '내가 너희 형을 보았는데 지옥에서 활활 타오르는 불꽃 속에서 엄청나게 고통을 받고 있더라. 그러니까 너희들도 예수님을 잘 믿어라' 이렇게 실감나게 말하면 동생들도 다 회개할 거예요. 제 생각이 틀림없어요. 제 말대로 좀 해주세요."

"애, 교회에서 설교 듣고 회개 안 하면 죽었다 살아난 사람이 가서 말해도 소용없다."

부자의 제안도 거절당했어. 부자 말대로 나사로가 살아나서 그 형제들에게 가서 전하면 그들이 믿었을까? "웬 헛소리야. 거지가 이제 미치기까지 했군" 하면서 여전히 얕보고 무시해버렸겠지.

'세상에 있는 내 다섯 형제'는 꼭 다섯 명이라기보다는 이 세상에는 부자와 같은 신앙을 가진 사람이 많다는 뜻이야. 지옥은 뜨겁고 목마르며, 하나님과도 단절되고, 기도가 응답되지 않는 곳이야. 부자는 비참한 지옥에서 죽고 싶어도 죽지 못하고 영원히 고통을 받으며 후회를 계속 해야만 했어. 영원이 얼마큼이냐고? 영원은 천 년, 만 년, 1억 년, 10억 년, 100억 년도 넘어. 절대로 거기에는 가면 안 되겠지?

2. 이 이야기를 듣는 사람은 누구일까? 예수님께서는 왜 이런 이야기를 하셨을까?

〈누가복음〉 16장에는 두 가지의 비유가 나와. 첫 번째는 '불의한 청지기의 비유'야.

어떤 부자가 있었어. 그는 자기의 재산을 관리인이 허비한다는 소문을 듣고는 "당장 그만 둬!" 하고 내쫓았지. 주인에게 죄를 지어서 퇴직금도 실직수당도 없이 쫓겨난 거야. 청지기는 '땅을 파자니 힘이 없고, 빌어먹자니 부끄럽구나. 옳지. 좋은 수가 있다' 하고는 주인에게 빚진 사람들을 하나씩 불러서 계약서를 새로 만들어주었어.

"너 기름 백 말을 빚졌구나. 50말로 낮춰줄게."

"너는 밀 백 석이나 되네. 80석으로 줄여주마."

그렇게 하면 그 사람들이 나중에 자기한테 사례를 할 거 아냐? 그럼 그걸로 먹고살려고 꾀를 낸 거지. 떠나는 순간까지 자기를 위해 주인의 재산을 자기 마음대로 낭비한 거야. 그런데 그걸 들키고 말았어. 주인을 속이고 문서위조까지 했으니 당장 감옥에 가야겠지? 그런데 주인이 "그 옳지 않은 청지기가 일을 지혜 있게 하였구나"라고 말했어.

이해가 잘 안 가지? 부자 주인이 불의한 청지기를 칭찬한 것은 그가 옳아서가 아니야. 예수님이 이렇게 말씀하셨어.

> 내가 너희에게 말하노니 불의의 재물로 친구를 사귀라 그리하면 그 재물이 없어질 때에 그들이 너희를 영주할 처소로 영접하리라 _눅 16:9

불의한 행동 자체를 칭찬한 게 아니야. 이 땅에서 사람들이 불의하다고 여기는, 불의한 속성이 있는 그 재물을 사용해 청지기가 자신의 미래를 지혜롭게 준비했다는 사실을 칭찬하신 거야. 주님께서는 이 비유의 끝에 이렇게 말씀하셨어.

> 집 하인이 두 주인을 섬길 수 없나니 … 하나님과 재물을 겸하여 섬길 수 없느니라
> _눅 16:13

돈을 사랑하는 만큼 하나님을 사랑하지 않게 되니까 천국에 가기가 어렵다는 말이야. 그런데 예수님이 이런 이야기를 아무리 하셔도 바리새인은 돈을 더 사랑한 나머지 그 말씀을 듣지 않고 비웃고 조롱했어.

예수님께서는 그 사람들 들으라고 '부자와 나사로' 비유를 말씀하신 거야. 16장 전체의 맥락에서 이 비유를 봐야 해. 불의한 청지기는 불의한 재물로라도 자신의 미래를 준비했지만 두 번째 비유에 나오는 부자는 살아생전에 하나님이 주신 재물을 사용해 자신의 미래를 준비하지 못했단다.

두 번째 비유에 나오는 부자는 종교적 부자, 즉 유대 바리새인을 상징해. 그들은 아브라함의 후손이라는 이유만으로도 천국에 들어갈 수 있다고 생각했지. 그런데 지옥에 떨어졌어. 아브라함의 자손인데 지옥에 가 있다니! 예수님에게 이 이야기를 들은 유대인은 엄청난 충격을 받고 기분이 매우 나빴어. 그들은 율법을 많이 공부해서 하나님과 이웃을 사랑하라는 계명을 잘 알고 있었지만, 즉 율법부자였지만 그 말씀대로 산 적이 없어. 돈을 잔뜩 쌓아놓고 큰 집에서 사치하고 호화롭게 사는 부자였지만 자기 집 앞에 있던 불쌍한 나사로에게 한 번도 긍휼을 베푼 적이 없었어. 그들은 하나님을 믿는다고 하면서 실은 종교적 권위와 돈을 믿고 살았던 거야.

반면 거지 나사로는 부자의 상에서 떨어지는 것을 주워 먹으며 초라하게 개와 함께 지냈지. 당시 유대인이 개처럼 여긴 사람들은 이방인, 세리와 창녀 같은 죄인들이었어. 나사로 자신이나 나사로랑 같이 지낸 사람들이 그런 류의 비천한 사람이었다는 말이야. 거지는 세상의 약자, 힘없고 가난하고 소외된 계층을 상징해. 그런데 그들은 자기의 육신과 영혼의 비참한 처지를 잘 알고, 세상에서 아무 의지할 것이 없어서 오직 하나님만을 믿고 살았어.

부자와 나사로는 죽은 다음에 처지가 확 뒤바뀌었지. 이 세상에 잠시 살 동안에는 돈이 중요한 것 같지만 죽은 후에 돈은 아무런 힘이 없어. 세상에서 부자처럼 돈을 믿고 돈을 힘으로 삼고 살던 사람과 나사로처럼 하나님을 믿고 하나님을 힘으로 삼고 살던 사람은 죽은 후에 가는 곳이 달라.

 **2단계** **말씀 곁에서**

1. 어려운 단어가 있었나요?

지옥 큰 죄를 짓고 죽은 사람들이 구원을 받지 못하고 끝없이 벌을 받는다는 곳. 악한 자들이 사후에 심한 괴로움과 형벌을 받는 곳으로 생각하는, 땅 속 깊은 곳에 있다고 믿는 저승

구렁텅이 몹시 험하고 깊은 구렁

2. 독서퀴즈

❶ 부자는 무슨 옷을 입고 날마다 무엇을 하고 살았나요?

자색옷과 고운 베옷을 입고 날마다 호화롭게 즐겼다(19절).

❷ 부자의 대문 앞에 있던 사람의 이름은 무엇인가요? 나사로(20절).

❸ 나사로는 몸의 건강 상태가 어떠했으며 무엇을 먹고 살았나요?

온 몸이 헐고 부스럼이 나 개들이 헌 데를 핥았다. 부자의 상에서 떨어지는 부스러기로 살았다(20~21절).

❹ 거지와 부자는 죽어 각각 어떻게 되었나요?

거지는 천사들에게 받들려 아브라함의 품에 들어갔고 부자는 음부에서 고통 중에 놓였다(22~23절).

❺ 부자가 고통 중에 눈을 들어 본 것은 무엇인가요?

아브라함과 그의 품에 있는 나사로(23절).

❻ 부자의 두 가지 소원은 무엇인가요?

손가락 끝에 물 한 방만 찍어 내 혀를 서늘하게 해주세요(24절). 나사로를 내 집에 보내 이곳의 상황을 증언하여 아직 죽지 않은 형제들에게 가서 그들이 지옥에 오지 않도록 해주세요(27~28절).

❼ 부자와 나사로는 살았을 때에 각각 무엇을 받았나요?

부자는 좋은 것, 나사로는 고난(25절).

❽ 부자와 나사로는 죽었을 때에 각각 무엇을 받았나요?

나사로는 위로, 부자는 괴로움(25절).

❾ 왜 물 한 방울을 구하는 기도가 응답되지 못하나요?

큰 구렁텅이가 있어 오갈 수가 없기 때문에(26절).

❿ 주님은 부자가 자기의 남은 형제들에게 나사로를 보내달라고 기도하자 뭐라고 말씀하시나요?

모세와 선지자에게 들을지니라(31절).

3. 내용을 간추려보세요.

발단 부자는 호화로운 삶을 살고, 나사로는 가난과 질병으로 힘들게 살았다.

전개 거지 나사로가 죽어 천사들에게 받들려 천국에 가고, 부자도 죽어 장사지냈다.

위기 나사로는 천국에서 위로를 받고 부자는 지옥에서 고통을 받는다.

절정 부자가 나사로의 손가락의 끝에 물 한 방울만 묻혀 자기 혀를 서늘하게 해 줄 것과 자기 형제들이 이 고통 받는 곳에 오지 않도록 나사로를 자기 집에 보내주기를 요청한다.

결말 부자의 호소가 거절된다.

 거지 나사로는 죽은 후 천국에 가서 위로를 받고, 부자는 죽은 후 지옥에 가서 고통을 받게 되었다.

4. 제목을 정해보세요.

두 길, 인생의 끝, 위로받는 자와 괴로움을 받는 자, 천국과 지옥 사이, 반드시 존재하는 사후세계, 죽은 자의 소원, 종말을 준비하는 지혜, 때늦은 후회, 천국과 지옥의 선택

5. 질문을 만들어보세요.

- 왜 부자는 지옥에 갔을까? 부자는 나쁜 것인가?
- 왜 거지 나사로는 천국에 갔을까? 가난한 것은 선한 것인가?
- 사람이 천국에 가고 지옥에 가는 기준이 무엇인가?
- 사랑의 하나님이 어떻게 인간을 지옥에 보내신다는 말인가?
- 집 앞에 거지가 있으면 지저분한데 왜 부자는 안 내쫓고 그냥 두었을까?

3단계 말씀 속에서

1. 부자와 나사로는 어떤 차이점이 있나요?

항목	부자	나사로
상징	하나님보다 돈을 사랑하여 율법을 잘 알면서도 안 지키는 유대 바리새인, 자칭 의인, 아브라함의 후손이라 무조건 구원받는다고 믿는 선민사상을 가진 자	유대인에 의해 거부되고 개처럼 취급을 받는 천한 자들, 이방인들, 세리와 창녀 같은 죄인들, 그러나 하나님의 자녀. 세상에서는 가난하지만 영적으로 부요하게 살아가며 하나님 나라를 기다리는 경건한 자

형편과 처지	돈 많은 부자	가난한 거지
이름	세상에서는 사회의 특권층으로 명성을 날렸겠지만 그 이름은 성경에 안 나온다. 하나님과 관계없이 살아서 그 이름이 생명책에 기록되지 않았다.	거지인데도 성경에 '나사로'라는 실명이 거론된다. '하나님이 도우신다'라는 뜻의 이름으로 보아 그가 하나님의 백성임을 알 수 있다. 그의 이름은 주께 기억되고 생명책에 기록되었다.
집	대문이 있는 대저택에 살았다.	자기 소유의 거처가 없었다.
음식	특별한 날에나 하는 잔치를 매일 열고 날마다 좋은 음식을 먹었다.	부자의 상에서 떨어지는 부스러기로 간신히 살았다.
외모, 건강	좋은 음식을 늘 챙겨먹어서 살찌고, 건강하고, 얼굴빛은 기름졌다.	온 몸에 부스럼이 난 병자였다. 피부가 헌 사람은 유대인이 부정하게 여겼다. 부자의 대문에 '엎드렸다'는 말은 '장애로 인해 마음대로 움직일 수 없는 상태'를 이른다. 들개들이 와서 몸의 헌 데를 핥아도 막을 수 없을 정도다.
의복	자색 옷, 고운 베옷	누더기
친구	날마다 파티를 열어 초대할 친구가 많았다.	친구가 없었다. 개들이 함께 있었다.
믿은 것	돈	하나님
세상의 평가	성공자	실패자
하나님의 평가	지옥에서 괴로움을 받을 자	천국에서 위로를 받을 자
	영적으로 가난한 자	영적으로 부요한 자
마음중심	인본주의자, 자기중심적인 사람―죽어서도 자기 욕구의 충족을 위해 나사로에게 물 한 방울을 요청한다. 살아서나 죽어서나 자기와 자기 형제만 생각한다.	신본주의자, 하나님 중심의 사람
지향	현세주의자	내세주의자
관심사	웰빙―세상에서 좋다는 것 다 먹고, 입고, 할 수 있는 것을 다 했다. 육신의 소욕을 따라 살았다. 관심이 현세에서의 행복과 물질과 성공에 있었고 죽음 이후의 세계를 준비하지 않았다.	웰다잉―세상에서는 좋은 것을 누리지 못했으나 인간의 삶의 본질을 알고 관심이 내세에 있었다. 죽음 이후의 세계를 준비하는 삶을 살았다.

신앙생활	형식적인 신자– "아버지 아브라함이여"라고 한 것으로 보아 회당에 나가고 구약말씀을 아는 신자였다.	진실한 신자–그가 천국에 간 것으로 보아 진실한 믿음의 소유자였음을 알 수 있다.
성향	교만함– 특권의식으로 인해, 살아서는 나사로를 멸시하고 거들떠보지도 않았으며, 죽어서 처지가 뒤바뀌었는데도 여전히 나사로를 자기 하수인처럼 부려먹을 수 있다고 생각하고 나사로에게 물을 부탁해 섬김을 받으려고 한다.	겸손함–자신의 죄인 됨과 연약함을 알고 주님만이 참된 도움이심을 알고 주를 의지하였다. 그는 부자의 대문 앞에서 부스러기 은혜라도 사모했다. 회당 안에 못 들어가니 안에서 바리새인들이 나누는 하나님의 말씀을 밖에서나마 주워들으려고 애를 썼다는 말이다.
이 땅에서의 삶의 태도	대화를 보면 부자는 나사로의 이름도 알고 있었다. 부자는 식사 전에 자기의 손을 닦고 버리는 빵조각을 나사로에게 던져주는 것을 엄청난 선으로 여기고 이웃 사랑의 율법을 지키고 있다는 것을 과시하며 자기 만족에 빠져 무자비한 삶을 살았다.	가난 가운데서 오히려 하나님 나라와 그의 의를 추구하면서 경건한 삶을 살았다. 오직 주님께 소망을 두고 땅에 살면서 하늘의 것을 사모했다. 비참한 지경에서도 신세 한탄하거나 원망 불평하거나 비관하지 않고 인내하며 극복하는 것은 주님께 소망을 두었기 때문이었다.
장례	화려하고 성대한 장례식을 거행했으며 부자의 묘실에 장사되었다.	거적때기에 싸여 쓰레기장에 버려졌다. 살아서도 자신의 집이 없었고 죽은 후 매장지도 없었다.
사후세계	지옥	천국. '아브라함의 품'이란 말은 하나님이 계신 천국을 의미하는 유대직 표현이나. "믿음으로 말미암는 자들은 아브라함과 함께 복을 받느니라"(갈 3:9). 나사로가 아브라함과 동일한 믿음을 가졌고, 그의 영혼이 아브라함과 함께 있었다는 말이다.
죽음 이후의 삶	이 땅에서와 달리 부자는 죽은 후 살았을 때는 상상할 수 없었던 엄청난 고통 가운데 처한다. 그는 지옥의 불꽃 가운데서 천국의 영광을 볼 수가 있어 비교외 고통에 시달린다. 그가 지상에서 누리던 쾌락과 안락과 사치는 종지부를 찍게 된다.	세상에서는 아무에게도 제대로 된 관심과 사랑을 받지 못했고 친구도 없었으나 죽는 순간에 천사에게 받들려 천국에서 그 백성들과 어울려 교제를 나누며 하늘의 잔치와 존귀와 영광, 기쁨, 감격, 천국의 참된 안식을 마음껏 누린다. 죽음과 함께 지상에서의 모든 고통과 눈물과 슬픔과 좌절이 끝난다.
복음에 대한 태도	이 땅에서 성공한 사람들, 부자들에게는 복음이 복음이 아니다. 세상에서 소유한 재물이 풍부하고 온갖 것 다 누리기에 그들은 하나님을 의지하고 기도할 필요를 못 느낀다.	죄인들과 이 땅의 찌끼 같은 사람들에게는 복음이 복음이 된다. 그들은 세상에 의지할 어떤 소유물도 대상도 없었기 때문에 오직 하나님만을 의지하고 살아간다. 심령이 가난한 자는 복이 있다(마 5:3).
사후세계	고통받는다.	위로받는다.

사후의 소원	나사로의 손끝에 묻힌 물 한 방울, 자신의 형제들이 지옥에 오지 않도록 나사로를 자기 집에 보내는 것	바라는 게 없다.
사후의 태도	말이 많다. 죽어서까지 고집스럽게 자기 생각을 꺾지 않고, 주님이 안 된다고 이유를 설명해도 "그렇지 않다"라면서 자기 생각이 옳다고 주장하고 하나님을 설득하려 한다.	아무 말이 없다.

2. '부자와 나사로 비유'를 통해 알 수 있는 저 세상의 특징은 무엇인가요?

살았을 때와 죽었을 때의 처지가 확 바뀌게 돼. 살아서는 나사로에게 아무 자비를 베풀지 않았던 부자가 죽고 나서는 나사로가 자기에게 자비를 베풀어주기를 애타게 바라고 있지? 살았을 때 부자의 대문 앞에서 멸시천대 받던 나사로는 죽어서는 아브라함의 품에 안겨 부자의 부러움의 대상이 돼. 'up side down'이 일어나 이 땅에서 위에 있던 것이 천국에서는 아래로 가고, 아래에 있던 것이 위로 간 거야. 자기를 낮춘 자는 높아지고 자기를 높인 자는 낮아져. 먼저 된 자가 나중 되고 나중 된 자가 먼저 돼. 배부른 자는 주리게 되고, 주리던 자는 배부르게 되고, 우는 자는 웃게 돼. 세상에서의 부끄러움이 천국에서는 면류관이 돼. 세상에서 주를 위해 받은 고난, 의를 위해 받은 핍박이 천국에서는 영광과 자랑이 되는 거야.

3. 부자는 왜 지옥에 갔을까요?

그가 부자라서? 아니야. 부자라고 지옥 가는 건 아니야. 구약시대의 아브라함, 이삭, 야곱, 요셉도 다 부자였어. 신약시대의 아리마대 요셉도 부자였고, 니고데모는 산헤드린 공회원으로 우리나라 국회의원 이상의 신분인데 예수님을 믿고 천국백성이 되었어. 부 자체는 나쁜 게 아니야. 하지만 부자는 자신의 재력을 믿고 하나님을 믿고 의지하지 않을 가능성이 높고 돈을 사랑하는 만큼 하나님을 사랑하지 않을 확률이 높아.

그가 악해서? 아니야. 부자는 부의 축적과정에서 나쁜 짓을 많이 했겠지. 하지만 이 비유에는 부자가 악했다는 말이 나오지 않아.

이유를 짐작할 만한 단서가 25절에 나와. 살아생전에 모세와 선지자들을 통해 반복해서 들려지는 말씀을 고의적으로 거스르고 이 땅에서 좋은 것을 마음껏 누리기로 선택을 하고 자신의 욕망을 추구하며 살았기 때문이야. 이 비유의 교훈은 바로 이거야. "얘야, 그런 삶을 선택하며 살다가는 마지막에 지옥 간다."

그들은 행함이 없는 죽은 믿음의 소유자들이었어. "사람이 선을 행할 줄 알고도 행치 않으면 죄"(약 4:17)야. 그들은 마음만 먹으면 나사로에게 먹을 것과 입을 것을 나눠 주고 치료도 해줄 수 있었어. 그러나 돈을 사랑한 나머지 가난한 자에 대한 사회적 책임을 지려고 하지 않았어. 회당에도 다녔고, 비싸고 귀한 양피지 성경 두루마리도 갖고 있었지만 그 말씀을 따라 살아가지 않고 이기적이고 자기중심적인 태도로 자신의 욕구만을 충족시키기 위해 살았던 거야. 그 결과 그는 지옥에 떨어져 고통 속에서 자신과 하나님 사이의 막막한 단절을 경험하게 되었어. 돈이 많은 게 죄가 아니야. 부자이면서도 이웃을 사랑하라는 율법에 따라 가난한 자들에게 베풀지 않은 게 죄지.

그들은 아브라함의 후손이라는 자격만으로도 죽은 후 천국에 갈 수 있다고 생각했어. 진정한 아브라함의 자손이 누굴까. 예수님을 영접하고 하나님의 자녀가 된 사람이야. 하나님의 나라에 갈 수 있는 자는 하나님의 자녀뿐이야. 주님은 자녀의 이름을 다 생명책에 기록하셔(계 20:15). 바리새인은 아브라함의 자손임을 내세워 천국에 갈 거라고 굳게 믿었지만 그 이름이 생명책에 기록되지 못했어.

우리도 마찬가지야. 아버지가 목사님이고 장로님이라고 해서, 엄마가 권사님이고 집사님이라고 해서, 할아버지 할머니 때부터 교회에 오래 다녔다고 해서 천국 가는 게 아니야. 교회에 나와 예배를 드리고 말씀을 들어 안다고 해서 천국 가는 게 아니야. 부자도 하나님을 알았지만 지옥에 갔어. 지옥에 가서야 뒤늦게 깨달았지만 이미 때는 늦었어.

4. 나사로는 왜 천국에 갔을까요?

나사로가 착해서? 아니야. 본문에 나사로가 선한 사람이었다는 말이 안 나와.

가난했기 때문에? 아니야. 가난 자체는 선이 아니야.

나사로가 천국 간 이유는 그의 이름이 '하나님이 도우신다'라는 것에서 짐작할 수 있어. 가난해서가 아니라 삶의 고난들, 가난과 질병으로 인해 오직 하나님만을 바라보고 의지하고 믿었기 때문에 천국에 간 거야. 그는 비록 세상에서 집 한 칸 없고, 건강도, 부도, 명예도, 안락함도 없었지만 하나님을 자신의 도움으로 삼고 주님만 의지하며 살았어. 가난한 사람은 세상에 믿고 의지할 게 없으니까 주님을 도움으로 삼을 수밖에 없지. 만약 자기가 가진 부, 건강, 명예, 지식, 경험, 인기가 주님을 만나는 장애가 된다면 그것은 복이 아니야. 가난, 무식, 질병, 소외, 비천함, 연약함, 열등함, 고통이 주님을 영접할 기회가 된다면 오히려 그것이 복인 거지. 나사로는 인생의 불행을 통해서 하나님을 믿고 의지하는 것을 배웠어.

5. 부자가 지옥의 고통 속에서 간청한 것들이 거절당한 이유는 무엇일까요?

• 세상에서 살 때 이미 좋은 것을 다 받았기 때문이야.
"얘, 너는 살았을 때에 네 좋은 것을 받았고 나사로는 고난을 받았으니 이것을 기억하라 이제 저는 여기서 위로를 받고 너는 고민을 받느니라"(25절).

• 엄청난 간격이 있기 때문이야. 한 방울의 물을 구하는 부자의 간절한 요청에 대해 주님은 "이곳과 그곳 사이에는 큰 구렁텅이가 있어 건너갈 방법이 없다"라고 말씀하셨어.

• 말씀으로 충분하기 때문이야. 부자가 아직 죽지 않은 자기 형제들이 그곳에 오지 않도록 나사로를 자기 집에 보내 달라고 요청했으나 거절당했어. "모세와 선지자가 있으니 그들에게 들으라"(29절)는 것이지. 성경말씀을 듣지 않는 자들은 죽은 자가 살아나 전해도 안 듣는다는 말이야. 설교말씀을 듣고 회개하는 것 외에 산 자가 구원받을 수 있는 방법이 없어.

어떤 표적이 말씀 위에 더해지면 사람들이 그걸 보고 더 잘 믿을 것 같지? 그렇지 않아. 눈에 보이는 어떤 증거가 없어서, 기적과 능력이 안 나타나서, 죽은 자가 안 살아나서, 천국과 지옥을 못 봐서 못 믿는 것이 아니야. 우리는 누가 천국과 지옥을 보았네 하는 말에 영향을 많이 받는데 그런 게 다 신앙을 왜곡시키는 거야. 말씀으로 충분해. 사람이 구원에 이르는 진리와 능력과 권세가 말씀 안에 다 들어있어.

6. 성경은 지옥을 어떤 곳이라고 말하나요?

✚ 본문에서

• 불꽃 가운데서 뜨거워 고민하고 영원히 고통을 받는 곳이다. 지옥에서는 감각과 의식이 살아 있어 육체적 정신적 영적으로 고통을 느낀다. 우리는 지옥의 고통을 도저히 상상할 수 없다. 세상에서의 고통은 아무리 괴롭고 힘들어도 하나님의 은총이 있고 언젠가는 끝나기 때문에 견딜 수가 있다. 그러나 지옥은 손가락 끝에 물 한 방울 정도의 작은 은혜와 자비조차 끊어진 장소이며 고통이 영원하다.

• 영원한 목마름이 있다.

• 자기 처지를 하소연하나 기도응답이 이루어지지 않는 곳이다. 부자의 요청에 대해 주님은 단호하게 "No!"라고 하신다.

• 큰 구렁텅이가 있어 하나님과 단절된 곳이다. 버림받은 처소다.

• 다시는 구원의 기회가 주어지지 않는 곳이다. 희망이 없는 곳이다.

• 극심한 고통 속에서 이웃과의 교제가 끊어져 있는 곳이다.

- 아직 살아있는 형제에게 전갈을 보내 전도하고 싶으나 죽은 자는 산 자에게 직접 말할 수 없다. 그랬다면 부자가 직접 "너희는 절대로 이런 데 오지 않게 회개해라"라고 말했을 것이다.
- 후회, 비교의 고통이 있는 곳이다.

✚ 성경의 다른 본문에서

하나님을 모르는 자들과 우리 주 예수의 복음에 복종하지 않는 자들에게 형벌을 내리시리니 이런 자들은 주의 얼굴과 그의 힘의 영광을 떠나 영원한 멸망의 형벌을 받으리로다 _ 살후 1:8-9

두려워하는 자들과 믿지 아니하는 자들과 흉악한 자들과 살인자들과 음행하는 자들과 점술가들과 우상숭배자들과 거짓말하는 모든 자들은 불과 유황이 타오르는 못에 던져지리니 _ 계 21:8

만일 네 눈이 너를 범죄하게 하거든 빼버리라 한 눈으로 하나님의 나라에 들어가는 것이 두 눈을 가지고 지옥에 던져지는 것보다 나으니라 거기에서는 구더기도 죽지 않고 불도 꺼지지 아니하느니라 사람마다 불로써 소금 치듯 함을 받으리라 _ 막 9:47-49
(세상 살 때 가장 중요한 눈을 대가로 지불하고서라도 그 끔찍한 곳에 가지 말라는 말씀이다. 거기에서는 누르면 탁 터져 죽는 가장 연약한 구더기 같은 것도 안 죽는데 사람이 죽겠느냐는 말이다.)

마귀와 그 사자들을 위하여 예비된 영영한 불에 들어가라 _ 마 25:41
(지옥은 원래 마귀와 마귀의 졸개들, 귀신들을 위해 예비된 곳이다. 사탄을 자기의 주인으로 알고 스스로 마귀를 신뎩하고 추종하는 자들이 마귀를 따라 살다가 거기까지 따라가는 것이다.)

하나님이 범죄한 천사들을 용서하지 아니하시고 지옥에 던져 어두운 구덩이에 두어 심판 때까지 지키게 하셨으며 _ 벧후 2:4

풀무불에 던져 넣으리니 거기서 울며 이를 갈게 되리라 _ 마 13:42

7. 성경은 천국을 어떤 곳이라고 말하나요?

- 고난받은 자가 아브라함의 품에서 위로를 경험하는 곳(눅 16:25).
- 수고를 그치고 쉬는 곳(계 14:13).
- 눈물을 닦아 주시는 곳, 사망이나 애통하는 것이나 곡하는 것이나 아픈 것이 없는 곳(계 21:4).
- 온갖 보석으로 장식된 곳, 진주문, 유리 같은 정금길, 하나님과 어린 양의 영광이 빛나 해나 달, 등불이 쓸 데 없는 곳, 밤이 없는 곳, 수정같이 맑은 생명수의 강, 강 좌우에 열

두 가지 열매를 맺는 생명나무와 만국을 치료하는 나무 잎사귀와 하나님과 그 어린 양의 보좌가 있는 곳, 성도들이 세세토록 왕노릇하는 곳(계 21:20-22:5).

- 이리, 표범 등의 맹수가 어린 양과 어린 염소와 함께 살며, 송아지와 어린 사자와 살진 짐승이 함께 어린 아이와 놀며, 암소와 곰이 함께 먹으며, 사자가 소처럼 풀을 먹고, 아기가 독사의 구멍에서 장난쳐도 해 됨도 없고 상함도 없는 곳(사 11:6-9).

8. (A) 이 비유가 주는 의미와 교훈은 무엇인가요?

- 이 땅 살아갈 때에 하나님 나라를 무시하고 자기만을 위해 살아가는 삶이 얼마나 어리석은 것인지를 말하고 있어. 이 세상에서 물질을 쌓아두고 자기밖에 모르고 살다가 죽어 지옥에 가는 부자처럼 어리석은 자가 있다는 거야.

- 하나님은 겉모습이 아니라 중심을 보셔. 사람들 보기에 부자라도 하나님 앞에서 빈털터리로 나타날 수 있고, 사람들 보기에 거지라도 하나님 앞에 부요한 자로 나타나 참된 복과 영광을 누릴 수 있어.

- 진짜 하나님 나라의 백성이라면 나사로와 같은 표가 나타나. 이 땅 사는 동안에 주님을 믿기 때문에 주님이 원하시는 길을 가느라고 나사로처럼 가난해지고 헐벗고 상처입고 고난받고, 사람들에게 때로 실패자처럼 보이고, 부자의 대문 앞에 쪼그리고 있는 연약함이 있을 수 있어.

- 이 땅에서 산 대로 저 세상의 삶이 결정되기 때문에 이 세상은 우리 삶에 너무나 중요한 결정적 시간들이라는 거야. 재물, 시간, 관심, 재능 등을 이 땅에서 자기만을 위해 다 쓰고 있다면 그가 바로 어리석은 부자야. 운동, 공부, 일 그 모든 땀흘림이 이 땅에서 자기가 좋은 것을 누리기 위한 것이라면 바로 그가 어리석은 부자야.

- 한번 죽는 것은 사람에게 정해진 것이요 그 후에는 심판이 있어(히 9:27). 이 세상이 전부가 아니야. 반드시 생의 결산의 시간이 있고 죽음 이후의 세계가 있어.

- 이 세상에서의 부와 저 세상에서의 위로를 둘 다 가질 수 없어. 주님을 믿는 과정에서 가난과 고난을 경험한 자에게 하늘의 위로가 주어지는 거야. 이 세상에서 가졌던 특권, 명예, 부귀, 돈, 미모, 지위 같은 것들이 저 세상에서는 아무 쓸모가 없어. 오직 주를 위해 받았던 어려움들만이 천국에서 자랑이 돼.

지금 여기에서

1. 천국과 지옥이 있다고 믿나요?

분명히 있어. 예수님께서 천국과 지옥을 직접 여러 차례 말씀하셨기 때문이야. 예수님은 거짓말쟁이가 아니셔. 신약성경에는 지옥이라는 말이 23번(하데스10, 게헨나12, 타르타루스 1) 나오는데 예수님이 14번 사용하셨어. 예수님께서 이 땅에 오셔서 공생애 사역을 시작하실 때 맨 처음 하신 설교제목이 "회개하라 천국이 가까웠느니라"였어. 예수님이 제자들에게 늘 가르쳐주신 것이 하나님의 나라, 곧 '천국'이었지. 4복음서에 이 말이 100번이 넘게 나오는데 주님이 70번 넘게 언급하셨어. 주님께서 부활·승천하시기 전 마지막 40일간 가르치신 것도 하나님의 나라야. 그만큼 주님이 간절히 전하고 싶던 것이 천국이었어. 사도들이 전한 복음도 예수의 죽으심과 부활, 하나님의 나라, 이 두 가지였어. 바울도 늘 하나님의 나라에 대해 강론했지.

우리는 천국을 하나님의 나라로 해석하지 않고, 공중에 붙어 있는 장소의 개념으로, 죽어서 가는 곳으로 인식해. 우리가 3차원의 세상에서 살기 때문에 사고에 한계가 있어서 그래. 하나님의 나라는 "하나님의 통치와 다스림"을 말해. 예수께서는 아무도 가 본 적이 없어서 도무지 상상할 수 없는 사람들에게 천국을 비유로 가르치셨어. 예수님은 그 나라의 왕이셔.

읽기자료

계몽주의 시대로 접어들면서 과학이 발전하고 이성중심사고가 정착하면서 사람들은 과학적으로 증명할 수 없는 사후세계를 인정하지 않았다. 그러나 1970년대가 되면서 죽었다가 살아난 사람들을 인터뷰한 결과를 토대로 하여 사후생의 체험을 토대로 한 체계적인 보고와 분석이 등장한다.

레이먼드 무디 2세는 사망선고를 받은 후 소생한 환자 100명의 사례보고서로 근사체험 연구사상 최초의 책《삶 이후의 삶》(Life After Life,1975)을 썼고, 죽음학의 대가로 알려진 하버드대 엘리자베스 퀴블러 로스 박사는 On Death and Dying 등의 저서로 무디의 주장과 흡사한 견해를 밝혔다. 로스 박사는 그의 〈임사체험과 사후소통에 대한 연구결과〉에서 "사람이 삶을 마치고도 생명은 계속되며 의식은 결코 죽지 않는다"라고 보고했다. 로스 박사는 사람에게는 3단계

사망과정이 있다는 것을 발견했다. 1단계는 의식이 신체를 떠나는 것인데 이때 뇌파가 사라지고 심전도 역시 사망상태로 나타난다. 2단계는 시공의 제한이 없이 가고 싶은 곳으로 순식간에 가게 되는데 이때 시각장애인은 앞을 볼 수 있고, 언어장애인은 말을 할 수 있으며 청각장애인은 소리를 들을 수 있다. 3단계는 불과 몇 초 내지 몇 분에 많은 의식이 겹치며 자신의 일생을 한순간에 되돌아보게 되는 경험을 하게 된다.

코네티컷대학교 케네스 링(Kenneth Ring) 박사는 사고, 질병 또는 자살 기도로 죽음 가까이 갔던 102명을 면담하고 임사체험에서 다섯 가지 요소가 똑같은 순서로 발생하는 경향이 있음을 알아냈다. 평화로운 감정, 유체이탈경험, 터널 같은 어둠으로 들어가는 기분, 빛의 발견, 빛을 향해 들어가는 단계이다. 임사체험자는 마지막 단계에서 아름다운 꽃이 가득하고 가끔 황홀한 음악이 들려오기도 하는 별천지에 온 듯한 느낌을 받는다. 죽은 가족이나 친구를 만나기도 하고 빛을 발하는 전능한 존재 앞에서 이승에서의 삶을 되돌아본다. 결국 아직 마무리하지 못한 삶의 목적을 완성하기 위해 육신이 이승으로 되돌아가도록 권유받는다.

2. 위의 과학적인 연구결과를 받아들인다고 가정해봅시다. 시공간의 제약이 없어진 상태에서 전능자 앞에서 내 영혼이 나의 일생을 한 순간에 파노라마처럼 보게 된다면 나는 무엇들을 보게 되며 어떤 마음이 들까요?

3. 나는 내세나 천국에 대한 관심이 얼마나 있나요?

성도란 몸은 이 땅에 있으나 영원세계를 사모하는 자이며 죽어서는 그곳에 가야하는 존재임을 한 순간도 잊어서는 안 돼. 요셉은 당시 최고 문명국인 애굽의 총리를 지내며 영광스러운 생을 살았지만 그의 마음은 언제나 본향 가나안에 가 있었지. 그래서 그가 죽을 때는 "400년 후에 하나님이 당신들을 이끌어내어 다시 가나안 땅에 이를 때 내 해골을 갖고 올라가라"라고 유언했던 거야. 우리도 몸은 이 땅에서 살지만 저 천국 본향에 늘 우리의 관심을 두고 살아야 해. 그게 바로 믿음으로 사는 거야.

4. 죽음이란 무엇일까요?

의학적으로 죽음의 정의는 '뇌와 심장의 기능이 멈추는 것'이야. 기독교적으로 죽음의 정의는 '육체에서 영혼이 분리되는 것'이야. 육체는 흙으로 지어져 흙으로 돌아가고, 비물질적인 영혼은 하나님 나라에 가. 인간은 영이 있어. 예수 그리스도를 믿으면 그 영혼이 천국에 가고 믿지 않으면 지옥에 가.

뉴에이지 문화는 육체에서 분리된 영혼이 공중을 떠돌아다니며 사랑하는 사람들의 주변에 맴돌며 그 주변 사람들과도 교류할 수 있다고 말해. 우리 민속 신앙에서도 억울하게 원한을 품은 혼백은 구천을 떠돌다가 원한이 풀리면 그제야 하늘에 오른다고 생각하지. 가톨릭은 천국과 지옥의 중간지대인 연옥이 있다고 가르쳐.

하지만 성경에 의하면 우리가 죽는 즉시 천국 아니면 지옥에 가. 〈욥기〉에서는 육신을 '흙집'이라고 표현해. 육체는 영혼을 담고 있는 그릇에 불과해. 그 그릇이 깨어지거나 너무 낡아서 영혼을 담을 수 없는 상태가 되면 육체 속에서 영혼이 빠져 나가. 육은 한 줌의 흙으로 영혼은 영원한 세계로 진입해. "죽으면 끝"이라고 하는 것은 마귀의 거짓말이야. 죽음은 영원한 세계의 시작이야.

5. 거지 나사로를 받들어 하늘로 올라간 천사의 존재를 믿나요?

천사는 '사자'(messenger)라는 뜻이야. 하나님이 세상을 만드시기 전에 천사를 만드셨어. 그 수는 헤아릴 수 없이 많아. 성경에는 수많은 천군천사로 나와. 천사는 영적인 몸을 갖고 있고, 때로는 인간의 형태로 나타나. 사람보다 존엄성과 지위에서 우월하고 능력을 가졌고 죽지 않아. 이들은 하늘의 하나님 보좌 주변에서 하나님의 얼굴을 항상 보고, 구원을 탐구하며 우리도 살펴보고 있다고 성경에 나와.

천사도 조직이 있어. 천사장(대장)은 미가엘이야. 선한 천사는 "하나님의 경륜을 이루는 존재, 우리에게 하나님의 메시지를 전하는 존재 가브리엘, 천상에서 하나님의 거룩하심과 어린양을 늘 찬양하는 존재"로 나뉘어. 천사는 하나님의 원수들을 향해 심판을 시행하지. 천사들은 우리 영혼의 가이드야. 이 세상에 살 때도 하나님이 천사를 보내서 우리를 보호하고 돕고 위로하고 준비시키며 우리가 세상을 떠나가는 바로 그 순간에도 우리 영혼을 낙원으로 안내해 영원한 상태로 옮겨가 주셔. 주의 재림 때는 천군천사들이 택함받은 자들을 함께 모아 하나님을 만나고 그분과 함께 영광을 누리게 해.

악한 천사도 있어. "악의 영들", "마귀와 그 사자들", "택하심을 입은 천사"라는 표현으로 보아 악하고, 조직이 있으며, 택하심을 받지 못하고 버려진 천사들도 있음을 알 수 있어. 〈다니엘서〉 10장에 보면 다니엘이 기도를 시작한 지 세 이레 만에 천사가 응답을 갖고 내려와 "기도 첫날부터 하나님이 들으셔서 응답을 주러 오는데 바사 왕국의 군이 막는 바람에 21일이나 지연되었다. 미가엘 천사가 도와주어 왔다. 내가 간 후에 헬라 군이 이를 것이다"라고 전해. 여기서 '군'은 '프린스'(prince)를 뜻해. 바사왕국의 프린스를 물리치고 나면 헬라의 프린스가 나타나 싸운다는 거야. 기도 응답의 메신저 천사를 한동안 묶어놓은 걸로 보아 '군'은 영적인 존재이고, 하나님의 뜻을 알리는 천사를 막은 걸로 보아 악한 천사임을 알 수 있어.

성경에는 그룹천사 중의 하나가 마음이 교만해져서 하나님과 동등하게 되려다가 타락하여 사탄(마귀)이 되었다고 나와(겔 28:15-19). 천상에서 쫓겨난 사탄은 다른 천사들 3분의 1과 함께 타락했어. 성경은 사탄과 귀신에 대해 "자기 지위를 지키지 아니하고 자기 처소를 떠난 천사들"(유 1:6)이라고 말씀하고 있어. 사탄의 별명은 "광명의 천사"야(고후 11:14).

✚ 천사를 언급한 성경구절

모든 천사들은 섬기는 영으로서 구원 받을 상속자들을 위하여 섬기라고 보내심이 아니냐 _ 히 1:14

천사가 대답하여 이르되 나는 하나님 앞에 서 있는 가브리엘이라 이 좋은 소식을 전하여 네게 말하라고 보내심을 받았노라 _ 눅 1:19

우리가 여호와께 부르짖었더니 우리 소리를 들으시고 천사를 보내사 _ 민 20:16

천사가 그를 어루만지며 그에게 이르되 일어나서 먹으라 하는지라 _ 왕상 19:5

내가 내 아버지께 구하여 지금 열두 군단 더 되는 천사들을 보내시게 할 수 없는 줄로 아느냐 _ 마 26:53

천사가 가로되 네 기도와 구제가 상달되었느니라 _ 행 10:4

이에 베드로가 정신이 들어 이르되 내가 이제야 참으로 주께서 그의 천사를 보내어 나를 헤롯의 손과 유대 백성의 모든 기대에서 벗어나게 하신 줄 알겠노라 하여 _ 행 12:11

6. 죽은 자에게는 간절한 소원이 두 가지 있었어요. 살아서의 나의 소원은 무엇인가요?

- 내가 알고 있는 성경의 말씀을 전함으로 다른 이의 영혼을 윤택하게 하고 믿음을 세우며 불신자에게 하나님을 소개한다.
- 무엇을 하든지 오직 하나님의 영광을 위하여 한다.

7. 내게 있는 부자의 모습과 나사로의 모습을 찾아보세요.

✚ 부자의 모습

- 내 삶, 내 가족, 내 교회에 집착해 주변의 소외계층을 외면한다.

- 약자를 무시하고 세상에서 영향력 있는 사람이 되기를 바란다.
- 교회에 다니면서도 하나님보다 세상적인 일에 관심이 많다.
- 과시적 소비를 하며, 브랜드 제품, 명품 등을 좋아한다.
- 고난을 두려워하고 싫어하며 안락함과 세상의 쾌락을 선택한다.
- 웰빙, 여가, 운동, 성공 등 관심이 땅에 붙어 있다.
- 돈을 좋아하고 쌓아두며 나의 욕망을 따라 이 땅에서 내가 좋아하는 것을 누리는 데 사용한다.
- 사람들의 인정과 칭찬을 받기를 좋아한다.
- 트위터, 페이스북 등에 자아도취적인 태도로 자기 존재를 과시하려 한다.

✚ 나사로의 모습
- 주님을 나의 도움으로 삼고, 하늘의 영광을 소망하면서 살아간다.
- 사람들 보기에 연약하고 보잘것없다.
- 나의 시간, 물질, 관심, 재능 등을 주님의 나라를 위해 사용한다.
- 주님의 길을 따르다가 마음에 상처를 입고 때로 고난을 받는다.
- 생의 끝날 주님 앞에 설 것을 알고, 그 안식에 들어가기 위해 이 땅에서부터 준비한다.
- 하나님이 물질을 주신 것으로 믿고 주님이 기뻐하시는 일을 위해 물질을 사용하고 기꺼이 가난해진다.
- 주님을 믿는다는 이유로 남들의 비방과 미움을 받는다.

8. 부자는 동생들을 위해서 나사로를 보내고 싶어 했지만 주님은 죽은 자가 산자에게 갈 수 없다고 말씀하셨어요. 제사에 대해서 어떻게 생각하나요?

우리나라에는 유교의 영향으로 아직도 조상에게 제사를 지내는 가정이 많아. "사람이 죽으면 그 혼이 신통력 있는 귀신이 되는데 그 귀신은 산 사람과 계속 관계를 가지며 영향을 끼친다"라고 믿기 때문에 조상숭배를 해. 그래서 제사문제로 기독교를 믿는 형제들과 안 믿는 형제들 사이에 관계가 나빠지기도 해.

제사제도는 중국에서 들어왔는데, 고려 초만 해도 극소수만 제사를 지냈고 조선 초에도 유교를 신봉하는 소수의 양반만 제사를 드렸어. 그런데 임진왜란과 병자호란 후 신분질서가 해이해지면서 양반수가 급격히 늘어나 점점 보편화된 거야. 제사 지내는 것이 양반의 상징이 되었거든. 천주교는 제사를 문화라고 생각해서 허용해. 하지만 제사는 문화가 아니라 영적인 문제야.

성경은 제사에 대해서 "대저 이방인의 제사하는 것은 귀신에게 하는 것이요, 하나님께 제사하는 것이 아니니 나는 너희가 귀신과 교제하는 자가 되기를 원치 아니하노라"(고전 10:20)라고 말씀하셔. 성경에서 말하는 귀신은 죽은 조상의 혼령이 아니라 타락한 천사들이야(계 12:4). 사람들이 죽은 조상에게 제사를 드릴 때 실제로는 조상이 아니라 타락한 천사들이 그 제사를 흠향하게 되어 마귀와 교제하는 게 된다는 말이야. 귀신들은 죽지도 않고 조직을 통해 엄청난 정보를 갖고 있는 영적인 존재야. 사람들이 조상에 대해 우호적이기 때문에 귀신들이 죽은 조상의 정보를 갖고 조상인 척하면서 조상숭배라는 제사행위를 통해서 사람들에게 귀신을 만나게 하는 거야. 제사는 죽은 혼을 부르는 행위거든.

또 마귀는 조상들이 이승과 저승을 마음대로 오갈 수 있다고 생각하게 만들어 하나님의 심판의 심각성을 약화시켜. 죽은 사람은 우리가 부른다고 해서 올 수 있는 게 아니야. 조상 제사를 잘 드리면 후손에게 복을 주고 제사를 잘 받들지 않으면 해코지를 한다고 알고 있는데, 죽은 조상에게 잘한다고 복받고 못한다고 해를 받는 게 아니야. 죽은 조상을 복을 줄 수 있는 전능한 존재로 만들어놓고 빌기 때문에 제사는 1계명을 어기는 우상숭배가 돼. 후손에게 해코지를 한다면 그게 무슨 조상이야? 아무 힘도 없는 죽은 조상에게 복 달라고 빌지 말고 전능하신 하나님께 구해야 해. 우리에게 복과 화를 줄 수 있는 분은 오직 하나님뿐이셔. 성경은 "육신만 멸하는 사탄을 두려워하기보다 육신과 영혼까지 멸하고 지옥에 던지우는 하나님을 두려워하라"(눅 12:4-5)고 말씀하셔. 성경은 죽은 부모가 아닌 산 부모에게 효도하라고 말씀하셔. 제사를 안 드린다고 해서 기독교가 불효를 조장하는 종교라는 누명을 쓰고 있는데 사실 기독교는 효가 십계명 안에 들어있을 정도로 효를 강조하는 종교야.

9. (A) 이 시대의 부자와 나사로, 모세와 선지자는 누구일까요?

- **부자** 세상에서 성공해 높은 지위에 올라 권력과 부와 명예를 거머쥐고도 약자에게 베풀 줄 모르며 이기적인 태도로 현세적인 쾌락에 사로잡혀 사는 사회지도층, 겉으로는 부자이나 실상은 가난한 자신의 영적 상태를 알지 못하는 사람, 자기중심적이고 자아도취적인 사람, 교회에 나오고 말씀은 알지만 하나님을 믿지도 않고 행함도 없는 형식적인 신자, 교회에서 인정받기를 좋아하는 사람, 돈을 좋아해 재물을 소유하고 늘려가는 데 모든 소망을 두는 사람, 사치하고 과시적 소비를 하는 사람, 외국에 다니며 골프하고 성범죄 저지르고 세상의 쾌락을 좇아 사는 사람, 몸에 좋다는 것 다 먹고 세상이 너무 즐겁고 좋아 이 땅에서 웰빙하며 천년만년 살고 싶어 하는 사람, 이 땅에 소망을 두고 욕망을 추구하며 살고 내세에는 전혀 관심이 없는 사람 등
- **나사로** 우리가 도와야 할 주변사람, 영적으로는 부요하나 세상적인 복을 받지 못한 사람,

소외계층, 병자, 가난하고 헐벗고 굶주리는 사람, 사랑이 부족해 사랑받아야 할 사람, 신분, 건강, 거처, 식량, 의복 모든 것의 결핍 속에서 어느 것 하나 인간적으로 내놓을 만한 게 아무것도 없는 사람, 고난을 잘 감내하며 어려움 속에서 낙심하지 않고 소망 중에 살아가는 천국지향적인 사람, 훗날 천국에서 아버지의 위로를 받을 만한 삶을 이 땅에서 사는 사람, 주님 위해 고생하고 수고하고 희생하는 사람, 부스러기 은혜를 사모하는 사람, 믿음으로 살려다 남들에게 업신여김 당하고 가난해지고 구박받는 사람 등

그런데 주님은 지극히 작은 자와 주님을 동일시하셔.

내가 주릴 때에 너희가 먹을 것을 주었고 목마를 때에 마시게 하였고 나그네 되었을 때에 너희가 영접하였고 헐벗었을 때에 옷 입혔으며 병들었을 때에 돌아보았고 옥에 갇혔을 때에 와서 보았느니라 _마 25:35-36

내가 진실로 너희에게 이르노니 너희가 여기 내 형제 중에 지극히 작은 자 하나에게 한 것이 곧 내게 한 것이니라 _마 25:40

우리 주변에 연약하고 병든 나사로의 모습으로 와 있는 주님이 계셔. 그들에게 아무리 작은 도움을 주었더라도 주님이 기억하시고 상을 주신대.

또 누구든지 제자의 이름으로 이 소자 중 하나에게 냉수 한 그릇이라도 주는 자는 내가 진실로 너희에게 이르노니 그 사람이 결단코 상을 잃지 아니하리라 하시니라 _마 10:42

- **모세와 선지자** 성경 말씀과 예수 그리스도를 전하는 자들, 우리를 말해. 복음은 죽었다 살아난 자에게 듣는 게 아니라 이 땅의 사람들에게 듣는 거야. 하나님은 우리에게 복음을 전하도록 사명을 주셨어. 우리는 누군가를 대할 때 그 영혼이 구원받았는지를 먼저 생각해야 하고, 아니라면 그에게 복음을 전할 책임이 있어.

10. (A) 인간이 상상할 수 있는 어떠한 상황도 지옥과는 비교할 수 없어요. 지옥은 지상에서의 어떤 최악의 경험보다 더 심한 것이지만 지상에서 지옥의 모습과 가장 비슷하다고 생각되는 것들의 예를 들어보세요.

전쟁터, 9·11테러, 대형화재, 유전폭파, 폴란드 아우슈비츠 수용소, 시베리아 집단수용

소, 북한의 정치수용소, 일제 731부대 마루타 실험, 캄보디아 크메르루즈 대학살, 잔인한 게임, 대형 건물 붕괴, 지진, 쓰나미, 허리케인, 해일, 화산폭발, 산불, 유황온천, 제철소의 용광로, 비행기나 선박 등 대형조난 사고현장 등

5단계 이렇게 해보세요

- 천국이나 지옥을 상상해 그리고 그림 설명하기
- 나사로를 받들어 데려가는 천사를 상상해 그리기
- 지옥에 떨어진 부자와 천국에 간 나사로에게 하고 싶은 말을 편지로 쓰기
- 부자와 나사로의 뇌 생각 사진 그려 대조해보기
- 나의 가장 친한 친구가 예수님을 안 믿고 살다가 사고로 갑자기 죽어 지옥에 갔다. 지옥에서 그 친구가 나를 비롯한 다른 친구들에게 편지를 보냈다고 가정하고 그 편지를 써보기
- 부자의 죄를 판결하는 판결문 쓰기
- 부자와 나사로의 차이점을 표로 만들어 대조하기

✚글감 찾기를 위한 키워드

초점	내용 및 제목
하나님	심판주 하나님, 공평하신 하나님, 천국을 예비하시고 이 땅에서 고난당한 성도를 하늘나라에서 위로하시는 하나님
천국과 지옥	인생의 끝에 있는 두 갈래 길, 천국과 지옥의 선택, 천국과 지옥 사이, 죽음 이후의 삶, 천국과 지옥의 특징, 이 땅에서와 반대되는 내세의 삶, 누가 천국에 가고 누가 지옥에 가는가, 사후에 받게 되는 고통과 위로
인물	부자와 나사로 비교 분석, 이 시대의 부자와 나사로, 나는 부자와 나사로 중 누구에게 더 가까운가, 부자가 지옥에 가고 나사로가 천국에 간 이유, 사람의 평가와 하나님의 평가
천사	천사의 존재, 사람이 죽을 때 천사가 하는 일
전도	살아있을 동안에만 가능한 것, 거절당한 사후의 소원
죽음	죽음에 대한 두려움, 죽음 이후의 삶에 대한 준비, 죽고 나서 후회가 없으려면 어떻게 살아야 할까

6단계 이렇게 했어요

정경배(초5)

최성준(초5)

최예슬(초3)

강채민(초2)

부자와 나사로의 삶

초6 김유은

❶ 본문은 부자가 세상에서 살 때에는 하나님과 관계없이 부귀영화를 누리면서 살았다. 나사로는 '하나님이 도우신다'라는 이름 뜻을 가지고 있어서 하나님의 백성이고, 거지로 살았다. 부자는 죽은 후 지옥에 가서 고통을 받게 되었고, 나사로는 죽은 후 천국에 가서 위로를 받았다는 이야기이다. ❷

부자는 세상에서 살았을 때 나사로의 이름까지 알고 있었는데 왜 나사로를 도와주지 않았는지 ❸ 이해가 안 된다. 그는 사람보다 돈을 더 소중히 여겼다. 그래서 자신이 아니면 상관이 없다는 듯이 생각했을 것이다. 나는 부자가 세상에서 하나님과 관계없이 살고, 거지 나사로를 보았어도 도와주지 않고, 오로지 돈만 믿고 살아서 지옥에 가야 마땅하다고 생각한다. 나사로는 세상에서 살았을 때 부귀영화를 누리지 못했지만 하나님을 믿고, 의지하면서 살았다. 그리고 온 몸에 부스럼이 난 병자였고, 들개들이 와서 몸의 헌데를 핥아도 막을 수 없을 정도였다. 나는 나사로가 세상에서 온갖 고통을 받고 살아서 천국에 가야 한다고 생각한다. 왜냐하면 세상에서 고통을 받았으나 하나님을 잘 믿어서 천국에 가서 하나님께 위로를 받고, 편안히 살아야 되기 때문이다.

오늘 성경 큐티를 하면서 천국과 지옥에 대한 생각을 다시 할 수 있게 되었다. ❹ 천국은 세상에서 하나님을 잘 믿었으나 고통을 받으면 죽어서 영원한 편안함을 얻을 수 있고, 하나님께 위로를 받는 곳이다. 반면 지옥은 세상에서 하나님을 알지 못하고 부귀영화만 누리면 죽어서 영원히 고통을 받는 곳이다. 나는 천국에 가고 싶다. 그래서 오늘부터 헌금을 제때 내고, 불쌍한 사람들을 도와주고, 나사로처럼 하나님을 믿고, 의지하면서 살아가기로 했다.

첨삭 지도

구조적인 안정감이 있는 글입니다. 하지만 주어와 서술어가 잘 안 맞는 문장이 보이네요. 정확한 문장을 쓰도록 조금만 노력하면 더 훌륭한 글이 될 거예요.

❶ "본문은 ~~ 살았다"의 구조네요. 주어와 서술어가 호응되지 않는 비문입니다. "본문은 ~~한 이야기이다" 하든지 "본문은"이라는 단어를 빼고 "부자는" 하고 부자이야기로 바로 들어가세요.

❷ 첫째 문단의 끝부분에 '사실+의견' 구조로 서두의 마지막 문장에 의미를 부여하는 연습을 하세요.

❸ 이해가 안 된다면서 뒷 문장에 답을 바로 달고 있어요. 질문 형식으로 묻고 그다음에는 답을 하면 문답 구조의 안정된 글이 됩니다.

❹ 대구가 되게 문장을 쓰세요. 그러면 문장에 균형이 잡혀서 대칭이 되어 안정감이 있습니다.

부자와 나사로의 삶

본문은 '부자와 나사로의 비유'이다. 부자는 세상에서는 부귀영화를 누리면서 살았으나 죽은 후에는 지옥에 가서 고통을 받게 되었다. 반면 나사로는 세상에서는 거지로 살았으나 죽은 후에는 천국에 가서 위로를 받았다. 이는 세상에서의 삶과 죽은 후의 삶이 완전히 뒤바뀔 수 있다는 것을 의미한다.

본문에서 부자는 성공한 사람이지만 이름이 안 나오고 나사로는 거지지만 이름이 나온다. 나사로는 '하나님이 도우신다'라는 뜻이다. 부자는 세상에서 살았을 때 나사로의 이름까지 알고 있었는데 왜 나사로를 도와주지 않았을까? 그는 사람보다 돈을 더 소중히 여겼음이 틀림없다. 부자면서도 돈이 아까운 나머지 도움을 절실히 필요로 하는 나사로를 외면하고 아무 관심을 두지 않았을 것이다.

나는 부자가 세상에서 하나님과 관계없이 살고, 거지 나사로를 날마다 보면서도 도와주지 않고, 오로지 돈만 믿고 살았기 때문에 지옥에 가야 마땅하다고 생각한다.

나사로는 세상에서 살 때 온 몸에 부스럼이 난 병자였고, 들개들이 와서 몸의 헌 데를 핥아도 막을 수 없을 정도로 비참하게 살았다. 하지만 하나님을 믿고 의지하면서 살았기 때문에 나사로가 천국에 가야 마땅하다고 생각한다.

세상에서 부자지만 하나님을 믿지 않고 산 사람은 죽어서 고통을 받고, 세상에서 가난하지만 하나님을 잘 믿은 사람은 천국에 가서 하나님께 위로를 받고 편안히 사는 것이 공평한 것이다.

오늘 성경 큐티를 하면서 천국과 지옥에 대해 명확하게 알게 되었다. 천국은 세상에서 하나님을 잘 믿고 고통 받던 사람들이 죽은 후 영원히 위로를 받는 곳이다. 반면 지옥은 세상에서 하나님을 알지 못하고 편안하게 살던 사람들이 죽은 후 영원히 고통을 받는 곳이다.

나는 천국에 가고 싶다. 그래서 지옥에 간 부자처럼 욕심 부리고 자기만 잘 살려고 하지 않고 불쌍한 사람들을 도와주고, 나사로처럼 어려운 환경 속에서도 하나님을 믿고 의지하면서 살아가기로 했다.

07
세상을 이긴 믿음의 사람, 다니엘

다니엘서 1:1-21, 6:1-28

 1단계   그때 거기에서

상상의 날개를 펴고 그때 그 사건의 현장으로 들어가봅시다.

I

　애굽에서 종살이하던 이스라엘 백성은 모세의 인도로 애굽을 나와 40년 간 광야를 떠돌다가 마침내 가나안 땅에 들어갔어. 광야에서는 농사를 못 지으니까 곡식도 과일도 먹지 못했는데 가나안 땅에 정착해 농사를 짓자 달고 맛있는 포도를 비롯한 열매들과 곡식이 풍성하게 맺혔어. 이들은 '어떻게 하면 더 많이 거두나' 골몰하다가 가나안 사람들이 하는 걸 보니 바알에게 절을 하는 거야. 그래서 그대로 배워 바알을 섬기기 시작했어. 처음에는 비옥한 땅도 맛있는 포도도

다 하나님이 주신 거라고 생각하고 감격했는데 점차 바알이 준 거라고 여기게 되었어.

"여호와 하나님은 광야의 하나님이고, 가나안에서 농사를 잘 짓기 위해서는 어쩔 수 없이 바알을 섬겨야 해."

이렇게 죄를 합리화했지. 온 세상에 하나님의 영광을 드러내도록 선택받은 이스라엘이 하나님의 은혜를 저버리고 하나님을 섬기면서 바알도 섬기는 신앙으로 변질되었던 거야.

하나님은 계속 선지자들을 보내 경고하셨지만 그들은 끝까지 우상을 버리지 못했어. 오래 기다려도 변화가 없자 하나님은 마침내 이들을 돌이키기 위해 초강수를 쓰셨어. 옆에 큰 나라를 일으켜 이스라엘을 때리는 회초리로 사용하신 거야. 그래서 전쟁이 일어나 이스라엘 백성은 그 축복의 땅에서 내쫓기게 되었단다. 북이스라엘은 BC 722년에 앗수르에게, 남유다는 BC 586년에 바벨론에게 망하게 되었어.

전쟁에서 이긴 나라는 진 나라 사람들을 포로로 끌고 가. 바벨론 왕도 유다 사람들을 세 차례나 잡아갔는데 맨 처음에는 왕족과 귀족들을 잡아갔어. 그 중에 똑똑하고 잘생긴 소년들을 뽑아 잡아갔는데 다니엘과 세 친구도 그때 바벨론에 끌려갔단다.

"하나님도 무심하시지. 흑흑."

엄마들은 하염없이 울면서 소년들의 뒤를 한참이나 따라왔어.

"이제 그만 돌아들 가라!"

칼을 찬 병사들이 눈을 부릅뜨고 엄하게 말하자 엄마들은 흠칫 하고 멈춰 섰지. 점점 멀어져가는 다니엘의 등 뒤에 대고 엄마가 외쳤어.

"하나님의 사람 다니엘아! 어디를 가든지 하나님은 너와 함께하실 거야!"

그러자 병사들이 조롱했어.

"하하. 하나님이 어디 있어! 있으면 왜 너희를 이런 신세가 되게 하는 거야? 있다고 해도 우리 바벨론 신에게 패배한 형편없는 신이지. 자기 백성 하나도 간수하지 못하는 신을 믿어? 바벨론 신만이 참신이다. 이제부터는 위대한 바벨론 신이 너희를 지켜줄 것이다."

다니엘과 세 친구는 줄에 매여 끌려가면서 너무나도 슬프고 비참한 기분이 들었어. '아, 이제 정든 고국을 떠나는구나. 이제 부모님의 사랑도 더 받을 수가 없고, 축복의 땅에서 난 맛있는 것들도 먹을 수 없고, 성전에 가서 예배도 못 드리는구나…. 바벨론은 어떤 곳일까?' 그들은 몹시 불안하고 두려웠어. 돌아올 기약도 없이 나라를 잃고 잡혀가는 서러움과 수치심에 굵은 눈물방울이 발등 위로 뚝뚝 떨어졌어.

바벨론에 도착한 소년들은 왕궁 별채에 세운 왕립학교에서 합숙훈련을 받으며 지내게 되었어. 환관장은 이들의 이름을 바벨론식으로 바꾸고 왕이 정해준 음식들을 먹게 했어. 생전 처음 보는 진기한 음식들이었지. 진수성찬이었지만 다니엘과 세 친구는 하나도 기쁘지가 않고 마음이 몹시 거북했어.

"이건 바벨론의 신들에게 드려졌던 음식이잖아? 우리는 하나님의 사람들인데 하나님이 금하신 걸 먹을 수는 없어."

"이런 식으로 살다가는 얼마 못 가 궁중의 문화에 젖어 바벨론화 될 거야."

"그래, 이런 음식으로 우리를 더럽히지 말자."

그들은 굳게 결심을 했어. 포로로 잡혀가 하나님의 이름을 꺼내기도 어려운 상황에서도 그들은 철저하게 믿음을 지켜 나가기로 뜻을 정한 거야.

그때 사탄이 찾아와 속삭였어.

"포로 주제에 간이 배 밖으로 나왔구나. 왕이 하사하는 음식을 거절하다니, 감히 이 거대 바벨론제국의 절대군주와 맞붙어 싸우겠다는 거냐? 목숨이 두 개라도 되는 모양이구나. 그 음식들이 다 제사드렸던 게 아니야, 나라 전역에서 왕에게 진상한 귀한 음식들이야. 이렇게 아름답고 화려한 궁궐에서 호사스럽고 편안하게 맛있는 것 먹으면서 사는 길을 마다할 거니? 현실을 봐. 부득이한 일이야. 하나님도 이 정도는 이해해. 지금은 포로 신세에 어리고 힘도 없으니 시키는 대로 하고, 나중에 높은 자리에 오르면 그때부터 잘 믿으면 되지. 지금은 잘 먹고 힘을 내서 공부할 때야. 어떻게든 살아남아 훗날을 도모해야 해. 앞으로 동족들이 계속 포로로 끌려 올 텐데 너희가 준비하고 권력을 잡아야 나중에 그들을 위해 힘을 써줄 수가 있어. 그런데 음식 같은 사소한 일로 왕의 눈 밖에 나면 출셋길이 막혀. 하나님도 너희가 높은 지위에 올라 너희 민족을 위해 일하는 것을 더 원하실걸?"

다니엘은 사탄이 미혹하는 온갖 말들을 뒤로 하고 환관장을 찾아갔어.

"환관장님, 저희가 왕의 진미 대신 채식을 하면 안 되겠습니까?"

"왕이 얼마나 무서운지 몰라서 그러느냐? 못 먹어서 너희들 얼굴이 비쩍 마르면 내 목이 달아난다. 못 들은 걸로 하겠다."

환관장은 없던 일로 하고 지나가 주었어.

첫 번째 제안이 거절당했지만 다니엘은 포기하지 않았어. 이번에는 더 많이 기도로 준비한 후 환관장이 세운 다른 감독을 찾아가 더 지혜로운 제안을 했어.

"열흘만 시험해보십시오. 비교해보시면 알 것 아닙니까?"

채식만 하면 얼굴이 초췌해질 것 같지? 그런데 10일 후 보니 왕의 음식을 먹는 사람들의 얼굴보다 이들의 얼굴이 더 윤택해졌어. 채식을 했다고 해서 얼굴이 빛났겠니? 하나님의 은혜가 그렇게 만든 거지.

이들이 3년간의 공부를 마치고 우등으로 졸업한 날, 환관장이 이들을 데리고 왕의 앞에 섰어. 느부갓네살 왕이 이런저런 질문을 던져 시험할 때 다른 사람들이 쩔쩔매는 것도 이들은 척척 대답했어. 다니엘은 바벨론의 박사들보다 10배나 뛰어난 것을 인정받아 바로 관리로 스카우트되었단다. 게다가 다니엘은 환상과 꿈을 깨달아 아는 지혜가 있었어. 다니엘은 그 지혜로 느부갓네살의 꿈을 해석해서 훗날 바벨론의 총리에 이르게 된단다.

Ⅱ

결코 망하지 않을 것처럼 강력했던 바벨론제국이 70년 만에 망하고, 그 후에 메대와 바사 나라가 새로 세워졌어. 워낙 땅이 넓어서 다리오 왕(세계사에서 다리우스 왕)은 총독 120명을 세워 지역을 맡아 다스리게 하고, 그 위에 국무총리 세 명을 세워 새 나라의 질서를 잡으려고 했어. 대개 왕조가 바뀌면 신하들도 다 바뀌는데, 다니엘은 계속 총리로 임명되었어. 그만큼 충성됨을 인정받은 거지. 다니엘이 10대에 끌려와 70년이 지났으니 그의 나이가 80세 넘었을 때였어. 세 명의 총리 중에서 특히 다니엘이 뛰어났기 때문에 왕이 그를 수석총리로 삼아 나라 전체를 다스리게 했어. 유다 포로 출신에다가 새 왕조가 서는 데 아무 공을 세운 것도 없는 다니엘이 으뜸 총리가 되자 다른 총리 두 명과 총독들이 다니엘 을 시기하고 미워했어.

"굴러온 돌이 박힌 돌을 빼낸다더니, 다니엘을 없애버릴 묘안이 없을까?"

"뒤를 캐봅시다. 털어서 먼지 안 나는 사람은 없다지 않소?"

그들은 요즘말로 신상털기를 해보았어. 하지만 아무 흠을 찾을 수 없었어. 그 렇게 오랜 세월 동안 고위공무원으로 생활했는데도 워낙 정직하고 청렴결백했 기 때문에 부정부패, 비리, 뒷거래, 뇌물수수, 스캔들 아무것도 걸릴 것이 없었 어. '다니엘'은 "하나님은 나를 심판하시는 분이다"라는 뜻이야. 그는 이름처럼 항상 하나님 앞에서 살았던 거야.

"종교문제로 올무를 거는 수밖에 없겠소."

그들은 계책을 꾸미며 왕에게 가서 아첨했어.

"왕이시여. 만년을 사시옵소서. 왕께서는 메대 바사의 신이 아니십니까. 왕 외에 이 나라에 높은 분이 누가 또 있겠습니까? 앞으로 30일 동안 왕 이외에 다 른 신이나 다른 사람에게 기도를 하는 자는 사자굴에 넣도록 법을 세우셔서 왕 권을 강화하십시오."

다리오 왕은 그들의 말을 듣고 기분이 아주 좋았어. 그래서 그들의 말대로 법 을 세우고 거기에 왕의 도장을 찍었어. 다니엘은 으뜸 국무총리라서 그들이 어 떤 일을 꾸미는지를 이미 다 알고 있었지. 자기가 사자굴에 들어갈 거라는 것도 알았어.

사탄이 또 찾아와 유혹했어.

"딱 한 달 동안만 시행되는 법이니까 그동안만 쉬고 그 후에 자유롭게 하면 되잖아? 정 기도하고 싶으면 창문을 닫고 기도해. 다른 사람들이 네가 기도하는 것을 안 보면 문제가 안 되잖아. 대놓고 하지 말고 마음으로 기도해. 그래도 하나님이 들어주실 거야. 그리고 이건 국가의례니까 괜찮아. 국가공무원이 국법을 안 지키면 어떻게 되겠니? 너 혼자만 유별나게 굴지 말고 남들처럼 적당히 믿어. 너 지금까지 얼마나 많은 유대백성에게 유익을 끼쳤고 앞으로도 그럴 텐데 무모하게 행동하면 모든 것이 수포로 돌아가. 네가 살아서 그들을 위해 일해야 하나님이 더 영광 받으실 거야."

하지만 다니엘은 늘 하던 대로 하루에 세 번씩 무릎을 꿇고 하나님께 감사기도를 드렸어. 원수들의 모함으로 인해 사자의 밥이 될 상황에서 감사할 게 뭐가 있었겠어. 그런데도 다니엘은 "친구들을 풀무불 속에서도 살려주신 하나님, 뜻이 계시면 저도 사자굴에서 살려주실 것을 믿습니다. 안 살리신다 해도 이만큼이나 오래 살게 하셨으니 감사합니다. 믿음의 시련을 주신 것을 감사합니다. 이 일을 통해 오직 하나님이 영광을 받으실 것을 믿습니다" 하고 감사기도를 했어.

"나의 왕은 오직 하나님 한 분뿐입니다. 한 달씩이나 기도를 못하고 하나님을 만날 수 없으니 차라리 죽겠습니다."

다니엘은 예루살렘 쪽을 향해 창문을 열어놓고 기도했어. 늘 예루살렘 성전을 사모하면서 자기가 하나님의 백성임을 분명히 드러내면서 공개적으로 기도했다는 말이야. 그들은 당장 왕에게 "다니엘이 왕의 법을 무시합니다" 하고 고자질했어.

그제야 왕은 이것이 다니엘을 해하려는 모략임을 깨달았어. '아, 어쩌다 내가 속아서 도장을 찍어 공포를 했단 말인가.' 왕은 하루 종일 근심하고 후회했지만 이미 때는 늦었어.

"왕이시여. 한 번 내리신 법령은 고칠 수가 없사옵니다. 왕께서 선포한 법을 바꾸시면 왕의 권위가 손상되옵니다. 어서 명령을 내려주시옵소서."

대제국의 왕이었지만 다른 신하들 입장 때문에 왕도 자기 하고 싶은 대로 다

할 수가 없었어. 법이 집행되어 죄인처럼 잡혀온 다니엘을 보고 왕이 말했어.

"네가 한결같이 섬기던 너의 하나님이 너를 구해주실 거다."

대적들은 자기들의 계획대로 진행되어간다고 믿고 득의양양하여 다니엘을 사자굴에 던져넣었어.

"호호, 성공이다. 굶주린 사자들이니 곧 뼈만 남겠지?"

군인들이 사자굴에 다니엘을 던져넣고, 아무도 고치지 못하게 왕이 도장을 찍고, 아무도 못 꺼내게 큰 돌로 입구를 막았어.

"왕이시여. 벌써 해가 졌습니다. 어서 저녁 수라를 드시옵소서."

"먹기 싫다!"

"아리따운 무희들의 가무가 준비되어 있사옵니다."

"보기 싫다!!"

"밤이 늦었습니다. 어서 침소에 드시지요."

"자기 싫다!"

'아, 내가 어쩌다가 그런 실수를 했을까. 이제 다니엘이 없으면 누구와 국사를 의논한단 말인가. 그런 충신을 이제 또 어디 가서 만난단 말인가' 밤새 후회하며 잠 못 이루며 괴로워하던 왕은 새벽이 오자마자 헐레벌떡 사자굴로 달려갔어.

"다니엘아. 네 하나님이 너를 구해주셨느냐?"

"하나님께서 천사를 보내셔서 사자들의 입을 막아 보호해주셨습니다. 왕이시여, 저는 왕에게 잘못한 일이 없사옵니다."

왕이 기뻐하며 다니엘을 얼른 꺼내게 하니 상처 하나 없이 멀쩡했어.

"여봐라. 다니엘을 고소한 간신을 사자굴에 처넣어라. 그 가족까지 모조리!"

사람들이 그들을 굴에 던지자 바닥에 닿기도 전에 사자들이 달려들어 뼈까지 부숴 먹어버렸어. 밤새 다니엘을 먹고 싶어서 안달을 하던 사자들이 천사들 때문에 접근을 못했으니 얼마나 배가 고팠겠어.

하나님을 믿지 않던 다리오 왕이 이것을 생생하게 경험한 후 조서를 내렸어.

"모든 백성은 다니엘의 하나님을 두렵고 떨림으로 섬겨라. 그는 살아 계신 하나님이시며, 영원히 변치 않으시며, 그의 나라는 망하지 않으며, 그의 권세는 끝없을 것이다. 그는 구원하기도 하고 건져내기도 하신다. 그가 하늘과 땅에서 놀라운 기적을 일으키시고 다니엘을 사자들의 입에서 구해주셨다."

신앙 없던 이방 왕도 하나님의 살아 계심을 찬미하는 결과를 가져오게 된 거야. 다니엘은 다리오 왕과 페르시아 사람 고레스 왕이 다스리는 동안 평안히 살았단다.

 **2단계** **말씀 곁에서**

1. 어려운 단어가 있었나요?

환관장 넓게는 궁내 대신을 좁게는 내시부 대신을 말한다.

갈대아 바벨론(세계사에서 바빌로니아)

박수와 술객 신에 대한 문서와 학문에 능한 이방 제사장들을 박수라고 부르며 단순히 마술을 행하는 자들을 술객이라 한다.

금령 어떤 행위를 하지 못하게 하는 법령

조서 임금의 명령을 일반에게 알릴 목적으로 적은 문서

2. 독서퀴즈

❶ 어느 나라의 누가 유다 예루살렘에 쳐들어 와 성을 에워쌌나요? 바벨론 왕 느부갓네살(1:1).

❷ 바벨론 왕은 유다에서 어떤 소년들을 데려오게 하였나요?
이스라엘 자손 중에서 왕족과 귀족 몇 사람, 곧 흠이 없고 용모가 아름다우며 모든 지혜를 통찰하며 지식에 통달하며 학문에 익숙하여 왕궁에 설 만한 소년(1:3~4).

❸ 다니엘은 환관장에게 무엇을 구했나요?
뜻을 정하여 왕의 음식과 그가 마시는 포도주로 자기를 더럽히지 아니하리라 하고 자기를 더럽히지 않도록(1:8).

❹ 다니엘과 세 친구는 바벨론의 왕에게 어떤 인정을 받았나요?
지혜와 총명이 온 나라 박수와 술객들보다 10배나 낫다(1:20).

❺ 총리들과 고관들은 며칠간의 한시적인 법을 만들 것을 요청했나요? 30일(6:7).

❻ 다니엘은 왕 이외의 신에게 구하면 사자굴에 던져지는 것을 알면서도 예루살렘으로 향한 창문을

열고 하루에 몇 번 기도했나요? 3번(6:10).

❼ 다니엘을 사자굴에 넣은 왕의 반응은 어떠했나요?

밤새 금식하고 오락을 그치고 잠도 안 잤다(6:18).

❽ 다니엘과 다니엘을 참소한 사람들은 어떻게 되었나요?

다니엘은 아무 상처가 없이 살았다(6:22). 참소한 자들은 가족과 함께 사자굴에 대신 던져졌다. 바닥에 닿기도 전에 사자가 삼켰다(6:24).

❾ 다리오 왕은 이 모든 일을 보고 어떻게 했나요?

조서를 내리고, 하나님을 송축하는 신앙고백을 했다(6:25).

❿ 다니엘은 언제까지 형통하게 살았나요? 다리오 왕, 고레스 왕 시대(6:28).

3. 내용을 간추려보세요.

발단 바벨론이 유다를 침공했을 때 다니엘과 세 친구가 포로로 끌려가 왕궁에서 왕의 진미를 먹으며 교육을 받게 된다.

전개 다니엘과 세 친구는 신앙을 지키기로 뜻을 정하고 그 음식들을 거절한 결과 그들의 얼굴빛이 다른 소년들에 비해 더 윤택해지고 그들의 지혜와 총명을 왕에게 인정받아 관직에 오른다.

위기 다리오 왕 때 다니엘이 으뜸총리가 되자 나머지 총리들과 고관들이 시기하며 다니엘을 죽일 계책을 세운다. 왕이 신하들의 계책에 넘어가 왕 외에 아무에게도 간구하지 못하는 법령을 내린다.

절정 다니엘이 다 알면서도 여전히 하루 세 번씩 기도해 사자굴에 던져진다.

결말 하나님의 도움으로 다니엘이 살아나오고 왕이 하나님을 찬양한다.

★더 줄여보세요 바벨론에 포로로 잡혀간 다니엘은 신앙을 지키기로 뜻을 정하고 왕의 진미를 거절하였으나 총명을 인정받아 총리가 된다. 다리오 왕 때 다니엘은 자신을 시기하는 무리들의 모함을 받아 사자굴에 던져졌지만 하나님이 살려주셨다.

4. 제목을 정해보세요.

위대한 결단과 축복, 바벨론에서도 잘 믿기만 하면, 다르게 사는 용기, 왕보다 하나님께 잘 보인 사람들, 신앙인의 선택, 세상을 이기는 믿음, 사자의 입을 막으신 하나님, 육적 위기는 영적인 기회

5. 질문을 만들어보세요.

• 하나님이 살아 계시다면 어떻게 이방나라 바벨론의 군사들에게 성전의 그릇이 약탈당
  하도록 보고 계시나?

• 하나님은 능력이 많으신데 왜 자기 백성들을 바벨론에 포로로 잡혀가게 하시나?

• 다니엘과 세 친구는 그 이후로도 계속해서 채식만 했을까?

• 하루 세 번의 기도습관은 언제 생긴 것일까?

• 사자가 왜 다니엘을 잡아먹지 못했을까?

3단계 | 말씀 속에서

1. 다니엘과 세 친구는 어떻게 해서 바벨론에 가게 되었나요?

유다왕국의 말년 무렵에 신흥강국 바벨론(지금의 이라크)이 등장하고 앗수르제국이 점점 쇠약해졌어. 그때 애굽 왕이 원정을 가서 함께 갈그미스에서 바벨론과 전쟁을 벌였는데 그만 애굽이 졌어. 애굽 왕을 못 가게 한 유다의 요시야 왕은 므깃도에서 전사하고, 그의 둘째 아들 여호아하스가 왕이 되었어. 애굽의 바로느고는 갈그미스 전투에서 바벨론에게 지고 돌아오는 길에 여호아하스를 폐위시키고 대신 여호야김을 유다 왕으로 세워 만바벨론, 친애굽 성책을 쓰게 했어.

바벨론의 느부갓네살은 앗수르와 애굽을 이기고 팔레스타인의 주도권을 잡은 후 그 여세를 몰아 여호야김 3년에 유다의 예루살렘성을 공격해 함락시키고 성전의 기물들을 전리품으로 가져가 바벨론 신전에 두었어. 바벨론은 세 차례에 걸쳐 이스라엘을 침략하고 백성들을 포로로 잡아갔는데, 1차 침공 때(BC 605년) 왕족과 귀족들을 끌고 갔어. 그때 다니엘과 세 친구가 바벨론에 끌려간 거야.

1장 2절의 주어가 하나님이지? 〈다니엘서〉의 주인공은 다니엘이 아니라 하나님이셔. 이스라엘 백성이 바벨론에 포로로 끌려 간 것은 바벨론의 느부갓네살 왕이 강해서도 아니고, 유다의 여호야김 왕이 악해서도 아니고, 하나님이 그렇게 하셨기 때문이라는 말이야. 그 당시는 거듭되는 침략으로 나라가 망하고 백성들은 포로로 끌려가고 이스라엘 역사상 가장 어려웠던 시기였어. 사람들은 '신들의 싸움에서 우리의 신이 능력이 없어서 진 거야. 성전의 그릇들이 바벨론의 신전에 가 있는 것은 하나님이 바벨론 신의 포로가 된 거나 마찬가지

야' 하고들 생각했었지. 그런데 다니엘은 주께 범죄한 백성을 '주께서' 느부갓네살의 손에 붙였다고 기록했어. 하나님이 역사의 주도권을 갖고 느부갓네살을 도구로 해 이스라엘 백성을 바로잡으려고 징계하신 거라는 말이야.

모세 때부터 약속의 땅에 들어가 하나님의 말씀을 거역하면 나라를 잃고 포로로 잡혀간다고 경고하고 선지자들을 보내 계속 경고해도 유다백성은 말을 듣지 않았어. "하나님이 계신 성전이 있는데 그럴 리가 있나? 하나님이 지키시고 보존해주시겠지"라고 믿었거든. 그러나 하나님은 바벨론 군사들을 보내 이스라엘 백성이 그토록 의지하고 있는 성전을 보란 듯이 허물고 약탈당하게 하셨어. 삶을 보장해주는 것은 눈에 보이는 성전이 아니라 하나님이야.

2. 다니엘과 세 친구는 어떻게 해서 왕궁에 살게 되었나요?

바벨론의 느부갓네살 왕은 고대 근동의 가장 탁월한 통치자 중의 한 명으로 메소포타미아 일대를 통일해 다스리며 바벨론 전성시대를 열고 43년간이나 다스린 강대한 왕이었어. 앗수르는 정복한 나라의 백성들을 억압하고 착취하고 잔인하게 죽였는데 바벨론은 그와 반대되는 정책을 썼어. 그들은 정복한 나라의 인재들을 끌고 와 왕의 진미를 먹는 대우를 해주며 바벨론의 언어와 학문을 가르치고 바벨론식으로 이름을 바꾸었어.

보통 포로들은 전리품으로 취급당하고 쇠사슬에 매여 끌려가 대대로 종이 돼. 그런데 1차 포로들은 노예로 만들려고 끌고 간 게 아니야. 유다의 왕족, 귀족들 중에 용모가 준수하고, 지혜롭고, 지식습득능력과 표현능력이 탁월한 소년들을 뽑아 데려갔어. 그 이유는 왕족, 귀족들이 주도해 반란을 일으키지 못하도록 세력을 약화시키기 위해서야. 그리고 영토를 확장하는 신흥제국 바벨론에 인재가 많이 필요하거든. 유대민족 출신을 3년간 교육시켜 바벨론 왕궁에 두거나 자기들의 끄나풀을 만들어 되돌려 보내 정복한 나라를 바벨론에 동화시켜 쉽게 통치하기 위해서야.

3. 환관장은 다니엘과 세 친구의 이름을 뭐라고 바꾸었으며 왜 바꾸었을까요?

'엘, 나, 냐, 랴'로 끝나는 이름은 귀족과 왕족들이 하나님에 대한 충성을 확증하기 위해 사용하던 이름자야. 다니엘의 '엘', 하나냐의 '냐', 미사엘의 '엘', 아사랴의 '야'는 '야훼'의 축약으로, 전부 여호와 하나님을 부르는 호칭 중의 하나야. 하나님에 대한 신앙고백이 담겨 있는 이름들이지. 그런데 환관장이 그 이름들을 바벨론식으로 바꿔버렸어.

'다니엘'은 "하나님이 나의 심판자이시다"라는 뜻인데 "벨드사살이 나의 심판자다"라는 뜻인 벨드사살로 바꿨어. '벨'은 바벨론 최고신인 마르둑신의 별명이야. '하나냐'는 "하나님은 참으로 은혜로우시다"라는 뜻인데 '아쿠신(달신)의 명령'이라는 뜻인 사드락으로 바꿔버렸어. '미사엘'은 "누가 하나님 같은 분이 있겠는가" 하는 뜻인데 "누가 바벨론의 아쿠신과 같은 이가 있겠는가"라는 뜻인 '메삭'으로 바꾸었고, '사드락', '메삭'의 끝 글자 '악'은 달신의 이름이야. '아사랴'는 "하나님은 나의 도움이시다"라는 뜻인데 "바벨론의 제2의 신인 느보가 나의 신이다"라는 뜻의 '아벳느고'로 바꾸었어. '느고'는 '벨신의 아들'이라는 뜻이야.

하나님을 찬양하며 살라고 '하찬이'라고 부모님이 지어준 이름을 알라를 찬양하라는 '알찬이'라고 바꿨다고 생각해봐. 얼마나 기분이 나빴겠어. 이름을 바벨론식으로 바꾼 것은 한마디로 신앙도 바꾸고 바벨론 신과 언약을 맺으라는 말이지. 하나님의 언약백성의 특징, 신앙고백, 신앙인의 정체성, 풍속과 습관을 다 버리고 완전히 바벨론에 동화되라는 말이야. 하지만 다니엘과 세 친구는 신앙을 지키기가 어려운 바벨론 땅에서도 믿음을 잃지 않고 하나님의 언약백성이라는 자기 정체성을 그대로 간직한단다. 이름은 바벨론식으로 바꿨지만 그들의 마음과 신앙은 바꾸지 못했어.

4. 다니엘과 세 친구가 바벨론 왕궁에서 결심한 것은 무엇인가요?

그들은 비록 나이가 어렸지만 이방문화와 이방음식, 이방종교에서 자신을 구별해 자기를 더럽히지 않기로 뜻을 정하고 궁중의 호사스러움에 자기를 방치하지 않기로 결심했어. 왕이 지정해준 음식은 바벨론의 신에게 제사드렸던 음식이었어. 〈출애굽기〉 34장에서 모세가 이방인들이 그들의 신에게 제사를 드렸던 희생의 음식을 먹지 말라고 했거든.

하지만 단순한 음식문제가 아니야. 왕이 주는 음식을 먹는 것은 왕의 힘과 권위로 살아간다는 것을 의미해. 바벨론에 코드를 맞추고, 바벨론 왕의 통치를 받아들여 왕에게 하나님께 바치는 그 이상의 충성을 하겠다는 것을 뜻해. 왕이 하사한 음식을 거절한다는 것은 하나님만 사랑하고 바벨론의 신은 섬기지 않겠다는 신앙고백이야.

왕의 눈에 들기만 하면 존귀하게 될 수 있는데 그런 특권을 거절한다는 것은 찬란하게 보장된 미래를 내려놓은 거나 마찬가지야. 왕도 보통 왕이 아니라 당시 최강대국인 바벨론제국의 왕인데 그의 명령을 거역하면 죽는 거야. 하지만 그들은 "어떻게 하면 왕에게 잘 보여 높은 관직에 올라갈 것인가?"에는 전혀 관심이 없었어. "어떻게 하면 이방에서도 하나님을 제대로 섬길까?" 하는 생각뿐이었지. 그들은 왕에게, 안락과 풍요에, 맛있는 음식에 마음을 빼앗기지 않았어. 그들은 마음을 오직 하나님께 드리기로 다짐했어. 성도로서의 거룩함을 지키기 위해 특권을 포기한 거야. 눈에 보이는 세상 왕보다 눈에 보이지 않는 하나님을 더 두려워한 거지.

5. (A) 우리가 신앙을 따라 살면 세상과 충돌이 생깁니다. 다니엘의 문제 해결 방식은 어떠했나요?

- 현실적으로 닥친 문제를 정확하게 인식하고 그 문제가 지닌 영적 의미를 깨닫는다.
- 데모, 뇌물, 분노, 저항, 파업, 세력규합, 타협 등 세상의 방법으로 문제를 해결하려고 하지 않았다. 세상에서 거룩한 삶을 살려고 애쓸 때 하나님이 도와주실 거라는 믿음을 가지고 문제를 다뤄나갔다. 뜻을 같이하는 동료들과 머리를 맞대고 기도하며 협력하여 아이디어를 내고, 율법의 정신에 따라 함께 지켜나갈 거룩한 삶의 원칙을 정했다.
- 담대하게 용기를 내 자기 상사를 찾아가 온유와 겸손의 자세로 청했다.
- 처음에 한 청원이 받아들여지지 않았지만 포기하지 않고 더욱 기도로 준비한 후 환관장이 세운 다른 감독에게 더 적절하고도 합리적이며 지혜로운 제안을 했다.
- 이루어지기 어려운 자리에서도 인내하며, 하나님에 대한 믿음을 접지 않고, 상대방이 받아들일 때까지 "청하오니, 당신의 종들에게" 등의 단어를 써가며 "제안은 우리가 하지만 판단과 결정은 당신이 내려주세요" 하고 끝까지 온유하고 겸손한 자세로 구했다.

6. 다니엘과 세 친구는 어떤 사람인 것 같은가요?

어려서부터 율법 교육을 받았으며, 율법에 따라 하나님 앞에 진실된 중심을 갖고 살았다. 어려서부터 형성된 기도습관이 몸에 배어 있다.

환경과 타협하지 않는 불굴의 믿음을 가졌다. 바벨론에 포로로 끌려왔어도 하나님의 언약백성으로서의 확고한 신앙적 가치관을 갖고 바벨론의 혼합주의에 물들지 않고 신앙을 지켜 나간다. 세상이 회유할 때 신앙양심에 따라 정확한 선을 긋고 자신의 신앙과 태도를 분명하게 밝힌다.

절제력이 있다. (소년이라면 14,15세 정도 되었을 때인데 한창 성장기에 얼마나 식욕이 왕성했겠어. 그걸 절제한다는 것은 쉬운 일이 아니었을 거야. 지금이라면 사춘기야. 친구 좋아하고, 같이 먹고 마시고 놀고 떠들고, 외모에 대해 고민하고, 성에 대한 관심이 많고, 인생의 의미를 찾아 방황할 때야. 그런데 그들은 스스로 이런 결정을 내릴 수 있을 만큼 절제력이 있었던 거야.)

용기와 끈기가 있다. 환관장을 찾아가 담대하게 의사를 밝히고, 한 번의 실패에 포기하지 않고 2차로 더 지혜로운 제안을 해서 뜻을 관철시킨다.

언어와 문화가 다른 곳에서도 잘 적응하였고, 성실하고 정직하고 학문과 재주가 탁월해 바벨론의 박사들보다 10배나 더 나은 것을 인정받아 왕이 아낄 만한 관리가 된다. 특별히 다니엘에게는 하나님의 지혜가 있어 꿈과 몽조를 해석하는 능력이 있었다. 그래서 바벨론의 엘리트들이 답하지 못하던 것도 해석할 수 있었다.

어떤 환경, 어떤 자리에서도 하나님을 가장 존중히 여긴다. 눈에 보이는 바벨론 왕보다 하나님이 더 크신 분임을 믿고 절대권력을 가진 왕도 두려워하지 않았다.

팀워크를 형성해 네 명이 서로를 올바른 길로 인도해주는 믿음의 친구(동역자)들이 되었다.

체험적인 신앙을 소유하였다. 그 체험 신앙으로 인해 어떤 상황과 환경에서도 하나님이 구원하신다는 강한 믿음을 갖게 된다. (전쟁의 참혹한 상황에서도, 포로 여행길에서도 많이 죽었지만 이들은 살아남았고, 왕의 진미를 거절했을 때도 하나님의 보호와 구원을 경험하고, 세 친구는 풀무불 속에서도 구원받았으며, 다니엘은 사자굴에서도 구원을 받았다.)

포로들에게 정신적 지주, 희망의 아이콘이 되었다. 다니엘은 포로기 70년간 정부 요직에 있으면서 그 지위를 이용해 동족들을 도와 언약백성의 회복시키는 하나님의 귀한 도구로 사용받는다.

다니엘은 기도의 사람이다. 왕의 진미문제도 기도하면서 해결한다. 기도하면 사자굴에 던져진다는 것을 알면서도 기도하다 죽을망정 기도할 것을 선택한다.

다니엘은 청소년기에 자신을 더럽히지 않기로 뜻을 정했던 사람이다. 그는 80세가 넘은 순간까지도 그 신앙의 원칙이 변하지 않았다. 원수들이 다니엘을 고소하려 하였으나 수십 년 공직생활에서도 비리가 없을 만큼 흠이 없고 깨끗했다. (이스라엘 백성은 세상과 똑같아져서 망했고, 다니엘은 세상과 다르게 살아서 하나님이 성공하게 해주셨던 거야.)

7. 다니엘은 어떤 시험을 왜 당하게 되었으며 어떻게 대응했나요?

바벨론 이후 메데와 바사제국 시대가 열렸어. 새 왕조에서 조직을 정비하면서 세 총리를 세웠는데 다니엘이 재등용되었어. 형통한 삶, 존경과 인정이 따르는 다니엘을 기다리고 있는 것은 시기와 질투, 그를 넘어뜨리려는 음모였어. 믿음으로 구별되게 살면 사람들의 눈에 도드라져 보이거든. 나머지 두 총리와 일부 방백들은 다니엘을 제거하기 위해 비리를 캐보았지만 아무 흠도 찾지 못했어.

아첨꾼들은 "왕께서 신의 대리인으로서의 왕권을 강화하고 질서를 확립하면 왕을 중심으로 새 제국이 연합되고 견고해질 것"이라며 30일간 왕 외에 다른 신에게 구하면 사자굴에 던지게 하는 법령을 선포하도록 제안해 다니엘에게 종교적 덫을 놓았어.

이 법은 다니엘에게만 괴로움을 주었어. 바벨론 신하들에게는 아무 문제가 되지 않았지. "30일간 기도를 중단하고 목숨을 부지할 것인가? 기도하고 사자굴에 던져질 것인가?" 그는 기도하다 죽기를 선택했어. 30일만 지난다고 될 일이 아니었어. 원수들은 수단방법 가리지 않고 또 다른 올무를 치려했겠지. 다니엘은 그 어려운 순간에도 요동치 않고 여전히 하루에 세 번씩 기도했단다.

8. 사자굴 사건이 의미하는 것이 무엇인가요?

하나님께서는 사자굴 같은 환경에서도 사자를 보지 말고 믿음의 눈을 들어 하나님을 보기를 원하신다는 말이야. 하나님의 구원의 타이밍은 우리의 기대와 달라. 하나님은 우리를 종종 사자굴에 던져 넣으신 다음에 구원하셔서 사자의 이빨도 끊어내지 못하는 하나님의 사랑이 있다는 것을 보여주시지. 대적들은 사자굴에 떨어지기도 전에 잡아먹혔어. 그런데 다니엘은 전혀 상하지 않고 나왔어. 주님은 사자의 입을 막아 성도를 그만큼 사랑하고 보호한다는 것을 대적들에게 보여주셔. 그래서 고난을 말할 수 없는 축복과 간증의 기회로 바꿔놓으신단다.

사자굴 사건은 다니엘의 간증 가운데 가장 귀한 간증의 꽃봉오리 같은 거야. 너희도 시험 칠 때 성적이 드러나듯이 성도는 고난 속에서 믿음의 진가가 드러나게 돼. 사람은 사자굴 같은 상황이 아니면 주님을 전심으로 의지하지 않아. 고난은 하나님을 경험하는 살아 있는 신앙으로 들어가는 관문이야.

9. 다니엘이 고난 중에 승리한 비결은 무엇이었을까요?

하루 세 번씩 정한 시간에 기도하며, 평소에 하나님과 교제의 끈이 연결되어 있었기 때문이야. 죽음의 위협 앞에서도 다니엘은 기도하며 하나님을 누리며 기뻐하는 것을 결코 포기할 수 없었어. 다니엘이 어떤 사람이야? 아무도 알아맞히지 못했던 느부갓네살의 꿈도 하나님 앞에 들어가 계시를 받아 알 정도였으니까 그만큼 깊은 기도의 경지를 누린 사람이었 잖아. 죽으면 죽었지 기도하지 않고 30일을 기다릴 수 없었어.

또한 환경을 초월하는 믿음이 있었기 때문이야. 다니엘의 환경이 어땠지? 바벨론의 침공으로 나라가 망하고 성전은 폐허가 되고, 10대에 부모의 품을 떠나 이방에 포로로 잡혀와 신앙을 지탱해줄 수 있는 성전도, 제사 제도도, 랍비도 없고, 우상이 득실거리는 환경이었 지. 그러나 다니엘은 오히려 그런 속에서 살아계신 하나님을 만나고, 오히려 더욱 경건하고 신실하고 영적으로 풍요롭게 살아갔어. 다니엘은 어디에 있든지 환경과 조건과 상황을 탓하지 않고, 환경을 넘어 주님을 바라보면서 살아계신 주님을 경험하고 누리면서 승리할 수가 있었어.

10. 〈다니엘서〉가 우리에게 던지는 메시지는 무엇인가요?

우리는 환경이나 여건이 잘 갖춰지면 하나님을 더 잘 믿을 수 있다고 생각하고 하나님이 더 영광을 받으실 거라고 생각해. 그래서 환경이 개선되게 해달라는 기도를 많이 하지. 사람들은 끝없이 더 좋은 조건을 갖추려고 애를 써. 그게 사람들이 풍성한 삶을 사는 가장 중요한 조건 중의 하나라고 보기 때문이야. 사람은 누구나 환경의 지배를 받으니까 그렇게 생각할 수도 있겠지.

그런데 〈다니엘서〉를 통해 배우는 것은 조건, 상황, 외적인 것들이 영적인 풍요로움을 결정하지 않는다는 거야. 다니엘은 이방에서도 하나님을 만나 영적으로 풍요롭게 살았거든. 이상적인 조건과 환경이 잘 갖춰져야만 그렇게 살 수 있는 게 아니라는 거야. 결핍의 상황에서도 믿음이 있으면 하나님의 영광스러운 풍성을 누릴 수 있게 돼. 믿음은 눈에 보이지 않는 것들을 보게 하고, 고난을 끝까지 견디도록 해줘. 〈다니엘서〉의 주제는 환경을 초월하는 믿음으로 다 꿰어져.

 **4단계 지금 여기에서**

1. 나라면 그 상황에서 어떻게 했을 것 같은가요?

상 황	예측되는 내 반응
10대의 나이에 바벨론에 포로로 잡혀 간다.	
바벨론에 도착해 왕궁에서 왕의 진미를 먹으며 교육을 받으며 살게 된다.	
환관장에게 왕의 음식을 안 먹게 해달라고 부탁한다.	
거절당하자 다시 또 감독에게 자기들을 시험해볼 것을 제안한다.	
왕 외의 신에게 기도하면 사자굴에 넣는다는 법이 정해진다.	
사자굴에 갇힌다.	

2. 나는 다니엘처럼 신앙인의 정체성을 갖고 있나요? 밑줄을 채워보세요.

- 나는 <u>하나님의 사랑을 받는 존귀한 사람</u>이다.
- 나는 _____이다.
- 나는 _____이다.

3. (A) 다니엘처럼 세상의 흐름을 거슬러 살기 위해서 그리스도인으로서 따르지 말아야 할 세상의 가치관들은 무엇이 있을까요? 사탄이 미혹할 때 자주 사용하는 이 말들에 반론을 제기해 사탄을 물리쳐봅시다.

- 학생에게는 대학입시가 가장 중요해. 수능 때까지는 주일예배 쉬어.
- 황금연휴인데 주일 예배 빠지고 놀러가자.
- 네 인생의 주인은 너야. 세상의 중심도 너야.

- 네 가치는 네 재산과 소유물, 학벌, 외모, 직업, 능력, 월급, 사회적 지위 등에 달려있다.
- 유명하고 큰 것, 많은 것이 좋은 것이다. 돈이 많거나 좋은 학교를 나온 사람은 더 능력 있고, 더 나은 사람이다.
- 돈이 제일이다. 돈이면 다 된다.
- 사람은 외모가 예쁘고 봐야 한다.
- 죽으면 그만이다. 대중문화를 무비판적으로 즐기고 먹고 마시고 성문화를 즐겨라.
- 쉽고 편하고 화려하게 살아라.
- 불신자라도 조건이 좋으면 결혼해라. 결혼 전에 좀 살아보다가 맞으면 결혼해라.
- 세상에서 잘 되어야 하나님이 영광받으시고 남들에게 떳떳하게 복음을 전할 수 있다.
- 생명경시 – 이혼, 별거, 자살, 살인, 낙태, 부모나 자녀를 버리는 것
- 하얀 거짓말은 사회생활에 필요하다.
- 사회보편으로 남들 다 하는 건 죄가 아니다.
- 음주, 흡연은 사회생활에 꼭 필요하다. 맥주는 음료수다.
- 재미로 한번 점을 쳐봐라.

4. 만약 다니엘과 세 친구가 왕의 진미 문제로 고민하다가 내게 상담을 요청했다면 뭐라고 조언할 것 같은가요?

5. (A) 어느 시대나 누구에게나 바벨론('혼잡'이라는 뜻)은 있어요. 나의 바벨론은 어디이며 무엇인가요?

- 세상권력과 제국, 세속화된 세상, 하나님을 대적하는 교만의 바벨탑을 쌓은 곳
- 무신론이 득세해 영혼을 죽이는 하나님 없는 학문들, 사상들을 가르치며 기독교에 적대적인 학교
- 복음의 반대가 있는 곳, 하나님의 백성이 지켜야 할 믿음을 탄압하는 국가나 단체, 믿지 않는 가족이 있는 가정, 신앙적 위협과 압박과 서러움이 있는 곳, 신자들에게는 고통을 더하는 장소
- 부정부패를 촉구하는 직장, 악하고 나쁜 직장상사, 사기치고 타협하고 부정직한 곳
- 포로로 사로잡혀가 자기 마음대로 살지 못하는 곳, 원수의 목전, 의존하던 것이 없어지는 장소, 쫓겨난 장소
- 가족이 없어 외로운 곳, 남성성이 거세딩하는 곳, 시험이 있는 장소, 가장 척박한 상황, 암담한 때, 숨 막힐 정도로 힘든 장소. 인생의 변곡점, 삶이 뒤바뀌는 경계선

- 믿음 때문에 소외당하고 왕따당하는 곳, 그러나 더 큰 하나님의 은혜를 경험하는 곳
- 생사가 오락가락하는 질병
- 자기 비움, 자기 부인, 자기 절제가 요구되는 곳

6. (A) 다니엘이 살던 시기와 지금을 비교하면 어떤 차이점과 공통점이 있을까요?

7. (A) 우리가 처한 환경에서 예수님을 바로 믿기가 어렵다고 생각된다면 그 이유는 무엇인가요?

- 세상의 문화와 관계와 사람들에게 함몰되기 때문에
- 믿음의 대가를 지불하고 싶지 않고 손해보고 싶지 않아 세상과 타협하기 때문에
- 세상에 동화되어 안 믿는 사람들같이 말하고 행동하면서 살지 않으면 친구, 인기, 세상에서의 성공, 좋은 대학, 좋은 직장 등 많은 것을 잃을 거라고 협박하기 때문에
- 사회분위기, 사회가치기준에 의한 미묘한 유혹 때문에
- 세상이 너무 풍요해서 오직 세상에서 잘 사는 데에만 관심을 두기 때문에
- 세상이 너무 악하기 때문에

8. (A) 다음 세 가지 사례를 읽고, 질문에 대한 답을 생각해보아요.

사례1 2013년 6월 18일 피켄스 카운티의 리버티 고등학교 졸업식에서 졸업생 대표로 연단에 선 로이 코스트니는 졸업 연설문 대신 주기도문을 암송했다. '종교로부터의 재단'이란 단체의 압력을 받은 학교행정당국이 학교 공식행사에서 기도를 금지시킨 데 대한 반발이었다. 그는 CNN과의 인터뷰에서 "기도금지조치는 내가 겪은 최악의 일이었다"라며 "난 하나님을 옹호하고 싶어서 주기도문을 암송했다"라고 밝혔다. 로이 코스트너의 용기 있는 행동은 리버티 고등학교에 기도를 존속시키기로 하는 결의를 끌어냈다.

로이 코스트너가 잘 했다고 생각하나요? 잘못했다고 생각하나요? 왜 그렇게 생각하며, 만약 내가 로이 코스트너라면 어떻게 했을 것 같은가요?

사례2 2012년 12월 25일, 서울 강남 청담고등학교에서는 10년간 유지해온 학생 기도동아리 '카리스'를 폐지시키고, 점심시간과 쉬는 시간의 기도모임 등 종교활동도 금지하고, 교내동아리들이 개최한 '크리스마스 음악축제'도 이름을 수정토록 지시했다. 특정 종교의 색채가 들어있다는 이유에서다. 하지만 학부모와 시민단체들, 학생들의 강

력한 반발로 무효화되었다.

만약 내가 다니는 학교에서 이렇게 기도나 큐티 모임, 기독동아리 활동을 금지한다면 나는 어떻게 반응할 것 같은가요?

[사례 3] 실화를 바탕으로 만든 영화 〈불의 전차〉의 주인공 에릭 리델은 1924년 파리 올림픽에 단거리 육상선수로 출전한다. 그는 강력한 우승후보였기에 조국인 영국의 명예가 그에게 달려 있었다. 그는 주일에 자신의 주 종목인 100미터 시합이 있다는 것을 알고 주일을 지키기 위해 출전을 포기한다. 이 사실이 언론에 알려지자 위원장도 만류하고 영국 왕도 왕자를 보내 설득하고 온 국민이 매국노 취급을 했지만 에릭은 하나님을 더 소중히 여겨 그 시합을 포기한다. 그리고 평일에 열리는 400미터 경기에 출전해 금메달을 딴다. 그때의 신기록은 16년간 깨지지 않았다고 한다.

"주일성수"에 뜻을 정하고 실행한 에릭 리델에 대해 어떻게 생각하나요? 다니엘과 비교해서 글을 한번 써보세요.

 5단계 **이렇게 해보세요**

- 포로로 잡혀가는 장면, 사자굴 속의 다니엘 등 인상 깊은 장면을 상상해 그리고 그림 설명과 느낌 곁들이기
- 하나님의 사람으로 무엇을 어떻게 하면서 살고 싶은지 다니엘처럼 뜻을 정해 기도문으로 쓰기
- 나부코는 느부갓네살 왕의 이탈리아식 이름이다. 베르디의 오페라 "나부코"를 검색해 그 줄거리를 읽어보고, "나부코" 중에서 "히브리 노예들의 합창" 동영상으로 보기
- 하나님을 안 믿던 다리오 왕이 사자굴 사건 이후에 한 신앙고백을 읽어보고 신앙고백문 쓰기
- 위에 제시한 세 가지의 사례 중 하나를 선택해 자신의 견해를 쓰기

✚ 글감 찾기를 위한 키워드

초점	내용 및 제목
정체성	신앙인의 정체성, 정체성을 지키는 비결
친구	왕보다 하나님께 잘 보인 사람들, 믿음의 동지들 다니엘과 세 친구
뜻	뜻을 정하여, 뜻을 정한 사람들, 내가 정한 뜻
용기	세상 사람과 다르게 사는 용기, 하나님의 뜻을 따르는 용기
선택	신앙인의 선택, 위대한 결단과 축복
믿음	믿음의 승리, 믿음의 시련, 환경의 문제인가 믿음의 문제인가? 이방왕의 신앙고백, 바벨론에서도 잘 믿기만 하면
기도	하루에 세 번씩 드린 감사기도, 기도로 얻은 지혜
하나님	바벨론에도 함께 가신 하나님, 포로로 보내신 하나님의 뜻, 하나님의 징계
다니엘	영광스러운 하나님의 도구, 세상을 이긴 믿음의 사람-다니엘

✚ 논술문식 독후감을 쓰려면

본문을 바탕으로 하여 리버티 고등학교 사례에 대해 자기의 견해를 쓸 경우 얼개의 예

✚ 공감한다 혹은 지지한다는 입장의 구조

위치	내용	사용할 수 있는 문장유형
서론	현실태	어디에서 이런 일이 있었다.
	문제제기	기도를 금지한 것은 어떤 문제가 있다.
	자신의 견해 밝히기	로이 코스트너의 행동은 어떠하다고 생각한다.
본론	그렇게 생각 하는 이유 논거 제시하기	그 이유는 첫째, 무엇 때문이다. + 뒷받침 설명 둘째 무엇 때문이다. + 뒷받침 설명 (이 부분에서 다니엘을 예시로 들어 자신의 견해를 강화할 수 있음)
	상대방 입장 고려 (예상되는 반론)	물론 _____ 하다는 점에서 _____ 할 수는 있다.
	반론 꺾기 자기 주장 재강조	하지만 ___ 하다는 점에서 볼 때 그의 행동은 매우 의미 있는 일이다.
결론	최종생각 요약정리, 전망, 제언, 과제, 결의, 실천 촉구, 사건의 의미	현대 사회의 흐름은 이러이러하다. 기도를 금지하는 것은 장기적으로 어떠한 결과를 초래할 것이다. 이러이러한 이유에서 공립학교에서의 기도는 지속되어야 한다.

→ 강채민(초2)

→ 최상준(중1)

〈제목〉사자굴에 던져진 다니엘

〈요약〉
　　　　　　　　　　　　　　　　대성중1. 최상준

발단: 다리오왕이 총독들과 총리를 세우는데 그중에서 다니엘이 으뜸 총리가 된다.

전개: 나머지 총리와 고위관리들이 다니엘을 시기해서 죽이려고 계책을 세운다.

위기: 왕 이외에 다른 신에게 기도하면 사자굴에 넣는 법을 만들자고 제안한다.
　　　그래서 왕이 허락했는데 다니엘이 여전히 기도한다.

절정: 다니엘이 기도하는 모습이 걸려서 사자굴에 던져진다.
　　　왕이 구해주려 하나 방법이 없다.

결말: 다니엘이 하나님의 도움으로 사자굴에서 살아 나오고 다리오왕이
　　　하나님을 찬양하고 경배한다.

〈한 문장으로 요약〉 다리오왕 때 다니엘이 다른 신하들의 시기와 오함을 받아 사자굴에
　　　　　　　　　던져졌지만 하나님의 도움으로 살아나와 왕이 하나님을 찬양하고 경배했다.

〈내 생각〉
주제문: 하나님께 기도하면 다 된다.

내가 만약에 위험에 빠지게 되면 기도부터 하겠다.
하나님께 다니엘을 사자굴에서 구해주셨으므로 나도 구해 주실 것을 믿고
기도할 것이다.

다니엘이 사자굴에서 살아난 이결은 첫째 믿음이다.
다니엘은 한때 굴무덤에서도 하나님의 도움으로 살아 나오는 것을 안다.
다니엘은 하나님이 자기도 지켜질 것을 믿었기에 기도했다. 설혹 살려주시지
않는다 해도 왕은 자신의 하나님이 아니기 때문에 기도를 못하게 되느니
차라리 죽는 것이 낫다고 생각했다.
둘째 하루에 세번씩 기도하던 습관이다. 다니엘은 사자굴에 던져져 죽게 될 것을 알면서도
기도를 계속했다.

나도 다니엘처럼 믿음으로 기도하여 어려움에서 벗어나겠다.

258

구산초3학년 정현민

줄거리: 다니엘은 바사의 으뜸총리가 되었지근데 다른신하에
게미움을받아 사자굴려져 죽지만 하나님이도와줘
서살았다. 그리고왕도믿게돼었다.
내생각: 기도를안했으면사자굴에앚을때기도를했
다나도기도에습관이돼애써라 예수님을회사에서믿
지말라고할때회사를그만둘자를거다.

정현민(초3)

바빌론성

김진석(초2)

제목: 다니엘의 기도

원당초등학교
2학년 최
휘빈

다니엘은 정말정말 대단하다. 다니엘은
바벨로 프로로 처음에 끌려가서부터 메대
바사가 바벨론을 통치해 메대·바사에서살았
다. 바벨론부터 메대바사때까지 한번도
빠지지 않고 하루에 3번씩 무릎을 꿇어
서 하나님께 기도했다. 그동안 8년동안
계속 총리였다. 어느날 다리오 왕의 신하
가 잘못된 것이 없나 살펴는데 하나님
있어서 그래서 신하들은 다리오 왕에게 다니오
왕 외에 다른 신을 섬기면 사자 굴에 쳐 넣었
오. 그런 것도 아닌데 다니엘은 계속 기도를 한다.
그런 것을 본 신하는 다니엘을 사자
굴에 쳐 넣었다. 하지만 하나님의 천사가 나
타나 사자의 입을 모아 버렸다. 새벽에 다리오
왕은 사자 굴로 되어 나가 봤는데 살아있어서 기뻤다

나는 다니엘이 정말 대단하다고
생각한다. 나는 오기로도 그렇게
는 못 버틸 멋이리고 생각한
다. 그래도 나는 최선을 다해
서 다니엘처럼 하나님께 기도
하고, 기도해서 하나님의 나라
와 하나님의 의를 먼저 구
할 것이다. 나는 나를 먼저
생각하지 않고, 다니엘처럼 하
나님을 위하여 더 기도할
것이다.

최휘빈(초2)

❶ ~~~~~~~~

중3 김태연

2013년 6월 13일 사우스 캐롤라이나 주 피켄스카운티의 리버티 고등학교 졸업식에서 졸업생 대표 로이 코스트너가 준비해 온 연설문을 찢고 주기도문을 암송했다. 로이 코스트너는 어렸을 때부터 ❷ 기독교인이였는데 학교에서는 기도를 금지해 반감을 느꼈기 때문이다. 리버티 고등학교에서 기도를 금지한 것은 학생들의 인권을 침해한 것이다. 로이 코스트너가 한 일은 잘한 일이라고 생각한다.

❸ 왜냐하면 기준이 명확치 않은 현대사회에서 자신의 생각이 담긴 의견을 주장한다는 것은 용감한 일이고 자유의 사회에서 개인의 종교의 자유는 당연한 일이기 때문에 학교에서 종교의 자유를 침해한다는 것은 잘못된 일이기 때문이다. ❹ 다니엘은 국가에서 30일 동안 왕 이외에 다른 신이나 다른 사람에게 기도하는 사람은 사자굴에 집어넣는다고 이야기했음에도 불구하고 다니엘은 계속 하나님께 기도를 드렸다. ❺ 다니엘은 10대때부터 80대까지 지켜온 신앙생활을 자신이 살겠다고 잠시 기도를 안 하겠다는 것은 잘못되었기 때문이다.

❻ 다니엘은 용감한 행동이다. 왜냐하면 사자굴에 들어갔어도 하나님을 믿으며 기도를 계속 했기 때문이다. ❼ 로이코스트너와 다니엘은 종교적 자유를 침해당했음에도 기도를 꾸준히 한 점이 용감하다고 생각한다. 둘 다 자신의 신념을 꺾지 않고 주님을 믿었기 때문이다.

❽ 현대사회에서는 개인의 자유가 중요시 생각한다. 하지만 "종교로부터 자유를"이라면서 기도를 하지 못하게 막은 것은 소수의 기독교인들의 종교자유권을 침해한 것이다. 현대사회에서는 성, 돈, 동성애 등 무수히 타락한 것들이 많다. ❾ 하지만 종교인들은 기도함으로 수많은 유혹을 이겨내는 것인데 기도를 금하는 것은 더 많은 사람들이 더 타락하게 될 것이다.

나는 다니엘과 로이 코스트너 같이 용기 있는 사람이 필요하다고 생각한다. ❿ 왜냐하면 사람들은 종교로부터 구속을 당해 자유를 논하는데 실은 죄를 점점 더 짓고 타락하는 길로 빠지기 때문에 자신의 의견을 주장해 사람들을 ⓫ 옳바른 세상으로 이끌기 때문이다. ⓬ 타락한 세상에서 기도로 유혹을 뿌리칠 수 있기 때문에 학교에서 기도는 지속되어야한다.

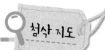

"왜냐하면", "때문이다" 등의 구조표지어를 사용해 이유를 잘 달려고 노력했습니다. 이
것이 논리적 사고의 기초입니다. 첫째, 둘째 등의 열거 구조표지어를 사용하면 글이 좀
더 짜임새 있게 느껴지고 구조가 선명해집니다. 다니엘 이야기도 잘 넣었습니다. 논술문
이지만 독후감이기 때문에 이야기가 들어가야 하거든요.

아쉬운 것은 전체적으로 비문이 보인다는 거예요. 주어와 서술어를 명확히 하는 습관을
들여 비문이 되지 않도록 문장수련을 할 필요가 있습니다.

❶ 제목을 달아보세요.

❷ 기독교인이였는데 → 기독교인이었는데

❸ 한 문장에는 한 가지 생각만을 담아야 하는데 두 가지 생각이 들어갔습니다. 그러면 독자가 읽을
때 힘이 듭니다. 논거를 두 가지로 나누세요. 주장하는 문장은 최대한 간결하고 힘 있게 쓰도록 합
니다.

  • 명확치 → 명확지
  • (자신의 생각이 담긴) 의견 → 수식 부분은 불필요한 말입니다.

❹ 주장에 대한 이유를 설명하기 위해 다니엘을 예시로 들었습니다. 갑자기 다니엘이 툭 튀어나온 느
낌입니다. 자연스럽게 연결되노톡 넣으면 좋겠습니다.

❺ ❻ 비문입니다. 항상 글을 쓸 때 주어-서술어의 짝을 맞춰보세요. 문장성분이 빠진 것이 없이 자연
스럽게 연결되어야 문법적으로 맞는 문장이 됩니다.

❼ '-와'는 공동격 조사로 한 서술어에 걸립니다. 꾸준히 한 것은 다니엘이고 로이코스트너는 꾸준히
한 것은 아니기 때문에 나눠서 써야 합니다.

❽ ❾ 비문입니다.

❿ 한 문장에 한 가지 생각만 넣어 문장을 단순하게 쓰도록 노력하세요. "때문이다"가 한 문장에 두 번
들어갔어요.

⓫ 옳바른 → 올바른

⓬ ❾ 부터는 결론부분이지요? 결론에서 다루는 내용은 본론에서 언급한 내용이어야 하는데 ❾~⓬
문장의 내용은 본론에서 다루어지지 않은 내용입니다. "기도가 유혹을 뿌리칠 수 있게 해주기 때
문에 기도가 지속되어야 한다"는 것을 본론에서 하나의 논거로 들어주고 결론에서 다시 한 번 언
급해야 합니다.

기도금지는 기독교인에 대한 역차별

2013년 1월 사우스캐롤라이나 주 피켄스카운티의 리버티 고등학교 졸업식에서 졸업생 대표로 이 코스트너가 준비해 온 연설문을 찢고 주기도문을 암송했다. 로이 코스트너는 어렸을 때부터 기독교인이었는데, "종교로부터의 자유재단"의 압력으로 학교의 공식행사에서 기도를 금지한 데 대해 반감을 느꼈기 때문이다. 이 행위는 찬반양론을 불러일으키는 이슈가 되었는데, 나는 로이 코스트너가 잘했다고 생각한다.

그 이유는 첫째, 리버티 고등학교의 기도 금지 조치가 기독학생들의 인권을 침해한 것이기 때문이다. 자유민주주의 사회에서 개인의 종교의 자유는 헌법이 보장한 것이다. 기도금지조치는 오히려 기독교인들에 대한 역차별이 될 수 있다. '종교로부터의 자유재단'이라는 무신론 집단은 기독학생들에게 자기들의 무신론적인 입장을 따르기를 강요함으로써 인권을 침해하였다. 졸업식 날 대부분의 학생들이 환호하며 로이 코스트너를 지지한 것으로 보아 이 학교의 조치는 학생들의 입장과 인권을 충분히 고려하지 않은 것으로 보인다. 신이 없다는 쪽의 인권을 지지한다면 신이 있다는 쪽의 인권도 지지해주어야 한다.

둘째, 매우 용감한 행동이었기 때문이다. 로이 코스트너는 무엇이 옳은 것인가 기준이 명확하지 않은 현대사회에서 성경이 말하는 올바른 기준을 사람들 앞에서 제시했다. 그렇게 공식적으로 기도를 금지하는 상황에서 자신의 신앙과 신념을 주장한다는 것은 매우 용감한 일이다.

다니엘 역시 국가에서 30일 동안 왕 이외에 다른 신이나 다른 사람에게 기도하는 사람은 사자굴에 집어넣는다고 위협했음에도 불구하고 계속 하나님께 기도를 드렸다. 10대 때부터 80대까지 지켜온 신앙인데 이제 와서 자기 목숨 하나 부지하겠다고 현실과 타협해 기도를 그만두는 것은 잘못이라고 생각했기 때문이다. 로이 코스트너와 다니엘은 둘 다 종교적 자유를 침해당하는 상황에서도 자신의 신앙을 굳건하게 유지했다. 다니엘은 죽음을 불사하고 바벨론의 왕보다 높으신 하나님만을 섬기기로 선택결정을 했다. 로이코스트너는 불이익을 감수하고 사우스 캐롤라이나 주가 정한 법이나 학교의 제도보다 더 높으신 하나님의 법에 따라 살기로 선택결정을 하였다는 점에서 그는 21세기의 다니엘이라 하겠다.

셋째, 기도는 오히려 장려해야 할 만큼 유익하기 때문이다. 학생들이 기도해서 나쁜 것이 무엇이 있겠는가? 이 시대는 성, 돈, 동성애 등 타락한 문화가 많은 시대다. 하지만 기독교인들은 무엇이 옳은지를 성경을 통해 알고 있으며, 기도함으로써 수많은 유혹을 이겨내고 바른 길을 가고자 한다. 기도를 금하면 더 많은 사람들이 더 타락하게 될 것이다.

현대사회에서는 개인의 자유를 중요시한다. 하지만 무신론자들이 '종교로부터 자유'를 추구하면서 기독학생들이 기도를 하지 못하게 막은 것은 기독학생들의 종교자유권을 침해한 것이다. 이 시대에는 다니엘과 로이 코스트너같이 용기 있는 사람이 필요하다. 왜냐하면 사람들은 종교로부터 구속을 당한다고 생각해서 종교로부터의 자유를 주장하는데, 실은 자유가 아니라 죄를 점점 더 짓고 타락해 죄에 구속당하는 결과를 낳게 될 것이기 때문이다. 학교가 학생들을 올바른 방향으로 교육하는 곳이라고 정의한다면, 타락한 세상에서 기도로 유혹을 뿌리칠 수 있기 때문에 학교에서 기도는 오히려 장려되어야 한다. 우리는 로이 코스트너 한 사람의 용기 있는 행동이 리버티 고등학교에 기도를 존속시키기로 하는 결의를 끌어냈다는 것을 기억해야 한다.

08

괴짜 선지자 요나

요나 1:1-4:11

지도 포인트

1 요나시대의 역사, 정치, 사회 문화적 배경을 알려주세요.
2 〈요나서〉에 나타난 하나님의 성품과 마음을 알아보세요.
3 요나를 앗수르에 보내시는 하나님의 뜻을 알고 민족적 편견을 버리도록 해주세요.

 1단계 그때 거기에서

상상의 날개를 펴고 그때 그 사건의 현장으로 들어가봅시다

I

지금부터 약 2,700년 전 이야기야. 요나는 북이스라엘의 선지자였는데, 하나님이 요나에게 "일어나 큰 성읍 니느웨로 가서 40일 후에 망한다고 외쳐라" 하고 명하셨어. 세계에서 문명이 가장 발달한 오리엔트 지역을 역사상 처음으로 통일하여 지배하던 초강대국 앗수르(역사에서 앗시리아, 지금의 이라크)의 수도가 니느웨야. 도시의 지름이 30km, 둘레가 약 100km나 돼. 성벽의 높이는 30m, 성벽 위로 3대의 마차가 나란히 달릴 수 있을 만큼 넓어. 이 성읍에 어린아이들만 12만

명 이상이었기 때문에, 당시 총인구도 60만 명 정도로 추정돼. 성 안에 망을 보기 위한 높은 탑이 1,500개나 있었대. 고대 도시로서는 엄청난 규모야.

앗수르는 이스라엘을 거듭 침공해 도시를 파괴하고 무차별 약탈하고 무리한 조공을 요구하고 협박하고 억압하고 착취했어. 특히 BC 721년에는 이스라엘을 침략해 북이스라엘이라는 나라가 역사에서 사라지게 만들었지. 그래서 앗수르는 이스라엘 사람에게는 철천지원수의 나라였어. 앗수르 사람들은 '역사상 가장 잔인한 민족'으로 알려져 있어. 그 사람들이 어떤 도시와 나라를 점령하면 해골이 산처럼 쌓였대. 코를 꿰어 포로로 끌고 가고, 머리부터 가죽을 벗겨 죽이는 등 어찌나 잔인한 방법으로 사람을 다루는지 앗수르의 군대가 쳐들어온다고 하면 마을사람이 아예 다 자살해버릴 정도였다는구나. 니느웨는 "피의 성"이라고 불렸어. 무죄한 피가 밤낮으로 흐르는 잔인한 도성이라는 말이야.

그 악독과 원성이 하늘에까지 사무치자 하나님이 그 죄를 보다 못해 심판을 작정하셨어. 그래서 요나를 보내 니느웨가 망한다고 외치라고 명하셨던 거야. 요나는 전혀 예상치 못했던 일이라 너무 큰 충격을 받았어.

"하나님도 참, 그런 나쁜 놈들은 당연히 망해야죠, 망하는 데 무슨 통보가 필요한가요?"

이스라엘 사람에게는 하나님이 자기 민족만 특별히 사랑하고 축복하신다는 선민사상이 있었어. 그래서 자기들이 은혜받는 건 당연하지만 이방인들이 은혜를 받는 것은 있을 수 없는 일이라고 생각했어.

'800km나 떨어져 있는 그 먼 이방 땅에, 그토록 악독이 가득한 곳에 가 말씀을 전하라고? 하필이면 왜 니느웨야? 우리를 그토록 괴롭히는 원수들에게 왜 회개의 기회를 주시는 거야? 과거에도 원수, 지금도 원수, 앞으로도 원수일 그 놈들이 망하는 좋은 찬스인데 내가 왜 가? 복수를 해도 시원찮을 판에? 흥! 내가 가서 전했다고 쳐. 그래서 그 사람들이 회개하면 어떡해! 분명히 하나님이 용서하실걸? 그럼 우리 민족은 여전히 그놈들에게 시달리겠지? 그럼 내가 매국노가 되는 거잖아? 다들 앗수르가 망하길 바라는데, 죽으면 죽었지 난 못 가!'

사탄이 찾아와 부채질을 했어.

"코딱지만 한 나라의 선지자가 대제국에 가서 외치면 누가 듣는대? 지금 그렇게 잘살고들 있는데 가서 망한다고 외친들 콧방귀도 안 뀔걸. 네가 가서 망한다고 선포했는데 안 망하면 그날부로 선지자로서의 네 운명은 끝장이야. 게다가 망한다는 나쁜 소식을 전하면 그 사람들이 너를 가만 두겠니? 죽고 싶냐? 도망가라. 원수들이 다 멸망하게. 복수할 절호의 기회야."

선지자는 하나님이 외치라는 것을 외치고, 가라는 곳에 가고, 하라는 것을 무조건 해야 하는 사람이야. 그러나 요나는 니느웨만큼은 가고 싶지 않았어. 그래서 욥바 항구로 갔더니 마침 니느웨와 정반대방향인 다시스로 가는 배가 한 척 대기하고 있는 거야. 요나는 속으로 쾌재를 부르며 '그래. 이 배를 타고 멀리멀리 니느웨 반대쪽으로 떠나버리자. 골치 아픈 하나님 말씀이 안 들리는 곳으로 말이야. 다시스로 가 실컷 놀기나 하자. 이렇게 많은 사람 틈에 숨어 있으면 누가 나를 알아보겠어. 하나님도 못 찾을걸' 하고는 배에 올랐어.

살랑살랑 불어오는 지중해의 온화한 바람을 맞으며 요나는 일이 마음먹은 대로 잘 풀리는 듯해서 기분이 좋았어. 요나는 하나님의 소리가 안 들리도록 배 밑층으로 내려가 숨어서 잠이 들었어. 그때였어. 갑자기 시커먼 구름이 몰려오더니 바다 한가운데서 허리케인이 일어나 배가 금방이라도 뒤집힐 듯 요동을 쳤어.

"이런 무서운 폭풍은 처음 겪네. 이러다 죽는 거 아냐?"

선원들은 겁에 질려 자기들의 신을 불러댔어.

"천지신명이시여, 알라신이여, 제우스신이여, 바알신이여, 부처님이여! 우리를 살려주세요."

하지만 그들이 부른 신들은 그들을 위해 아무 일도 하지 못했어. 하나님 외에는 다 가짜신이니까 부르나마나지 뭐. 그들은 무역상품들과 귀금속들도 아낌없이 다 바다에 던졌어. 배가 가벼워야 파도를 타서 배가 물에 빠지지 않게 되거든. 다들 살려고 난리를 피우고 배안이 아수라장이 되었는데도 요나는 배짱 좋게 쿨쿨 자고 있었어. 선장이 내려가 요나를 흔들어 깨웠지.

"이런 판국에 잠이 오나? 너도 얼른 일어나 네 신에게 기도해라."

남을 일깨워야 할 요나가 부끄럽게도 이방인 선장에게 충고를 듣는 거야.

아무리 애를 써도 풍랑이 그치지 않자 뱃사공들이 말했어.

"흉악범이 이 배에 탄 게 틀림이 없어. 신이 그 자를 벌주려는 거야. 대체 누구 때문인지 제비를 뽑아 알아보자."

결국 요나가 뽑혔지. '올 것이 왔구나.' 요나는 가슴이 뜨끔했어.

"대체 당신은 누구요? 무슨 잘못을 했기에 바다가 이리 노하는지 이유를 말하시오!"

"다 내 탓입니다. 제가 여호와의 얼굴을 피하고 있었기 때문입니다."

요나가 솔직하게 말했어. 하나님을 인정하지 않고 관심도 없고 날마다 죄를 지으며 살던 뱃사람들은 요나의 말에 충격을 받았어.

'나쁜 짓을 저지르는 게 죄지. 하나님 말을 안 듣는 게 죄야? 사람을 몇씩 죽인 것도 아니고 여호와의 얼굴을 피했기 때문이라고? 아니, 그게 뭐 그렇게 큰 죄란 말이야? 저런 사람이 죽는다면 우리는 백 번 죽어야겠네. 흉악범은 아니니 될 수 있으면 살려주자.'

선원들은 어떻게든 요나를 살리려고 노를 저어 육지에 배를 대려고 애를 많이 썼어. 그래도 안 되자 "이런 상황에서 대체 우리가 어떻게 하면 네 하나님의 노여움을 가라앉히겠느냐?" 하고 물었어.

요나는 '하나님은 정말 못 말려. 끝장을 보려고 하신다니까. 왜 싫다는 나를 굳이 찾아다니시면서 괴롭히시는 거야? 니느웨 백성이 회개하고 사는 꼴을 보느니 차라리 죽자'라고 생각하고 "나를 바다에 던지세요. 풍랑이 잔잔해질 것입니다"라고 말했어. 요나가 '첨벙' 하고 던져지는 순간, 바다는 즉시 잔잔해졌어.

뱃사람들은 그걸 보고는 "여호와 신은 살아계시구나" 하고 두려워하여 여호와께 크게 제물을 드리고, "하나님, 그동안 섬기던 가짜신들 다 버리고 앞으로는 참 신이신 하나님만 믿고 다시는 죄를 짓지 않겠습니다" 하고 굳게 약속을 했어.

II

파도가 사납게 으르렁대는 바다에 풍덩! 던져진 요나는 물속으로 꼬르륵 가라앉았어. 요나는 바다 속까지 내려가 머리와 온몸이 바다풀들에 뒤엉켜 꼼짝도 못하게 되었어. 그때 하나님께서 예비하신 큰 물고기가 요나를 통째로 꿀꺽 삼켰어. 요나는 머리에 물풀이 뒤엉킨 채로 미끄럼틀을 타듯이 물고기의 식도를 따라 쑤욱 내려갔어. 물고기 뱃속은 빛이 들어오지 않아 마치 무덤 속처럼 깜깜하고 무서웠어. '이대로 물고기밥이 되는구나. 내 인생 여기서 끝장나는구나' 하고 생각한 요나는 그 순간 하나님 말씀을 안 들은 것이 후회가 되었어.

물고기도 묵직한 사람을 삼키고 나니 배가 아픈지 몸을 휘익~ 휘익~ 뒤틀며 요동을 쳤어. 그때마다 요나는 질척거리는 물고기 배 속에서 이리 쏠리고 저리 쏠리고 엎어지고 자빠지며 정신이 없었어. 요나는 위액을 흠뻑 뒤집어 써 얼굴이랑 팔 다리가 끈적끈적거리고 미끌미끌했어. 잡혀 먹힌 물고기들이 소화되면서 시큼털털하고 역겨운 냄새가 나 요나는 "웨엑!" 하고 몇 번이나 구역질을 했지. 요나의 살도 금방 녹아내릴 것만 같았어.

하지만 주변에 요나를 도와줄 사람은 없었어. 사람이 곁에 있다 한들 무슨 도움을 줄 수가 있었겠어. 모든 것이 다 꽉 막혀 있는 자리인데. 물고기 밖으로 나가도 죽고 안에서도 죽을 수밖에 없는 거야. 칠흑 같은 어두움 속에서 마음대로 몸을 움직일 수도 없지, 고약한 냄새 나지, 숨 막히지, 배고프지, 목마르지, '아, 지옥이 따로 없구나' 싶었어. 요나는 죽음의 문턱까지 내려가 정신이 가물가물해졌어.

폭풍이 일어 배가 침몰하게 생겼어도 기도하지 않고, 기도하라는 선장의 꾸지람을 듣고도 기도하지 않던 요나는 물고기 뱃속에서 비로소 "하나님, 살려주세요" 하고 기도하기 시작했어. 언제 밖으로 나갈 수 있을지? 아니 어쩌면 영영 못나갈지도 모르고 죽을지도 모르는 상황이었지만 요나는 물고기 뱃속에 몰아넣으신 분이 하나님이시라면 꺼내주시는 분도 하나님이시라는 것을 믿고 소리 높여 감사 찬양을 드렸어.

"구원은 여호와께 속한 것이니 살려주시면 하나님께 제 서원을 갚겠습니다."

그러자 하나님은 기다리셨다는 듯이 물고기에게 명하셔서 요나를 육지에 토해내게 하셨어. 속이 시원해진 물고기는 기분 좋게 꼬리를 흔들며 바다로 유유히 가버렸어.

"내가 땅을 다시 밟게 되다니 정말 꿈만 같구나! 자비하신 하나님. 저같이 말 안 듣는 사람을 용서해주시고 살려주셔서 감사합니다."

Ⅲ

하나님은 다시 또 요나에게 명하셨어. 한번 혼쭐이 난 요나는 이번에는 즉시 니느웨로 향했어. 니느웨는 큰 도시라 한 바퀴 돌려면 3일이나 걸려. 그런데 요나는 '이런 나쁜 놈들에게 3일씩 투자할 거 뭐 있냐. 하루도 아깝다' 생각하고는 마지못해 하룻길만 돌아다니면서 "40일이 지나면 니느웨가 무너진다!" 하고 외쳤어. 요나는 겉으로는 외치면서도 속으로는 "이 죽어 마땅한 놈들아. 제발 회개하지 말고 폭삭 망해라" 하고 욕을 했어. 많은 사람이 제대로 된 복음을 듣고 회개하면 안 되니까 하루만 다녀서 조금만 듣게 하고 엉터리로 전했지. "40일 후에 이 성이 망할 것이다. 너희들의 악독한 죄 때문이니까 회개하라. 하나님은 인애가 크시므로 너희가 돌이키면 재앙을 면케 하실 것이다!" 이렇게 해야 되는데 '하나님'의 '하'자도 안 꺼내고 그냥 저주에 가까운 네 마디 말만 전한 거지.

그런데 그 말이 니느웨 사람들에게는 "40일 안에 하나님을 찾으면 살 수 있다"라는 말로 들렸어. 이스라엘에서 유명한 선지자가 그렇게 짧게 외치니까 더욱 위엄 있고 진실되게 들렸는지도 몰라. 바다에서 하나님을 깊이 체험한 요나가 전할 때 사람들은 무언가 남다른 것을 느꼈어. 니느웨 사람들은 쏜살처럼 빠르게 스쳐 가는 그 말을 민첩하게 알아듣고 무서운 진노의 심판이 눈앞에 와 있다는 것을 가슴으로 절절이 느꼈어.

요나는 자기가 복음을 전하면 "뭐? 40일 후에 망한다고? 지금 이렇게 잘사는데 무슨 뚱딴지같은 소리냐? 별 미친놈을 다 보겠네!" 이러기를 바랐거든. 그런데 예상치 못한 반응이 일어났어. 먼저 니느웨 백성이 다 하나님을 믿고 금식을 하고 베옷을 입고 재에 앉아 회개를 했어. 당시 신의 대리인으로 행하던 왕도 권위를 내려놓고 겸손하게 회개를 하고는 "사람들뿐만 아니라 짐승이나 소떼나 양떼나 아무것도 음식을 먹거나 물을 마시지 마라, 사람과 짐승이 모두 다 굵은 베를 입고, 힘써 여호와께 부르짖으며, 각자 악한 길과 손으로 행한 강포에서 떠나라"라는 내용의 조서를 내렸어. 금식은 먹을 가치도 없는, 죽은 자와 같다는 고백이야. 굵은 베옷은 장례식 때 입는 건데 죽은 사람을 애도하는 거야. 재를 뒤집어쓰는 것은 큰 슬픔을 상징하는 행동이야. 재에 앉으면 재가 풀풀거려 움직이지도 못해. 이렇게 한 것은 자기가 하나님 앞에서 멸망을 피할 수 없는 죄인임을 공개적으로 인정하는 거였어. 니느웨에 전국적인 회개가 일어나자 하나님이 감동하시고 니느웨를 멸망시키려던 뜻을 돌이키셨어.

망한다던 니느웨 성이 멀쩡하자 요나는 조바심이 나 가슴이 바작바작 타들어갔어. 요나는 기분이 몹시 나쁘고 자존심이 상해 어쩔 줄 몰랐어.

"하나님, 어떻게 이러실 수가 있어요? 한번 멸망시키기로 했으면 그대로 해야 할 거 아니에요? 죄인들을 용서해주시는 것도 정도가 있죠. 죄인은 죄에 합당한 벌을 받아야지, 우리를 괴롭혀온 저 패역하고 악독한 백성들까지 다 살려주시면 공의가 무너지잖아요? 애초부터 용서하실 거면서 왜 안 오겠다는 절 굳이 오게 하신 겁니까? 그럴 줄 알고 제가 안 온다고 했던 거예요. 은혜로우시며 자비로우시며 노하기를 더디 하시며 인애가 크신 하나님, 어디 한번 맘대로 해보시죠!" 하고 씩씩대고 빈정대며 거칠게 항의했어.

"하나님, 이놈저놈 사랑하시면 선민으로 선택된 우리가 나은 게 뭡니까? 별 구분이 안 가네요. 하나님이 우리의 원수를 사랑하시면 우리는 무슨 특권이 있습니까? 싫다는 거 억지로 불러 복음 전하게 하시더니 회복을 주셨어요? 그건 우리에게는 끔찍한 재앙이죠. 하나님 우리를 사랑한다고 하시더니 오히려 앗수르를 더 사랑하시는 거 아니세요? 이스라엘을 대표해 목숨 걸고 전한 게 결국은 우리 민족을 배반한 거예요. 이제 돌아가면 어떻게 얼굴을 들겠어요. 저는 배신자로 낙인찍힐 거예요. 앗수르가 살아나 내 나라가 더 낭패당하기 전에 차라리 절 죽여주세요!"

요나는 하나님을 향해 성내고 몽니를 부리고는 오기가 나서 성 밖에 나가 자기를 위해 풀과 나무로 초막을 또닥또닥 지었어. 그 성읍이 망하는 꼴을 두 눈으로 똑똑히 지켜보자는 심산이었지. 하나님이 말씀하셨어. "요나야, 지금 회개하고 나를 믿기로 한 저 왕을 찾아가 좀 더 설교하고, 저 초신자 백성들을 말씀으로 키우고 교회를 지어야지 웬 초막을 짓니? 왜 그리도 내 심정을 몰라주냐? 저들이 회개한 걸 보니 난 기쁜데 넌 하나도 안 기쁘냐?"

하나님은 요나가 죽고 싶을 만큼 믿음이 연약해져 있고 마음이 상해 있다는 것을 아셨어. 또 요나가 뙤약볕 때문에 고통스러워하는 것을 보시고는 요나의 초막 앞에 박넝쿨을 쑥쑥 자라게 하셨어. 니느웨는 밤낮의 기온차가 50도 정도야. 낮에는 강렬한 햇볕이 내리 쬐지. 그 더운데 박넝쿨이 너풀너풀 자라 그늘을 만들어주자 요나는 기뻐서 어쩔 줄 몰랐어.

"박넝쿨이 이렇게도 하루 만에 쑥쑥 자라다니 정말 희한하네. 아이구, 시원해라, 역시 하나님께서 나를 사랑하셔."

요나는 박넝쿨에 애착을 갖게 돼. 그런데 하나님이 새벽에 벌레를 보내 그 뿌리를 싹싹 갉아먹게 하셨어. 박넝쿨은 순식간에 시들고 말았어. 요나의 기쁨도 같이 시들었지. 해가 뜨고 동쪽에서부터 뜨거운 바람이 불어오자 요나는 푹푹 찌는 열기로 인해 정신이 가물가물해졌어.

"차라리 죽는 게 낫겠어요."

"너 왜 성질 내냐? 네가 성 내는 게 옳으냐?"

"성을 내다 죽는다고 해도 합당해요."

"네가 심기를 했니? 한 번이라도 물을 준 적이 있니? 거름을 줘서 기르기를 했니? 어쩌다 생긴 그 박넝쿨 하나 죽은 게 그렇게도 아깝냐? 니느웨 성에는 죄 많은 어른 빼고, 청소년도 빼고, 앞뒤를 분간 못하는 어린애만 12만 명이다. 수많은 생명과 가축을 그렇게 다 죽여야 하겠니? 네가 이 식물에 불과한 박넝쿨을 아껐다면 그보다 귀한 것이 저 성 안에 있다. 내가 그들을 아끼는 게 뭐 잘못됐냐?"

"……"

2단계 말씀 겉에서

1. 어려운 단어가 있었나요?

상달되다 윗사람에게 말이나 글로 여쭈어 알려지다.

흉용하다 물결이 매우 세차게 일어나다. 또는 물이 힘차게 솟아나다.

서원하다 신이나 자기 마음속에 맹세하여 소원을 세우다. 선하고 훌륭하게 살겠다고 하
나님에게 약속하다.

강포 우악스럽고 사나움.

2. 독서퀴즈

❶ 하나님이 아밋대의 아들 요나에게 명령하신 것은?

"일어나 저 큰 성읍 니느웨로 가서 외치라"(2절).

❷ 하나님이 왜 요나를 니느웨로 가라고 하셨을까?

그들이 죄를 너무 많이 져서 그들의 악독이 하나님 앞에 도달했기 때문에(2절).

– 죄는 쌓이는 특성이 있다. 죄가 얼마나 많이 쌓였으면 하나님에게까지 닿았다는 것이다.

❸ 요나는 어디로 도망가려고 배를 탔나요? 다시스(3절).

❹ 선장이 요나를 깨울 때 한 말은? 자는 자여, 일어나 네 하나님께 구하라(6절).

❺ 요나는 물고기 뱃속에서 며칠 동안 있었으며 무엇을 했나요? 3일(1:17), 기도(2:1).

❻ OX문제 – 요나는 바다에 던져지자마자 입을 벌리고 기다리던 큰 고래에게 잡아먹혔다.

X. 산의 뿌리, 즉 바다 밑바닥까지 내려갔다(2:6).

❼ 니느웨는 며칠 길을 다녀야 하는 큰 성읍이었는데 요나는 며칠을 다니며 전했나요?

3일길(3:3)인데 하루만 전함(3:4).

❽ 요나가 전한 말을 듣고 누가 회개를 했나요? 니느웨 백성, 왕, 신하, 짐승까지(3:5–6).

❾ 하나님이 화를 내는 요나를 깨우치기 위해 동원한 것들은 무엇인가요?

박넝쿨, 뜨거운 동풍, 벌레(4:6–7).

❿ 하나님이 니느웨를 멸망시키지 않은 이유는 무엇인가요?

니느웨에 좌우를 분간 못하는 자가 12만 명이고 육축도 많아서(4:11).

3. 내용을 간추려보세요.

발단 하나님이 요나를 불러 니느웨로 보내셨으나 다시스로 도망한다.

전개 심한 풍랑을 만나 제비뽑기로 풍랑의 원인이 요나 때문인 줄 알게 된다.

위기 바다에 던져진 요나를 큰 물고기가 삼켜 요나가 물고기 뱃속에서 3일간 기도한다.

절정 다시 살아난 요나가 니느웨에 가서 하루 동안만 복음을 전했는데 니느웨 성민들 모두, 짐승까지 금식하고 회개한다.

결말 자비하신 하나님이 마음을 돌이켜 재앙을 철회하신다.

★더 줄여보세요 요나가 하나님의 명을 거역하고 도망가다가 풍랑을 만나 바다에 던져져 물고기 뱃속에서 3일간 있으면서 회개하고 살아나 니느웨에 가서 하나님의 말씀을 전하자 다들 회개해 하나님이 니느웨에 재앙을 내리지 않으셨다.

4. 제목을 정해보세요.

요나의 길 & 하나님의 길, 니느웨로 가라, 자는 자여 일어나라, 나의 연고로다, 괴짜 선지자 요나, 요나 선지자의 고민, 박넝쿨보다 더 귀하지 아니하냐, 뜻을 돌이키시는 하나님

5. 질문을 만들어보세요.

• 왜 요나는 하나님 말을 안 듣고 다시스로 도망갔을까?
• 도망간다고 해서 하나님의 얼굴을 피할 수 있는 걸까?
• 요나는 어떻게 풍랑 속에서 깊이 잠을 잘 수가 있을까?
• 물고기가 얼마나 크면 사람을 통째로 삼킬 수 있을까?
• 요나의 한 마디에 그렇게 사람들이 다 회개할 수 있을까?

1. 하나님이 왜 요나를 니느웨로 가라고 하셨을까요?

- 그들의 악독이 하나님 앞에 도달했기 때문이야(욘 1:2).

- 이스라엘의 관심은 자기 나라에만 국한돼 있지만 하나님의 관심은 앗수르까지 가 있어. 하나님은 사랑이시기 때문에 니느웨 백성이 비록 악할지라도 사랑하시고 모두 회개하기를 원하셔서 그들을 죄에서 돌이키려고 요나를 보내셨던 거야.

- 하나님의 자녀인 이스라엘도 풍요 속에서 하나님 대신 우상을 섬기며 악을 행하고 죄에서 떠나지 않고 있었어. 그런데 왜 하나님은 이스라엘은 그냥 두고 니느웨의 회개를 촉구하신 걸까? 니느웨성의 회개를 통해 이스라엘을 일깨우려고 기회를 주시는 거야. 니느웨는 이스라엘을 가르치시려는 하나님의 시청각재료야. 하나님에게는 악인도 쓸모가 있단다.

2. 요나는 왜 도망을 가려고 한 것일까요?

"여호와의 얼굴을 피하려고" 다시스행 배를 탄 거야. '니느웨에 복음을 전하느니 차라리 땅끝으로 도망가겠다' 하는 마음이었지. 요나는 자기가 니느웨에 가서 전하면 자비의 하나님이 뜻을 돌이켜 재앙을 내리지 않을 줄을 이미 알았어. 그는 이방백성이 회개하고 하나님의 사랑 안에 들어오는 것을 싫어했어. 요나는 하나님께서 니느웨도 사랑하시고 그들의 죄를 다 아시면서도 구원하려 하신다는 점, 그리고 하나님의 종들이 이방을 향해 하나님의 사랑을 전하도록 부름받았다는 점을 미처 알지 못했어. 다른 백성을 위한 은혜의 통로가 되라고 하나님이 주신 축복이 선민의식, 특권의식으로 바뀌어 그 우월감이 니느웨로 가기를 거부하게 만들었던 거야.

3. 하나님은 배의 밑창에 숨어 잠든 요나를 어떤 방법으로 일깨우셨나요?

죄를 지은 사람은 본능적으로 숨게 되어 있어. 요나도 하나님의 눈을 피해 배 밑층에 내려갔어. 요나서에는 "내려간다"라는 표현이 여러 번 나와. "욥바로 내려갔다. 배를 타려고 내려갔다. 배 밑층으로 내려갔다. 산의 뿌리까지 내려갔다." 요나는 하나님께 등을 돌리는 순간부터 끝없는 내리막길을 걸었던 거야. 그는 배 밑창에 내려가서도 하나님이 나타나 말씀하실까 불안해서 깊이 잠들었어. 자는 자들을 말씀으로 깨워야 할 선지자가 불순종으로 인해 영적으로 어두워졌다는 말이야.

하나님이 요나를 타깃으로 하여 손으로 바람을 바다를 향해서 "던지시니" 큰 풍랑이 되어 배가 거의 깨질 지경이 되었어. '던졌다'라는 말은 〈요나서〉 1장에 네 번이나 나오는데 이건 사람이 아무리 꾀를 써도 하나님의 손을 피할 수 없다는 것을 강조한 거야.

큰 풍랑은 우연이나 일반적인 자연현상이 아니라 하나님의 간섭이고 요나에 대한 사랑의 표시였어. 사랑하지 않았다면 내버려두셨겠지. 사랑하니까 하나님의 뜻을 알리려고 큰 바람을 보내신 거야. 바람은 하나님의 전령이야(히 1:7). 요나가 가지 말아야 할 곳으로 가서 하나님이 폭풍 회초리를 드신 거야. 폭풍은 요나가 하나님의 목적을 깨닫고 주님의 방향으로 돌이키라는 신호였어.

작은 바람에도 돌이키는 게 상책인데 요나는 큰 풍랑에도 돌이키지 않았어. 그러자 이방인 선장이 "일어나 네 하나님께 기도하라" 하고 호통을 치며 깨웠어. '일어나라!'는 말은 하나님이 요나에게 소명을 주실 때 사용했던 그 단어와 같아. 하나님이 이방인 선장을 통해 요나에게 말씀하신 거지. 풍랑이 계속 그치지 않자 뱃사공들은 제비뽑기를 했어. 폭풍, 선장, 제비뽑기 등 하나님은 온갖 방법으로 요나를 사람들 앞에 세워 자기를 감출 수 없도록 만드셨어.

4. 요나는 왜 자기를 바다에 던지라고 했을까요?

요나 자신으로 인해 발생한 공동체의 문제에 대해 요나는 어떤 형태로든지 책임을 져야만 했어. 요나가 불순종해서 풍랑을 만났다면, 순종하면 풍랑의 문제가 해결되겠지. 그런데 요나는 사람들 앞에서 어쩔 수 없이 자기 죄를 인정하기는 했는데 신실되게 회개하지는 않았어. 만약 신실하게 회개했더라면 불순종에 대해 회개했다는 말이 나왔을 거야. 그리고 선원들에게 "내가 불순종해서 문제가 생겼으니 이제 순종하려 한다. 그러니 욥바로 돌아가 나를 내려주면 풍랑이 가라앉을 것이다"라고 했을 거야. 근데 "나를 들어 바다에 던지라"라고 말했어. 니느웨에 가느니 차라리 죽는 게 낫다는 말이야.

하나님은 요나가 돌이켜 순종하고 살기를 원하시는데 요나는 죽기를 원하고 있어. 니느웨에 하나님의 은혜가 임하는 것을 죽어도 보고 싶지 않은 거지. 이스라엘 중심, 자기중심적인 테두리를 넘어서지 못한 결과 그는 큰 물고기 안에서 3일을 보내야 했어. 요나가 풍랑이 일 때 "하나님, 잘못했어요. 순종하겠습니다" 하고 바로 회개했다면 물고기 뱃속의 과정은 필요 없었을 거야.

5. 뱃사람들에게 어떤 변화가 나타났나요?

이방인 뱃사람들은 요나를 다루시는 하나님을 보면서 모든 것의 주인이 되시는 하나님을 만나 참된 신자가 되었어. 본문에 '두려워했다'는 말이 세 번이나 나와. 두려움의 대상이 풍랑과 고난 → 죄 → 하나님으로 바뀌고 있어. 선원들은 하나님을 두려워하는 자들로 바뀌었어. 하나님만이 진실한 경외의 대상이 되는 것이 진짜 신앙인이야.

무리가 처음에는 각각 자기 신들의 이름을 부르며 도움을 요청했는데 나중에는 하나님께 도움을 구해. 선원들은 "하나님, 이 풍랑을 없애주시면 우리가 어떻게 할게요. 제발 그치게 해주세요"라고 기도한 게 아니야. 풍랑이 그치고 더 이상 두려워할 이유가 없을 때 제사를 드리고 서원을 했어. 하나님이 그저 많은 신 중에 하나가 아니라 참 신인 줄 알고, 다시는 다른 신의 이름을 부르지 않고 여호와의 이름만 부르고 섬기기로, 죄의 습관에 따라 살지 않고 하나님의 말씀에 따라 살기로 하나님 앞에 약속한 거야. 신앙고백을 드리고 헌신을 다짐한 거지.

6. 신앙인에게 가장 중요한 것이 기도예요. 요나의 기도가 요나서 전체본문에서
차지하는 비중을 볼 때, 기도가 아주 중요하게 다뤄지고 있다는 것을 알 수 있어요.
요나 기도의 특징을 분석해 볼까요?

구분	내용	내용설명
누가	요나가	하나님이 이스라엘의 선지자 요나를 선택해 니느웨에 보내기로 하셨다.
언제	바다에 던져져 큰 물고기에게 잡아먹혔을 때	요나는 최악의 재난을 만났을 때 기도했다.
어디서	누구의 도움도 받을 수 없는 물고기 뱃속 지옥같이 어둡고 고통스러운 절망의 자리 모든 것이 끝났다고 생각되는 지점	물고기 뱃속은 요나를 기도의 사람으로 훈련시키는 장소이다. 요나는 물고기 뱃속학교를 3일 만에 졸업했다.
		기도는 언제 어디서나 할 수 있다.
		그는 침몰 직전까지 기도하지 않고 버티다가 인생의 가장 밑바닥까지 내려가는 고통을 통해서 기도를 배운다.
누구에게	그 하나님 여호와께	요나가 인식하는 하나님은 자기가 하나님에게서 도망치지 못하게 폭풍을 볼게 하시고, 제비에 뽑히게 하셔서 자기를 바다에 빠뜨리시며, 회개하도록 물고기 뱃속에 넣으신 분, 크고 두렵고 공의로우신 하나님, 그러면서도 물고기를 예비하사 긍휼을 베푸시는 사랑의 하나님, 그 가운데서도 구원하실 전지전능하신 하나님이다.

왜	자신이 받는 고난을 인하여서	인간은 고난을 당하지 않으면 기도하지 않는다. 끝까지 버티던 요나는 물고기 뱃속까지 내려가 바닥을 치자 비로소 기도하기 시작한다.
어떻게	간절히	고난이 극심한 만큼 간절히 부르짖어 기도했다.
	말씀에 입각해	요나의 기도(욘 2:3–9)는 다 구약의 시편을 인용하여 한 것이다(시 18:6, 22:25, 31:6, 30:3, 40:2, 42:7, 69:1–2, 116:17–18).
	응답을 확신하며	"주께서 내 생명을 구덩이에서 건지셨나이다"(2:6). 요나는 다시 살아서 세상에 나갈 것을 확신하며 이미 받은 것으로 믿고 과거형으로 말하고 있다.
	여호와를 생각하며(7절)	"내 영혼이 내 속에서 피곤할 때에 내가 여호와를 생각하였더니 내 기도가 주께 이르렀사오며 주의 성전에 미쳤나이다"(2:7).
뭐라고	먼저 아뢰었다	"제가 불순종한 것을 용서해주세요." 이렇게 자기 잘못을 직접 말하지는 않지만 여호와를 불러 자신의 잘못과 처한 상태를 아뢴다.
	하나님을 인정하였다	"주께서 나를 깊음 속 바다 가운데 던지셨으므로 큰 물결이 나를 둘렀고, 주의 파도와 큰 물결이 다 내 위에 넘쳤나이다"(2:3). 자기에게 일어난 모든 일을 "주께서 하셨다"라는 신앙고백을 하고 하나님을 인정한다.
	다시 주를 바라보겠다	"내가 다시 주의 성전을 바라보겠나이다"(2:4). 성전을 사모하고, 다시 하나님의 임재를 사모한다.
	감사, 서원	"나는 감사하는 목소리로 주께 제사를 드리며 나의 서원을 주께 갚겠나이다"(2:9). 요나는 하나님이 다시 기회를 주시면 사명을 잘 감당하겠다고 서원하였다. 요나의 기도는 간구보다 주로 감사와 서원으로 되어 있다.
그래서	응답	"여호와께서 그 물고기에게 명하시매 요나를 육지에 토하니라"(2:10). 하나님이 요나의 기도에 대한 응답으로 물고기 뱃속에서 나오게 하신다.

7. (A) 〈요나서〉에 나타나는 하나님의 성품은 어떠한가요?

성품	내용설명
포기하지 않으신다	요나가 거절할 때 대체물을 쓰실 수도 있었지만 첫 의도를 관철시키신다. 절대 주권을 가지고 끝까지 요나를 쫓아가셔서 코너에 몰아넣으시고 자기 뜻을 버리고 하나님께 항복하게 하셔서 사용하신다.
기도하게 하신다	요나는 흠이 많고 회개거리가 가득한 사람이다. 죽는 한이 있어도 니느웨에 가지 않겠다고 끝까지 버틴 요나를 물고기 뱃속에 들어가게 해 고난을 통해서 기도하게 하시고 회개케 하신다.
모든 것을 아신다	어디든지 계시는 하나님. 다시스로 도망가도, 배 밑창으로 가도, 바다 속으로 가도 다 아신다. 하나님을 피할 수 없다.
기회를 거듭 주신다	니느웨 성민에게 심판 전에 회개의 기회를 주신다. 징계와 연단을 통해 요나를 회복시킨 후 두 번째 기회를 주신다. 요나 같은 실패자, 하나님 앞에 부끄러움을 가진 선지자를 축복의 통로가 되게 하셔서 니느웨에 놀라운 회심의 역사를 일으키신다. 누구든지 하나님의 은혜 안에서 새 출발이 가능하다.
자연물을 도구로 쓰신다	하나님은 요나를 깨우치기 위해 바람, 풍랑, 큰 물고기, 큰 성읍, 박넝쿨, 벌레, 동풍 등의 다양한 것을 교재로 준비하시고 열심을 가지고 교육하시고 훈련하셔서 원하는 그릇으로 만들어서 쓰신다.
사랑과 자비와 긍휼이 한없으시다	하나님을 거역하고 불순종한 요나에 대하여 하나님께서는 오래 참아주셨다. 하나님은 성내는 요나를 야단치지 않고 유머러스하게 설득하신다. 하나님은 악인들이 죄악 중에서 멸망하는 것을 기뻐하지 않으시고 구원에 이르기를 원하신다. 잔인하기로 악명 높던 앗수르인도 사랑하시고 구원받기를 원하셔서 40일이라는 유예기간을 주시고 선지자를 보내 회개를 촉구하신다.
인터내셔널하시다	편협한 민족주의적 사고의 틀을 깨고, 이스라엘의 존재적 사명에 다시 눈 떠 경계를 넘어 이방인에게까지 복음이 전해지기를 원하신다.
뜻을 돌이키신다	하나님 본래 의도와 목적은 심판과 재앙이 아니라 회복이다. 멸하기로 작정했어도 회개하면 뜻을 돌이키시고 심판을 지연시키신다.

8. 요나의 행동을 근거로 하여, 인물의 성격을 분석해보세요.

행동	인물의 성격
하나님의 낯을 피하여 도망간다	비겁한 문제 회피형 – 성경에서 도망간 선지자는 요나밖에 없다.
	선지자는 하나님의 말씀에 무조건 순종해야 하는 사람인데 하나님 말씀보다 자기 신념이 더 강해서 자신의 생각과 맞지 않으면 하나님의 명도 거역하고 도망간다. 자신의 신념에 따라 하나님도 조종하려는 자기중심적인 사람이다.
	민족적 편견, 자기 의와 율법의식이 앞서 악독한 앗수르인은 심판 받아 마땅하다고 생각한다. 이기적이고 편협한 자기중심성, 자민족 중심성으로 인해 하나님의 은혜와 용서가 나와 민족을 넘어가는 것을 싫어한다.
	자기애와 선민의식으로 투철하다. 이방인 뱃사람들은 오히려 자기를 살리기 위해 애썼는데 박애정신을 가져야 할 선지자인 요나는 이방인 선원이나 니느웨 사람에 대한 연민이 없다.
배 밑창으로 내려가서 잠든다	배짱이 좋다. 하나님의 징벌을 두려워하지 않고, 하나님을 피해 숨을 수 있다고 생각한다. 하나님의 음성을 듣지 않으려고 깊이 잠든다. 남을 일깨워야 할 선지자가 자는 것은 영적으로 둔감해진 것을 의미한다.
배를 가볍게 하려고 물건들을 버리게 만든다	폭풍 속에서 사공들은 배에 있는 귀한 무역상품, 중요한 도구, 양식, 짐들을 다 버렸다. 말씀에 순종하지 않는 선지자 한 사람 때문에 많은 사람이 고생하고 손해를 본다. 복이 되어야 할 사람이 오히려 세상의 불행과 아픔의 근원이 되고 있다.
"나의 연고"라고 고백한다	자기 희생적 태도를 가졌다. 호기롭게 자신의 잘못을 시인하고 자기를 바다에 던지라고 말하며, 책임감 있게 위기상황에 대처해 나간다.
물고기 뱃속에서 기도한다	요나는 불순종의 대가를 엄청나게 지불한 후에도 끝끼지 기도하시 않다가 코너에 몰려 숙음에 임박해서야 기도한다. 기도하면서도 여전히 자기중심적이다. "나"가 2:2〜9까지 21번, 4:2〜3에 9번이나 등장한다.
	2:3에 보면 위기를 당해 모든 일을 주께서 하신 것이며 파도도 "주의 파도", 물결도 "주의 물결"이라고 표현하며 하나님이 자기에게 행하신 일들을 인정한다.
하루만 말씀을 전한다	많이 전하면 회개의 가능성이 높아지니까 달랑 하루만 형식적으로 마지못해 전한다. 잔인한 죄를 지은 이방민족인 니느웨는 반드시 심판을 받아 망해야 된다는 민족적 편견과 고정관념을 여간해서 바꾸지 않고 있다.
하나님이 심판을 거두시자 성을 낸다	자기가 하나님께 불순종하고 도망갔던 죄를 정당화하며 하나님이 잘못이라고 강변한다. 죄인에게 긍휼을 베푸시는 하나님을 공의롭지 못하다고 생각하며, 자기 입장만을 내세우는 나중심의 사람이다.
	하나님의 말씀에 불순종하다가 죽을 뻔하고 하나님의 자비로 간신히 살아난 요나가 니느웨의 구원을 기뻐하지 않은 것은 이율배반적이다. 만약 하나님의 공의만 있었더라면 요나부터 벌써 죽었을 것이다.

죽고 싶다는 말을 자주 한다	〈요나서〉 내내 반복되는 레퍼토리다. 하나님에게 생떼를 쓰고 무례하게 징징댄다. 걷잡을 수 없는 다혈질이며 불평쟁이다. 편견과 아집과 고집이 있다.
동편 높은 곳에 초막을 짓는다	선지자답지 못하게 '어찌 되나 보자' 하고 죄인들이 망하기를 기다리며 방관하고 있다.
박넝쿨을 심히 기뻐한다	선지자인데도 하나님을 인하여 기뻐했다거나 니느웨 사람이 자기가 전한 복음을 듣고 회개하고 구원받은 것을 기뻐한다는 말이 없고, 사소한 박넝쿨로 인해 심히 기뻐한다. 가치관이 전도되어 니느웨 사람의 운명은 안중에도 없고 사람의 생명보다 사소한 박넝쿨 하나를 더 아낀다.
박넝쿨이 시들자 하나님 앞에 성을 낸다	하나님이 요나에게 "네 분노가 정당하냐?"고 묻자 요나는 "죽어도 내가 옳다"라고 우긴다. 그러자 하나님은 요나의 실체를 보여주신다. 정당한 것 같지만 사람의 분노는 자기중심적이다. 거룩한 분노라고 믿었는데 껍데기를 벗어보니까 박넝쿨 하나로 인해 온갖 몹쓸 소리를 쏟아놓는 자기의 형편없는 모습이 드러난다. 니느웨를 향한 자신의 악감정을 거룩한 분노로 위장했던 것이다.

9. 박넝쿨 이야기가 오늘날 우리에게 주는 교훈은 무엇인가요?

"요나가 우여곡절 끝에 니느웨에 가서 복음을 전하자 악독한 이방인들이 회개했다."〈요나서〉는 이렇게 끝나지 않아. 박넝쿨 이야기가 더 나오지. 하나님이 무엇을 더 말씀하고 싶었던 것일까?

하나님의 사랑과 자비는 인간의 한계를 뛰어넘는다는 거야. 아무리 흉악한 죄인이라도 그 생명이 얼마나 귀한지 하나님의 눈으로 바라보라는 거야. 풀 한 포기도 아까우면 사람은 얼마나 가치롭겠어? 한 생명을 천하보다 귀히 여기신 주님의 마음으로 감정과 편협한 민족주의를 넘어서서 복음을 들고 이방까지 가라는 거야.

우리가 요나처럼 좁은 사고의 틀을 깨뜨리지 못하고 은혜가 세상으로 흘러가지 않도록 불순종하면서 편히 믿으려는 게으름과 영적 침체에 빠져 배 밑창에 내려가 자기 때문에 세상이 혼란스러운 거야. 복의 통로가 되어야 할 교회가 다시스로 도망가고, 소망이 교회와 성도들로부터 세상으로 흘러가지 않으면 세상은 어디서 소망을 찾을 수 있겠어?

10. (A) 요나가 상징하는 것은 무엇인가요?

• 예수님은 서기관과 바리새인이 표적 보여주기를 구하자 "악하고 음란한 세대가 표적을 구하나 요나의 표적밖에는 보일 표적이 없느니라. 요나가 밤낮 사흘을 큰 물고기 뱃속에 있음과 같이 인자도 밤낮 사흘을 땅 속에 있으리라"(마 12:39-40)라고 말씀하셨어. 요나가 물고기 뱃속에서 3일간 음부의 고통을 경험했던 것처럼 예수님은 우리 죄

를 위해 십자가에서 죽으시고 장사 지낸 바 되어 3일간 음부에까지 내려가셨어. 요나가 물고기 뱃속에서 토하여져 밖으로 나오게 된 것은 사흘 만에 죽음을 이기시고 부활하실 예수 그리스도를 미리 보여주는 사건이야.

- '아밋대의 아들 요나'는 곧 '진리의 아들'이라는 뜻이야. 요나는 진리의 아들이라는 자부심을 가졌던 유대민족을 대변해. 이스라엘은 제사장 나라로 선택받았지만 그 선민의식이 특권의식으로 왜곡돼 오히려 온 세상을 구원하시려는 하나님의 뜻을 싫어하고 분노했어. 하나님은 예수 그리스도를 보내어 유대인뿐 아니라 이방인들까지 다 구원하려고 하셨지만 유대인들은 요나처럼 사명을 감당하기를 거부했어. 예수님께서는 요나의 사건을 정확히 해석해주시면서 이스라엘의 회개를 촉구하셨어. "심판 때에 니느웨 사람들이 일어나 이 세대 사람들을 정죄하리니"(눅 11:29). 이방사람 니느웨인은 요나의 무성의한 엉터리 선포를 듣고도 회개하였는데 요나보다 더 큰 내가 직접 복음을 전하는데도 정작 너희는 왜 안 듣느냐는 말이야.

- 요나는 질기디 질긴 죄인인 우리를 상징해. 하나님 말씀을 거역하고 불순종하고, 하나님의 선하심에 불평하는 요나의 모습은 바로 내 모습이야.

 4단계 지금 여기에서

1. 상황에 따른 요나의 마음을 심작해보고 나라면 어떻게 했을지 빈 칸을 채우며 '내 안의 요나'를 찾아보세요.

상황	요나의 마음	나라면
니느웨로 가서 전하라는 하나님의 명령을 받았을 때		
다시스로 도망가다가 풍랑을 만났을 때		
선원들에 의해 제비뽑기로 요나 자신이 뽑혔을 때		
바다에 던져져 물고기 뱃속에 들어갔을 때		
니느웨에 가서 하나님의 말씀을 전할 때		
하나님이 돌이켜 재앙을 철회하셨을 때		
박넝쿨로 교훈하시고 니느웨를 아끼는 것이 합당치 않느냐고 하나님이 마지막 질문을 하실 때		

2. 요나처럼 다른 곳으로 멀리 도망가면 하나님의 얼굴을 피할 수 있을까요? 언제 하나님의 얼굴을 피하고 싶은 적이 있었나요?

3. 하나님은 한번 작정하신 일은 반드시 이루십니다. 하나님이 하기 싫은 일을 시킬 때 나는 어떻게 할 것 같은가요?

4. 나에게 깊은 상처를 주어 너무 미워서 꼴보기도 싫고 말도 하기 싫고 그 사람 잘되는 건 죽어도 못 본다 하는 사람이 있나요? 그게 바로 우리의 니느웨랍니다. 하나님이 그 사람에게 전도하라면 할 수 있겠어요?

5. 요나가 도망친 이유는 민족적인 편견 때문이에요. 신앙과 관련하여 갖기 쉬운 편견들은 무엇이 있나요?

6. 요나는 풍랑이 일었을 때 "나의 연고로다"라고 말했습니다. 나도 그렇게 생각하고 말하나요? 남 탓을 잘하나요?

한국사람은 유난히 남의 탓을 잘해. "잘되면 제 탓 못 되면 조상 탓", "서툰 목수 연장 탓"이라는 속담도 있지? 우리는 습관적으로 환경, 부모, 남, 하나님에게 핑계를 많이 대는데, 핑계는 미성숙한 사람의 특징이야. 세상이 혼란스러울 때 우리는 "정치, 경제, 사회, 문화가 잘못되었기 때문"이라고 비난해. 엄마들은 '자식 때문'에 힘들다고 하고, 자녀는 '부모님 때문'에 힘들대. 정치가들도 종교인들도 "제 탓입니다"라고 말하지 않아. 다들 저 사람 때문에 내가 어려움 당한다고 생각하고 남 탓하고 비난하고 판단하고 합리화하기 바쁘지.

남 탓은 아담부터 시작된 인간의 가장 오랜 죄성이야. 책임을 전가해야 자기의 잘못이 없는 것처럼 되기 때문이야. 자존심과 체면을 지키기 위해 내 탓이라고 인정하기만 하면 다 해결될 걸 남에게 핑계를 대고 자기를 정당화하면서 문제를 더 크게 만들곤 하지. 하지만 자기 탓이라고 인정하지 않으면 그 잘못을 청산할 기회는 영영 없어지고 말아. 당당하게 자신의 잘못을 밝히는 것은 용기 있는 일이야. 하나님은 "나의 연고입니다"라고 고백하기를 원하셔. 요나에 의해 일어난 폭풍은 요나에 의해 잔잔해져. 폭풍의 원인이 요나에게 있기 때문이야. 만약 요나가 "내 연고"라고 고백하지 않았더라면 그들은 다 죽었을 거야.

7. (A) 요나와 하나님은 서로 가치가 충돌하고 있어요. 지금 나와 하나님과 충돌하고 있는 것은 무엇이며, 나의 박넝쿨은 무엇인가요?

본문에서는 사람의 가치/하나님의 가치, 사람의 관심사/하나님의 관심사, 육적인 가치/영적인 가치가 충돌하고 있어. 박넝쿨은 눈에 보이는 것, 내게 유익을 줄 것 같은 세상의 가치, 내가 생명보다 아끼고 사랑하고 의지하는 것, 그거 없어지면 내 존재가 없어진다고 생각하고 목숨 걸고 쫓아가는 것을 상징해. 누구에게나 박넝쿨처럼 그것이 잘 자라 나의 안식과 기쁨을 준다고 믿고, 보살피고 지키고 가꾸는 게 있단다. 그것이 국가, 민족, 사상, 지식, 가정, 사업, 사회적 지위, 권력, 물질, 소유한 물건, 주택청약예금, 사랑, 건강, 미모, 업적, 명예, 미디어, 술담배, 이성, 게임, 스마트폰, 습관, 합격통지서, 자격증, 진급, 자녀, 배우자 등등일 수 있어. 하지만 그 무엇이든 이 땅에서 솟아난 것들은 벌레 먹고, 동풍에 마르며, 하루 아침에 사라질 수 있는 허무한 것들이야. 그것을 의지하는 한 언제고 그것들이 무너지면 나도 같이 무너질 수밖에 없어.

8. 니느웨 사람이 악독해도 하나님은 "죄를 지었으니 멸망해도 싸다"라고 말씀하지 않고 사랑하시고 회개를 촉구하셨어요. 방송에 악독한 흉악범 이야기가 나올 때 나는 어떤 반응을 보이나요? 하나님은 그들을 어떻게 생각하실까요?

요나의 태도는 우리들에게서도 찾아볼 수 있어. 우리는 죄인을 용서하기보다 심판하기를 원해. 하나님보다 자기 생각이 더 옳다고 여겨. 성경의 잣대로 사람을 평가하지 않고, 성공한 사람은 가치 있게 여기지만 불량배, 악한, 창녀 같은 사람들은 인간쓰레기로 여기지. 죄인은 죽어도 싸고 형벌받아도 싸다고 생각해.

하나님은 악독한 니느웨 성민들을 용서하셨어. 잔인한 성폭행범, 살인자 등의 흉악범에 대해서도 우리가 분노할 수 있으나 심판주 하나님의 자리에서 정죄하면 안 돼. 어떤 악인도 하나님의 형상으로 지어졌기에 용서받고 구원받아 마땅한 사람이야. 풍랑 속에서 뱃사람들이 값신 물건들을 다 바다에 던져버렸지? 이처럼 모든 것을 다 포기하고라도 얻어야 할 것이 바로 생명이야. 한 생명을 천하보다 귀하게 여기신 주님의 눈으로 그 영혼을 바라보면서 그가 어떻든지 포기하지 않고 불쌍히 여기고 축복하고 귀히 여겨야 해.

9. (A) 오늘날의 니느웨는 어디일까요?

하나님이 우리를 파송하시는 선교현장, 세속세계, 하나님을 믿지 않는 사람들이 사는 도시, 회개하고 구원받을 죄인들이 사는 도시, 우리 삶의 현장, 안 믿는 친구들이 있는 학교, 학원, 가정, 회사, 정말 싫은 대상과 도저히 사랑할 수 없는 사람들이 기다리는 곳, 우리나라에 역사적으로 고통을 주었던 일본, 중국, 러시아, 북한, 또한 종교적인 니느웨에 해당하는 이슬람권 등의 타종교권

10. (A) 〈요나서〉와 관련하여 다음 질문에 대해 자신의 생각을 말해보세요.

• 인생에 닥쳐오는 큰 풍랑의 원인을 자각해야 한다. 큰 풍랑에는 그만큼 큰 메시지가 있다. 바람, 폭풍 등의 자연현상도 그냥 일어나는 것이 아니라 하나님의 메시지를 내포하고 있다. 나는 자연 속에서 하나님의 음성을 들을 수 있나? 하나님이 내 삶에 풍랑을 보내 가정, 자녀, 건강, 인간관계, 사업이 '거의' 깨지게 하실 때 그 풍랑 속에서 하나님의 음성을 들을 수 있나?

• 〈요나서〉에 제비뽑기가 나온다. 요즘 사회에서 점치는 것이 만연한 것에 대해 어떻게 생각하나?

• 나는 사회문제를 일으키는 사람인가? 내가 스스로 바다에 던져버려야 주변의 문제가 해결될 '내 안의 요나'는 무엇인가?

• 내가 다니는 교회의 리더들, 혹은 나는 요나같이 배 밑창에서 잠든 선지자인가? 깨어 있는 선지자인가?

• 국가와 사회와 리더와 부모의 권위에 대해 현대사회에 만연한 불순종의 경향에 대해 어떻게 생각하나?

• 오늘날 자신의 권리만 주장하고 책임을 지지 않으려는 현상이 만연하다. 죄를 짓고도 술 탓, 순간적인 감정 탓, 정신적인 문제 탓, 성장과정에서 부모와 환경으로부터 상처를 많이 받은 탓, 사회구조 탓, 두뇌구조(DNA) 탓을 하며 자신의 책임을 모면하려고 한다. 이러한 풍조에 대해 어떻게 생각하나?

• 니느웨의 왕은 요나의 메시지를 듣고 먼저 솔선수범하여 회개하고 전 공동체의 회개를 끌어내고 성읍전체가 살길을 도모하였다. 이를 보고 우리나라 대통령이나 지도자들 위정자들, 사회집단, 가정에서 어떤 리더십이 필요한지를 말해보라.

5단계 이렇게 해보세요

• 인상 깊은 장면을 상상해 그리고 그 그림의 의미를 곁들여 쓰기
• 요나에게 하고 싶은 말 편지쓰기
• 왕이신 하나님이 신하 요나에게 니느웨로 가라 명했을 때 요나 입장에서 그 부당함을 아뢰는 상소문 쓰기
• 기자가 되어 요나를 만나 방송 인터뷰한 기사 쓰기

- 요나를 삼킨 큰 물고기, 바닷속풍경을 그리고 숨은그림찾기를 만들기
- 요나는 마지막에 할 말을 잃는다. 요나의 답변을 달아보고 뒷이야기 쓰기

✚ 글감 찾기를 위한 키워드

초점	내용 및 제목
도망	아무리 하나님의 말씀이라도 하기 싫은 일은 안 하려고 요나처럼 도망가고 회피하는 자신의 성향, 하나님의 얼굴을 언제 왜 피하게 되는지 그 결과는 무엇인지, 내가 지금 회피하고 싶은 것은 무엇인지, 하나님과 내 생각이 충돌할 때
편견	요나가 가졌던 편견처럼 내가 가진 신앙적인 편견들은 없는지 돌아본다.
내 연고로다	내 탓보다 남의 탓을 하기 쉬운 우리의 심성을 돌아본다. 내 잘못을 인정만 하면 되는데 안 하고 다른 사람이나 환경 탓으로 돌려서 내 책임을 모면하려 했던 적이 있는지 생각하고 그것이 왜 잘못인지를 살펴본다. 풍랑이 왜 왔으며 언제 가라앉았는가. 불순종에 대해 지불하는 대가가 얼마나 큰지를 살펴본다.
하나님	요나에게 두 번째 기회를 주시는 하나님 불순종하는 자를 순종하도록 다루어가시는 하나님 자연물을 도구로 사용하시는 창조주 하나님 요나의 모든 것을 아시고 어디든지 계시며 피할 수 없는 하나님 심판 전에 경고하시고 회개의 기회를 주시는 하나님 편협한 민족주의를 넘어 이방까지 복음을 전파하기를 원하시는 하나님 멸하시기로 했다가 회개하면 뜻을 돌이키시는 자비로우신 하나님
선원들	사공들이 두려워한 것 – 풍랑, 죽음, 하나님, 사공들의 두려움의 대상이 점차 변하게 된 과정, 뱃사공들이 점차 하나님을 알아가고 믿게 되는 과정
요나	내 안의 요나, 요나처럼 되지 않으려면, 요나가 니느웨에서 배운 것, 요나가 고난을 통해 배운 것, 이방인 선교사명, 고난 중에 드린 요나의 회개기도, 요나의 분노는 타당한가?
니느웨	성읍을 살린 니느웨 왕의 리더십, 니느웨의 회개기도, 니느웨에 임한 구원, 니느웨 사람이 받은 용서
박넝쿨	하나님의 실물교육 도구, 나의 박넝쿨

✚ 인터뷰 형식의 글을 쓰려면

인터뷰는 묻는 사람과 듣는 사람이 함께 내면을 들여다보는 일입니다. 단지 상대에게 무

엇을 물어본다는 식으로 가볍게 접근하면 안 됩니다. 누구를 대상으로 할 것인가, 왜 그를 선정했나, 무엇을 중시하여 물을 것인가, 중요한 것을 어떻게 드러내고 강조할 것인가. 독자의 궁금증을 풀어주도록 육하원칙을 염두에 두고 구체적인 질문을 하면서 대상에게 새롭게 의미를 부여하거나 가치를 발굴해내도록 합니다. 인터뷰가 아니라 인터뷰 형식을 빌린 독후감이므로 질문과 답변을 통해 전반적인 내용을 되짚어 주어야 독자가 이해할 수 있습니다.

✚마인드맵을 하려면

마인드맵은 머릿속 생각을 정리하는 기법이에요. 거미줄처럼 지도를 그리듯이 핵심어를 방사상으로 이미지화하여 펼쳐나가는 기법인데, 자신의 사고를 체계적으로 정리하기 위한 비직선적 노트기법으로 창안된 거예요. 마인드맵핑을 할 때는 먼저 한가운데에 중심어를 쓰거나 중심 이미지를 그려요. 그다음에는 방사상으로 중심이미지에 관련된 주요주제가 나뭇가지처럼 뻗어나가게 합니다. 그다음 핵심어로 생각을 표현해요. 핵심어들은 선으로 중앙의 중심어와 연결하고요. 색상을 이용해서 생각을 강조합니다. 하나의 핵심어에 하나의 선을 그어주고 나뭇가지는 서로 연결되어 있는 듯한 구조로 그립니다.

소설 구성의 3요소가 인물, 사건, 배경입니다. 그 세 가지와 함께 작가의도, 내 생각 등을 적으면 내용을 한눈에 볼 수 있게 체계적으로 정리해 둘 수 있습니다.

→ 김명수(중1)

→ 김준수(초5)

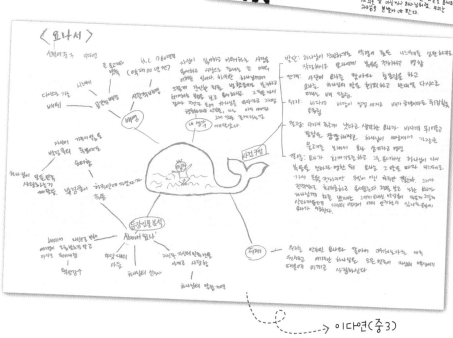

→ 이다연(중3)

요나 인터뷰

초6 이진영

사회자 왜 하나님께의 말에 토를 달듯이 그런 행동을 했나요?

요나 앗수르가 나의 나라인 이스라엘 사람을 심하게 괴롭혔는데 그 나라의 수도인 니느웨 사람에게 40일 후면 무너진다고 전하라니까 그랬죠. 앗수르는 우리 이스라엘 사람을 셀 수도 없이 많이 죽였으니까 멸망해야 마땅하기 때문이죠.

사회자 이번에는 특별 게스트인 하나님께 물어보겠습니다. 하나님, 왜 하필이면 요나에게 그런 일을 시키셨나요?

하나님 요나는 이스라엘을 대표하는 사람이고, 앗수르가 멸망을 한다고 이스라엘 사람에게 말한 것은 이스라엘도 죄를 지으면 앗수르처럼 될 수 있다는 것을 이스라엘 사람에게 알리고 싶기 때문이었다.

사회자 그러면 왜 박넝쿨 이야기를 하셨나요?

하나님 요나가 박넝쿨을 그렇게 자랐다고 좋아하는데 아직 철이 없는 니느웨 사람들 12만 명을 내가 죽일 수 없기 때문이다.

느낀점 : 사람은 아직 한 수밖에 못 알지만 하나님은 그것에 몇 배를 먼저 생각하시니까 하나님을 닮고 싶다고 생각한다. 나는 계속 앞에 일어날 일을 생각하지 않고 행동해서 매일 사고를 많이 치기 때문이다.

첨삭 지도

인터뷰 형식의 글이네요. 형식을 제대로 살리려면 처음에 사회자가 초대한 손님들 소개를 먼저 해주세요. 질문의 수도 비슷하게 요나에게 하나 더 물어 균형을 맞춰주세요. 답변이 충분하지 않으면 사회자가 후속질문을 합니다.
끝 부분에 나의 삶을 돌아본 것은 좋은 것입니다. 이게 진짜 인터뷰가 아니고 인터뷰 형식만 빌려, 성경 말씀에 비추어 자기 삶을 돌아본 것이니까 이것까지도 인터뷰 형식을 살려서 쓸 수 있을 것입니다.

요나 인터뷰

시청자 여러분 안녕하세요? 오늘은 하나님의 말씀을 거역하고 도망갔다가 물고기 뱃속까지 들어가는 고난을 당하고 니느웨에 가서 복음을 전해 회개시킨 요나 선지자를 모셨습니다. 그리고 특별 게스트로 하나님을 모셨습니다.

사회자 요나 선지자님, 선지자라면 무조건 하나님의 말씀을 잘 들어야죠. 그런데 왜 하나님의 말씀에 토를 달듯이 그런 행동을 했나요?

요나 앗수르가 우리 이스라엘을 심하게 압제하고 괴롭혔는데 그 나라의 수도인 니느웨 사람에게 40일 후면 무너진다고 전하라니까 그랬죠. 앗수르 군사가 우리 이스라엘 백성을 잔인하게 셀 수도 없이 많이 죽였는데 그런 악한 죄인들은 다 멸망해야 마땅하죠.

사회자 물고기 뱃속에서 기분이 어떠셨어요?

요나 말도 마세요. 지옥경험이었어요. 깜깜하죠. 악취가 코를 찔러 숨도 제대로 쉴 수 없죠. 살아나간다는 보장도 없죠. 이제 꼼짝없이 죽는구나 싶었어요. 풍랑을 만났을 때도 회개를 안 했었는데 물고기 뱃속에서는 무조건 살려달라고 빌었어요. 하나님이 그 기도를 듣고 저를 살려주셨지요. 사람은 고난을 겪어봐야 회개를 하게 되고 진정한 감사를 하게 되는 것 같아요.

사회자 이번에는 특별 게스트인 하나님께 물어보겠습니다. 하나님, 왜 하필이면 요나에게 그런 일을 시키셨나요?

하나님 요나는 이스라엘을 대표하는 사람이야. 니느웨가 40일 후에 멸망한다고 외치게 한 것은 이스라엘도 죄를 지으면 니느웨처럼 될 수 있다는 것을 알리고 싶기 때문이었다.

사회자 니느웨 성을 멸망시키지 않고 요나에게 박넝쿨 이야기를 하신 이유가 무엇입니까?

하나님 요나는 한 포기의 풀에 불과한 박넝쿨도 그렇게 아끼고 좋아하지 않았니? 니느웨에는 아직 철이 없는 사람들만해도 12만 명이고 짐승도 많은데 내가 어찌 그들을 죽이겠어? 나는 모든 생명을 다 아끼고 사랑한다.

사회자 네. 사람은 한 수밖에 헤아리지 못하고 자기밖에 모르지만 하나님은 몇 배를 먼저 생각하시고 누구나 사랑하시지요. 저도 하나님의 마음을 닮고 싶습니다. 저는 앞에 일을 생각하지 못하고 행동해서 매일 사고를 많이 치고, 제게 잘못하는 사람을 미워하거든요. 오늘 두 분을 모시고 이야기를 나눠 보았는데요. 모든 사람에게 두루 미치는 하나님의 사랑을 깊이 느낄 수 있는 시간이었습니다. 감사합니다.

내가 먼저 은혜받은
소중한 시간

목회를 하면서 늘 교회학교 아이들을 가르친다. 이 교안으로 우리 두 아이들을 가르쳐보니 교회에서 성경공부하는 것과는 사뭇 달랐다. 교안이 너무나 잘 정리되어 있어서 쉽게 이야기식으로 해주었더니 아이들이 집중하고 무척 재미있게 받아들였다.

주애(초2), 준수(초5) 아빠

이 과정은 먼저 엄마인 나를 성장시켰다. 준비하고 가르치는 과정에서 지식이 명료해진다. 나눔에 이어 글쓰기까지 하니 생각들이 머릿속에서 차곡차곡 정리돼 글로 다져져 나와 아이들의 심리상태와 영적 수준을 확인할 수 있었다. 아이들의 속에 있는 것을 다 끄집어낼 수가 있어서 아이들에게는 힐링의 시간이 된다.

또 글로 표현해서 다짐한 것이라 행동으로 옮기지 않을 수 없어서 그런지, 전에는 말로만 끝내던 것에 비해 실천을 더 잘하게 되는 것 같다. 다양한 질문은 다각도로 생각할 수 있는 힘을 키워주었으며 아이들은 자기의 의견을 신나게 말했다. 늘 시간 가는 줄 모르고 재미있게 했다. 많은 사람이 이 은혜를 풍족히 누리면 좋겠다.

다은(초4), 유은(초6) 엄마

기대 이상의 선물이 우리 모녀에게 주어졌다. 지금까지는 아이에게 "성경 읽어" 하고는 몇 장 읽었나 체크하고, 가끔 아이가 잠들기 전에 성경동화를 들려주는 게 신앙교육의 전부였다. 이걸 하면서 아이는 내가 미처 생각지도 못했던 것들을 묻기도 하였으며, 유연하고도 다양하게 생각을 확장시켜 나갔다. 그걸 보면서 오히려 내가 배우고 오랜 사고의 틀들을 깨뜨리게 되었다.

어느 새 이 수업의 패턴에 익숙해져서 내 요구도 없이 혼자 알아서 정독하고 밑줄 긋고 모르는 단어 해결하고 의문점을 말하고, 제목을 달고 유추하고 묵상하는 태도에 감동했다. 내 시간 사정으로 자주 못하고 드문드문 성경공부를 하면서도 틀이 잡혀가는 아이를 보면서 훈련의 능력을 깨닫게 되었다.　　　　　　　**나연(초4) 엄마**

여러 여건상 생각만큼 쉽지는 않았다. 나는 아이들에게 예수님을 일상적으로 전하는 엄마가 아니었다. 이것은 과연 아이들을 잘 키운다는 것이 무엇을 의미하는가를 깊이 생각해보는 계기가 되었고, 내 자녀양육의 태도를 바꾸어놓았다. 평소에 주고받던 일상적인 대화가 아니라 마주 앉아 눈을 맞추며 이야기를 나누다보니 아이들은 마음문을 열고 자신의 심성을 솔직하게 말하게 되었다.

중2, 초6학년 아이들을 앉혀놓고 같은 말씀으로 서로 다른 생각과 의견들을 표현하며 나눌 수 있었고, 아이들과 친밀해질 수 있어서 값진 시간들이었다. 매일 밥 먹듯 아이들과의 영적인 밥상토크는 계속되어야 할 것 같다.　　　**건희(초6), 주희(중2) 엄마**

그동안은 성경을 내가 읽어만 주었지 아이가 스스로 읽지 않았었고, 읽었어도 무슨 말인지 이해하지 못했다. 그런데 이 교안을 따라 몇 번 하지도 않았는데 눈에 보일 만큼 아이가 본문을 읽는 것, 요약하는 것, 답변하는 것들이 생각 외로 너무나 좋아지고 있지 않은가? 그러면서 자기가 어떻게 해야 하나님이 좋아하실지 생각하면서 장난도 안 치고 진심으로 예배드리겠다고 다짐하였다. 들려주는 대로 가르쳐주는 대로 온전히 믿고 받아들이는 순수한 아이들의 영혼을 보면서 나도 이렇게 흐뭇한데 하나님이 보시기엔 얼마나 사랑스러우실지 눈물이 났다.　　　**진석(초2), 주원(중2) 엄마**

바쁘다는 핑계로 아이와 함께 눈 마주칠 여유를 갖지 못하고 살았는데 아이의 생각과 마음을 읽어주고 이해할 수 있는 시간을 갖게 된 것이 성경독서를 시작하며 얻은 가장 큰 선물이다. 아이도 이 시간을 즐거워하고 자기 속에 있는 이야기들을 잘 풀어내놓는다. 아이를 가르치려 하기보다는 질문을 던지고 기다리며 그에 대한 아이의 말을 많이 들어주려고 애쓰게 되었다.　　　**다빈(중1) 엄마**

항상 어리다고만 생각했던 아들이 엄마와 성경을 나누는 완전한 인격임을 깨달았다. 항상 먼저 성경공부를 하자고 조르고 말씀을 그대로 받아들이고 그렇게 하겠다고 약속하는 모습이 기특하고 대견스러웠다.　　　**경배(초5) 엄마**

이것으로 아이와 함께 성경공부를 가장 재미있게 한 것 같다. 힘들어하지 않을까 생각했는데 너무 자유롭게 자기 생각을 표현하고 너무 좋아해서 내가 더 깜짝 놀랐다. 진작 못해준 게 미안했다. 집중해서 아이와 많은 이야기를 나누며 아이의 속마음을 고스란히 알 수 있었다. 아이보다 내가 더 은혜를 받는 것 같다. 아이의 눈높이에 맞춰서 하나님의 말씀을 함께 나눌 수 있다는 것이 큰 기쁨이었다.　　　**휘빈(초2) 엄마**

귀를 쫑긋하고 신나게 듣는다. 집중하는 자세가 예쁘다. 독서퀴즈를 무척 즐거워하였다.　　　**지민(초1) 엄마**

말씀을 귀담아 듣고 쉽게 이해하고 스펀지처럼 받아들이는 아이의 모습에서 순수한 어린아이의 신앙을 느꼈다. **예진(초5) 엄마**

매일 성경을 읽고 큐티책을 갖고 했는데 그것보다 이 성경독서가 훨씬 더 재미있다고 좋아하면서 초롱초롱한 눈망울로 열심히 듣고 말하고 쓰고 그리는 모습이 무척 대견스러웠다. 수업을 하면서 재호를 불꽃같은 눈동자로 지키시는 주님을 만날 수 있었다.

재호(초5) 엄마

주님 안에서 아이들과 성경독서하는 것이 너무 행복하다. 이걸로 공부하면서 대화를 하니 평소보다 아이에게 훨씬 더 부드러운 말투로 대하게 되었다. 교재를 보면서 하니 방향을 확실히 알 수 있었다. 회를 거듭할수록 아이가 나보다 이해를 더 빨리 했다. 해주면 잘 따라하는 애들인데 바쁘다는 핑계로 소홀했던 것 같아 참 미안했다.

예건(7살), 예슬(초3) 엄마

생각하는 힘이 생겨
어른이 된 것 같다

이렇게 성경을 배우니까 예수님을 더 잘 믿게 되는 것 같다. 이제는 깜깜해도 무서워하지 않고 잠도 잘 자고 학교생활도 더 잘하게 되었다. 예수님이 능력이 많고 사랑이 많으신 분이라는 것을 배우고 나서 예수님을 더 의지하게 되었다. 그림 그리는 건 재미가 있었고, 글쓰기는 좀 어려웠는데 하다보니까 점점 잘 써져서 너무 신기하고 마음이 뿌듯했다.

강채민(초2)

나는 엄마랑 생각을 함께 이야기하는 게 너무 좋았다. 엄마랑 성경을 이야기하며 떠오르는 걸 표현하고 그림 그리는 것이 참 재미있었다. 나는 성경을 더 많이 그림으로 그리고 싶다.

김진석(초2)

엄마가 엄하시면서도 재미있게 가르쳐주셔서 하나도 힘든 줄을 몰랐다. 엄마와 의견을 많이 나누고 성경이야기에 대해 생각하는 시간을 조금씩 가져보니 이런 성경 공부 방식에 어느 새 익숙해졌고, 엄마와 나의 사이가 돈독해졌다고나 할까?

이나연(초4)

전에는 무조건 펜을 들고 바로바로 쓰다보니까 쓰고 나서 "아, 이거는 이 사이에 넣을걸" 하고 후회를 하곤 했는데, 구조를 보고 글을 썼더니 이제는 그런 일이 없게 되었고 글 쓰는 게 어렵지 않게 되었다. 성경공부하면서 긴 시간 동안 말을 하다보니까 서로의 마음을 알게 되었고 엄마와 평소보다 더 친해졌다. 나는 고민이라든가 내 속마음을 다 이야기했다. 전에는 언니가 나를 자주 쥐어박았는데 그때마다 서운하고 밉고 속상했었다. 그런데 그런 이야기도 다 솔직하게 하고 나서는 언니에게 가졌던 서운한 마음이 다 풀렸다. 　　　　　　　　　　　　　　　　　　　김다은(초4)

이것으로 성경공부를 한 보람을 많이 느낀다. 하나님과 더 가까워졌고 믿음이 더 강해진 것 같다. 엄마의 질문에 답하면서 그 부분을 깊이 파헤치다보니 내 판단력이 더 정확해진 것 같고 생각하는 힘이 생겨 생각하는 넓이가 마치 어른이 된 것처럼 느껴진다. 처음에는 글쓰기도 막막했었는데 독후감 구조예시를 보고 몇 번 써보니 이제는 나 혼자 힘으로도 잘 쓸 수 있게 되었다. 글쓰기 순서를 생각하면서 말을 하니 전보다 말도 잘하게 되어 말에 자신감이 생겼다. 이야기를 나누며 서로의 마음을 알 수가 있었고 다 털어놓으니까 속이 시원했다. 내 대답에 엄마가 맞장구 쳐주실 때는 기분이 아주 좋았다. 　　　　　　　　　　　　　　김유은(초6)

교회학교에 다닌 지 오래 되었지만 성경에 대해 깊이 생각해 본 적이 한 번도 없었는데 이걸 하면서 깊이 생각하게 되고 설교말씀을 더 잘 이해할 수 있게 되었다. 교회학교수업은 생각을 많이 할 수가 없는데 이건 내 생각대로 표현을 많이 할 수가 있었다. 마인드맵이 재미있었다. 　　　　　　　　　　　　　　　　　　권지훈(중1)

교회학교에서는 들어도 무슨 내용인지 정리가 잘 안 되고 흐지부지 되었는데 이것은 성경을 체계적으로 공부하게 되어 있어 생각을 깊이 하게 되었고, 머리에 딱 뭐가 잡히는 것 같았다. 상세히 공부하면서 많은 것을 알게 되었고, 특히 인물들과 사건을 분석하는 것이 재미있었다. 　　　　　　　　　　　　　　　이수철(중1)